浙江省普通高校"十三五"新形态教材
浙江省一流专业人力资源管理专业建设成果
浙江省重点专业人力资源管理专业建设成果
浙江省新兴特色专业人力资源管理专业建设成果
高等院校企业人力资源管理实训（实验）系列新形态教材

企业员工培训与开发技能训练

主 编 ◎ 陈 野 叶晟婷

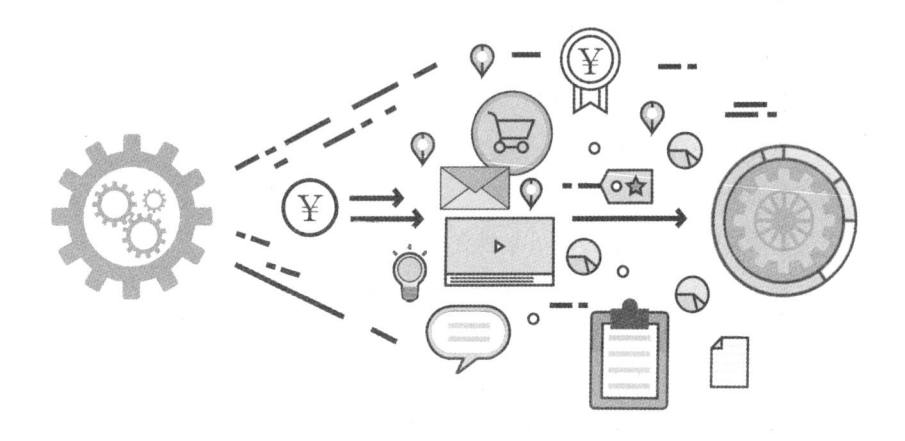

上海财经大学出版社

图书在版编目(CIP)数据

企业员工培训与开发技能训练 / 陈野,叶晟婷主编. —上海:上海财经大学出版社,2024.5
高等院校企业人力资源管理实训(实验)系列新形态教材
ISBN 978-7-5642-4020-2/F·4020

Ⅰ.①企⋯ Ⅱ.①陈⋯②叶⋯ Ⅲ.①企业管理-职工培训-高等学校-教材 Ⅳ.①F272.921

中国版本图书馆 CIP 数据核字(2022)第 137687 号

企业员工培训与开发技能训练

著 作 者:陈 野 叶晟婷 主编
责任编辑:李成军
封面设计:贺加贝
出版发行:上海财经大学出版社有限公司
地　　址:上海市中山北一路 369 号(邮编 200083)
网　　址:http://www.sufep.com
经　　销:全国新华书店
印刷装订:上海新文印刷厂有限公司
开　　本:787mm×1092mm　1/16
印　　张:13.25
字　　数:259 千字
版　　次:2024 年 5 月第 1 版
印　　次:2024 年 5 月第 1 次印刷
定　　价:59.00 元

编委会名单

❖

编委会主任

孔 冬

（嘉兴学院、嘉兴南湖学院教授）

编委会副主任

陈 野

（嘉兴学院副教授）

蒋定福

（浙江精创教育科技有限公司总经理、嘉兴学院教授）

编委会成员（按拼音排序）

陈 野　郭如平　蒋定福　孔 冬
叶晟婷　赵欢君　朱海萍　周文琪

总序

2000年,嘉兴学院成为浙江省唯一的人力资源管理本、专科自学考试主考院校;嘉兴学院人力资源管理专业是2000年经浙江省教育厅批准设置的本科专业;2002年确定为嘉兴学院重点建设专业;2003年确定为浙江省重点建设专业,2007年以优秀的成绩通过教育厅重点建设专业验收,成为浙江省重点专业;2013年成为浙江省"十二五"新兴特色建设专业;2019年成为浙江省一流专业建设专业。20多年来,人力资源管理专业围绕学校培养"应用型高级专门人才"的办学定位,致力于自编教材工作,形成了独特的专业建设模式和专业优势,先后自编出版了《工作分析和岗位评价》《薪酬管理》《团队管理》《管理思想史》《现代人力资源管理》等专业系列理论教材,对专业理论课教学效果提升起到了积极作用。近年来,在理论课教材编写取得实效的基础上,本专业教师又继续加强对实训(实验)课教材的自编工作,先后出版了《人力资源管理本土化案例集》《企业人力资源管理操作实务》《人力资源管理综合实训教程》《招聘与甄选实训教程》等人力资源管理实训(实验)系列教材。在此基础上,本专业教师融合现代教材编写技术,2020年成功申报立项浙江省"十三五"新形态教材"企业人力资源管理实训(实验)系列教材"(共6本),实现了自编教材由理论到实践、由传统到新形态的质的飞跃。

"企业人力资源管理实训(实验)系列教材"是目前较为完整的人力资源管理实训(实验)系列新形态教材,本系列教材既包括《企业人力资源管理操作实务》《企业人力资源管理本土化案例集》《企业人力资源管理综合技能训练》等满足企业人力资源管理专业技能提升总体要求的实训(实验)教材,也包括《企业人员招聘与选拔技能训练》《企业绩效管理技能训练》等企业人力资源管理专业技能中各工作模块提升的实训(实验)教材。本系列教材的编写,实现了人力资源管理实训(实验)课程教材的系列化和整体性,有效提升了学生企业人力资源管理实际操作能力。

"企业人力资源管理实训(实验)系列教材"作为新形态实训(实验)系列教材通过移动端和PC端的结合和配套使用,综合运用移动互联网技术,以二维码为载体,嵌入视频、作业、试卷、拓展资源、主题讨论等数字资源,将教材、课堂、教学资源三者融合,将纸质资源和数字资源有机融合,两者紧密配合,可以增强学生的学习兴趣,提高学生学习的主动性和积极性。

在本丛书的编写过程中,编者参阅了国内外专家、学者、企业家的著作、教材和文献,也参考了相关网站的案例等资料,在此向这些专家、学者和企业家表示诚挚的谢意。由于时间仓促,编者水平有限,特别是本书作为首次编写的"企业人力资源管理实训(实验)系列新形态教材",在编写过程中难免会出现较多问题。但作为一种大胆的尝试,编者迈出这一步实属不易,不足之处敬请广大专家、同仁、读者批评指正。

孔 冬

2023年2月18日

于越秀园

序言

　　员工培训与开发技能是企业人力资源管理的重要功能之一,也是企业管理员工的手段之一,在企业人力资源管理与开发中是一项重要的工作,有利于改善企业的工作质量、构建高效的工作绩效系统,同时可以满足员工实现自我价值的需要。掌握企业员工培训与开发的理论和方法、提升员工培训与开发技能和水平是人力资源管理专业学生必须具备的职业素养。基于此,培训与开发是人力资源管理专业的核心课程,也是一门实践性和应用性很强的课程,培训与开发课程的实践教学越来越受到重视。然而,如何更好地开展实践教学,一直是培训与开发课程教学中需要不断探索与解决的问题。

　　《企业员工培训与开发技能训练》以培训与开发专业技能实训系统和职业生涯规划实践平台为依托,系统讲解培训与开发的实务操作。本书对培训与开发的培训需求分析、培训计划制订、培训方案设计、培训组织与实施、培训效果评估、职业生涯发展等模块的知识要点进行梳理,重点结合基于仿真模拟的培训与开发实训教学平台对各培训模块开展针对性的实训操作。

　　《企业员工培训与开发技能训练》是"企业人力资源管理实训(实验)系列新形态教材"之一,教材通过引入二维码,加入视频、习题、拓展资源、主题讨论等数字资料,将纸质资源和数字资源有机融合,主要向学生介绍培训与开发在企业人力资源管理中的实际运用,并解决企业培训与开发管理中遇到的问题。

　　本书全面系统地介绍了培训与开发的实践教学,结构清晰、内容实用、图文并茂,兼具操作性与趣味性的特点。本书适合作为应用型高等院校以及高职高专等院校人力资源管理专业学生的教材和教学参考书,也可作为自学参考书及相关培训教材。

　　本书编写分工为嘉兴大学陈野负责全书框架设计、编写、审核及统稿工作,嘉兴大学蒋定福负责审核全书图文。本书由嘉兴大学陈野、叶晟婷负责所有章节的文字、习题和视频等新形态部分的编写工作。

在本教程编写过程中编者参考和借鉴了国内外专家、学者、企业家和研究机构的著作、期刊及相关网站资料，得到了高校李海波、周文彬，浙江精创教育科技有限公司杨燕、金雯婷等人，上海财经大学出版社编校人员的大力支持，在此对他们表示诚挚的感谢！

编　者
2024 年 3 月

目 录

第一章　培训与开发实训系统概述 / 1
　　一、培训与开发实训系统简介 / 1
　　二、培训与开发实训系统的主要功能 / 3

第二章　培训需求分析 / 27
　　一、知识储备 / 27
　　二、实战训练 / 35

第三章　培训开发计划 / 42
　　一、知识储备 / 42
　　二、实战训练 / 58

第四章　培训方案设计 / 63
　　一、知识储备 / 63
　　二、实战训练 / 68

第五章　培训组织与实施 / 74
　　一、知识储备 / 74
　　二、实战训练 / 82

第六章　培训效果评估 / 111
　　一、知识储备 / 111
　　二、实战训练 / 119

第七章　培训与开发实战 / 126

　　一、当期开始 / 126

　　二、需求调查 / 126

　　三、需求分析 / 127

　　四、费用预算 / 128

　　五、申请费用 / 128

　　六、制定计划 / 128

　　七、实施培训 / 129

　　八、培训评估 / 130

　　九、发放薪酬 / 130

　　十、人员流失 / 130

　　十一、年末经费 / 131

　　十二、上年收益 / 131

　　十三、人员流入 / 132

　　十四、新员工培训 / 133

　　十五、人员晋升 / 133

　　十六、晋升培训 / 134

　　十七、应急 / 134

第八章　职业生涯发展 / 137

　　一、知识储备 / 137

　　二、实战训练 / 156

参考文献 / 202

第一章 培训与开发实训系统概述

党的二十大报告提出"深入实施人才强国战略"。知识经济时代,知识技能时时更新,市场情况瞬息万变,企业只有通过员工培训,才能实现企业的发展目标,使企业未来的发展方向更加清晰。培训与开发是企业中非常重要的两个方面,它们可以帮助企业提高员工的技能和知识水平,提高企业的竞争力和生产效率,推进人才强国战略的实施。基于仿真模拟的培训与开发实训系统,是集系统性、实战性与趣味性于一体的"互联网+实训"教学模式,这种实训教学模式能有效整合教学形式、教学手段与教学资源,完成培训与开发课程实训的功能要求。

培训与开发实训系统由培训与开发专业技能实训系统和职业生涯规划实践平台两个软件构成。培训与开发专业技能实训系统采用仿真模拟与背景资料相结合的形式设计,是一款人力资源管理实训产品,该产品包括培训需求分析、培训开发计划、培训方案设计、培训实施方案、培训效果评估、培训与开发实战六个部分。职业生涯规划实践平台也是一款人力资源管理实训产品,该产品包括职业测评、职业探索和职业规划实战三个部分:职业测评通过多种测评工具帮助学生了解自身职业倾向;职业探索为学生准备了多种职业发展方向与发展路径;职业规划实战通过自我画像、职业画像、企业画像、目标设定、行动指南、职业生涯规划承诺书六大模块帮助学生规划职业生涯。

一、培训与开发实训系统简介

培训与开发实训系统中培训与开发专业技能实训系统和职业生涯规划实践平台均包括管理员、教师、学生三个端口(如图1—1和图1—2所示)。

(一)培训与开发专业技能实训系统简介

培训与开发专业技能实训系统的管理员端包括教师管理、数据备份与学习中心三个模块,管理员端的主要任务是为教师与学生创建一个良好的教学氛围;教师端包括教学任务、案例管理、实战系统参数、学习中心四个模块,教师端的主要任务是对实训教学进行有效的管理与指导;学生端包括培训需求分析、培训开发计划、培训方案设

图1-1 培训与开发专业技能实训系统登录界面

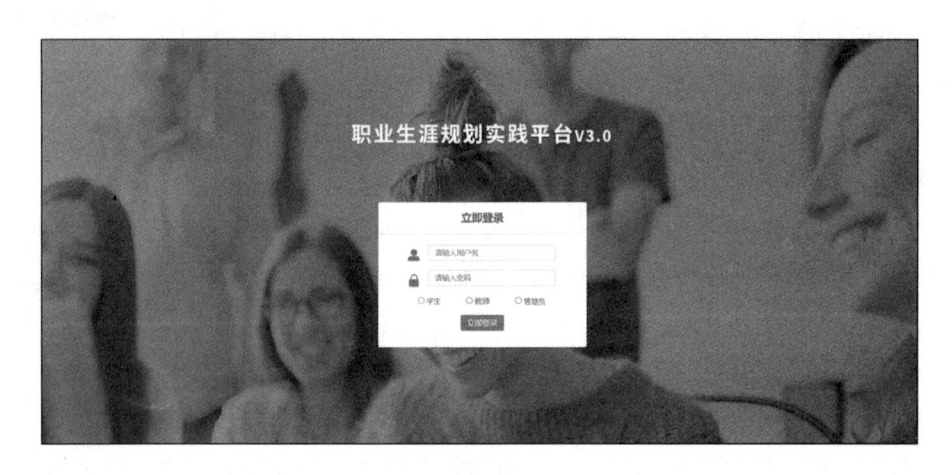

图1-2 职业生涯规划实践平台登录界面

计、培训实施方案、培训效果评估等子模块,学生端的主要任务是给学生创设良好的学习与实训平台,使学生得以巩固知识,锻炼技能,并提升职业素养。

(二)职业生涯规划实践平台简介

职业生涯规划实践平台包括职业测评、职业探索和职业生涯规划实战。职业生涯规划实践平台既包含智商测试、性格测试、能力测试等多个测评方法,又包含角色扮演、无领导小组讨论、案例分析等测评,契合学生实际的职业素质、能力方面的训练。同时,本平台的实训可对学生的职业发展提供积极的帮助,为高等院校从事就业指导的人员提供有价值的参考。

职业测评是指测评主体从特定的人力资源管理目的出发,运用各种测量技术,收集学生的信息,全面系统评价学生的素质,从而为人力资源开发和管理提供科学的决策依据。通过职业探索,学生对自己喜欢或要从事的职业进行理论分析和实际调研,充分了解目标职业,在明确职业差距中制定求职策略,从而有效地规划大学生活,确认适合自己的职业。

职业生涯规划实训系统的管理员端包括教师管理、职业管理、数据备份和操作日志四个模块,管理员端的主要任务是维护平台运行的稳定,管理教师信息;教师端包括测评任务管理、规划实战管理和职业测试管理三个模块,教师端的主要任务是管理整个实验过程,上传、编辑各种实训资料,以保证实训的顺利进行;学生端包括职业测评、职业探索、职业生涯规划实战三个模块,学生端的主要任务是给学生创设良好的学习与实训平台,使学生得以巩固知识,锻炼技能,并提升职业素养。

二、培训与开发实训系统的主要功能

(一)培训与开发专业技能实训系统的主要功能

1. 管理员端主要功能

(1)教师管理

添加培训与开发专业技能实训系统所有教师账号,并对系统里的教师信息进行编辑(包括教师的用户名、真实姓名、密码、邮箱、手机号码)和删除操作。

点击"教师管理"按钮,在教师管理界面,可点击"添加"按钮,在跳出的弹窗中填写教师信息后,点击"立即提交"后即可生成一条教师信息(如图1-3和图1-4所示)。

序号	用户名	真实姓名	密码	操作
1	xsjtp	河南新世纪拓普电子技术有限公司	111	编辑 删除
2	xb	teacher	111	编辑 删除
3	ys	xx	111	编辑 删除
4	zkq	zkq	111	编辑 删除
5	gdby	广东白云学院	111	编辑 删除
6	hbzf	河北政法职业学院	111	编辑 删除
7	teacher	教师	111	编辑 删除

图1-3 教师管理

图1-4 教师信息填写

对已生成的教师账号,可以点击"编辑"按钮修改教师信息,可以点击"删除"按钮删除已有教师账号(如图1-5和图1-6所示)。

图1-5 教师信息修改

图1—6　教师信息修改提交

(2)备份管理

系统管理员对系统的整体数据进行备份。备份后,若任务、数据等被误删,可点击还原,还原至备份阶段。点击"备份管理"按钮,在备份管理界面点击"备份"按钮,在跳出的弹窗中填写备份名称,点击"确定"按钮,即可添加备份信息(如图1—7和图1—8所示)。

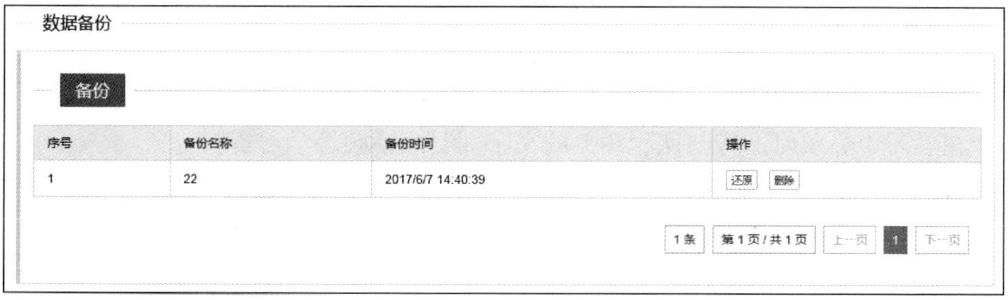

图1—7　数据备份

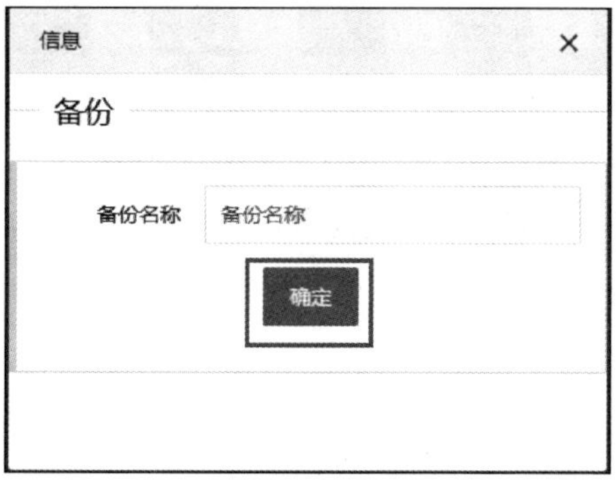

图1—8　添加备份信息

对已备份的信息可以点击"还原"或"删除"按钮,在提示弹窗内单击"确定"后,进行备份还原和删除备份(如图1—9和图1—10所示)。

图1—9 备份还原

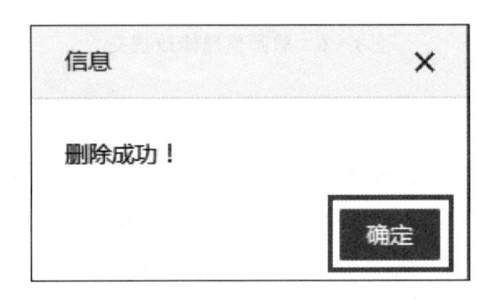

图1—10 备份删除

(3)学习中心

在学习中心及时上传与课程相关的文字、图片、视频等学习资料。

点击"学习中心"按钮,新增学习资料,包括文字资料和视频资料(如图1—11所示)。

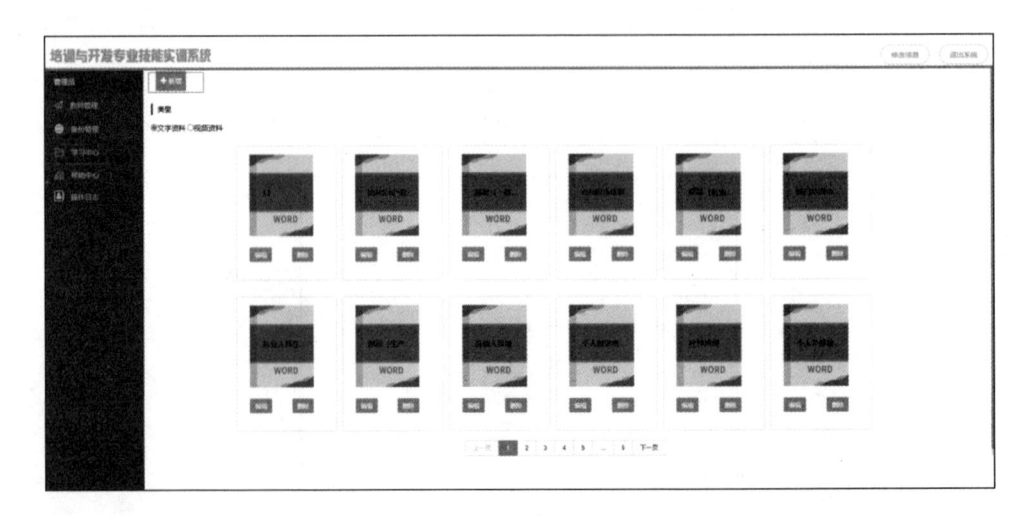

图1—11 学习中心

(4)帮助中心

点击"帮助中心",上传系统使用帮助、教学辅助和其他资料(如图1-12所示)。

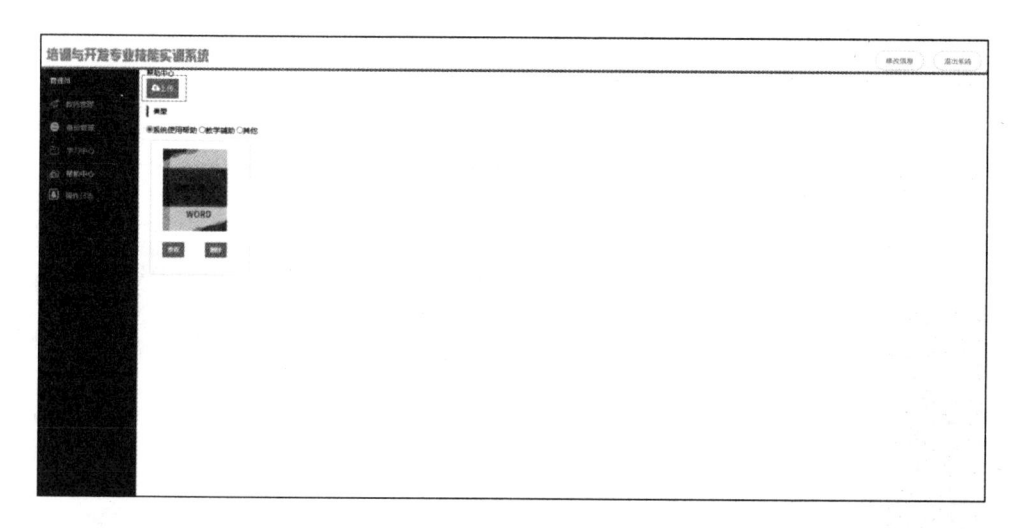

图1-12 帮助中心

(5)操作日志

点击"操作日志",查看教师和管理员的操作内容(如图1-13所示)。

图1-13 操作日志

2.教师端主要功能

教师端由实践课授课教师使用,主要供教师创建教学任务,上传教学案例,创建学生端综合实训参数,上传与课程相关的文字、图片、视频等学习资料。

(1)教学任务

主要功能为开设相关教学任务、创建学生账号、查看每个学生在基础教学和综合实训中的操作结果以及下载实验报告。

①点击"教学任务"按钮，可以新建教学任务。点击左上角"添加"按钮，在弹出的窗口内输入教学任务名称、初始资金、组数、用户前缀、培训案例、培训规则，然后确定添加（如图 1—14 和图 1—15 所示）。①

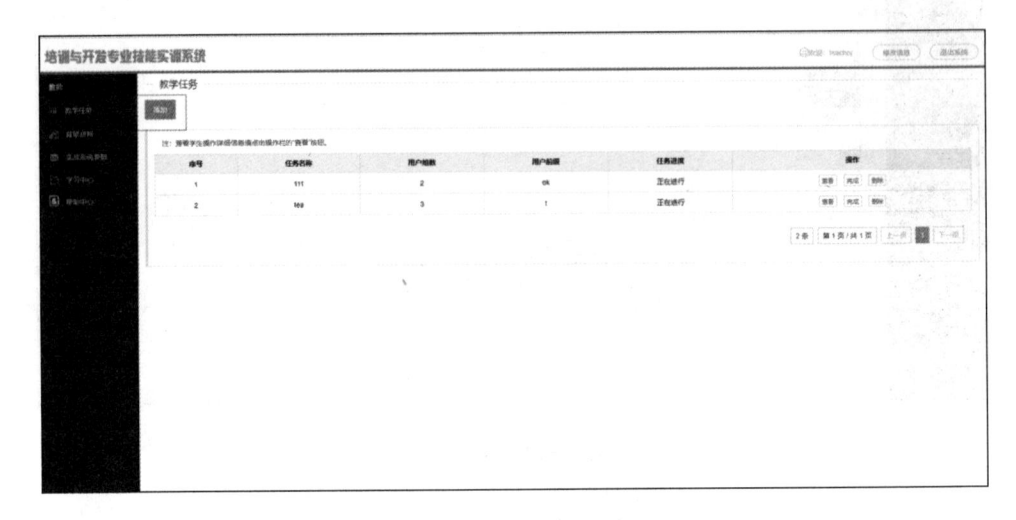

图 1—14 新建教学任务

图 1—15 填写教学任务

---

① 注：如用户前缀为 sy，组数为 2，则学生账号为 sy1 和 sy2。学生账号初始密码为 111。

②对于已开始的教学任务,可以点击"查看"按钮查看任务详情(如图1—16和图1—17所示)。

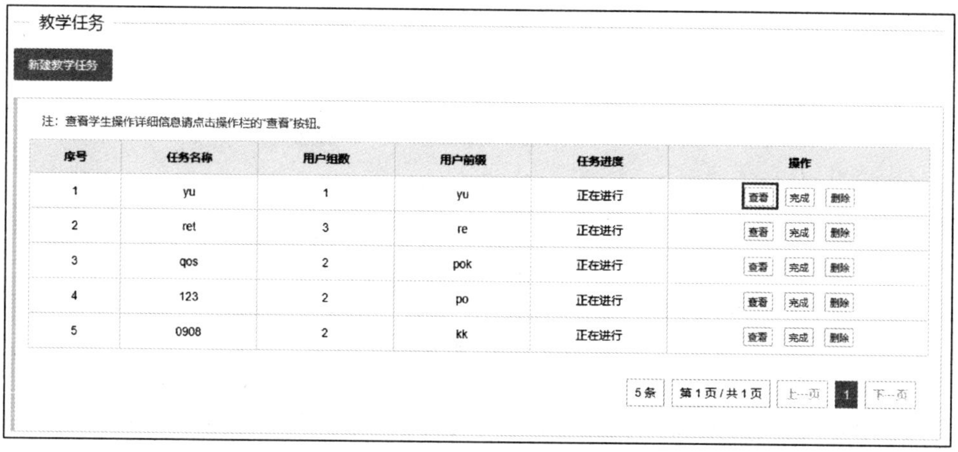

图1—16 查看教学任务

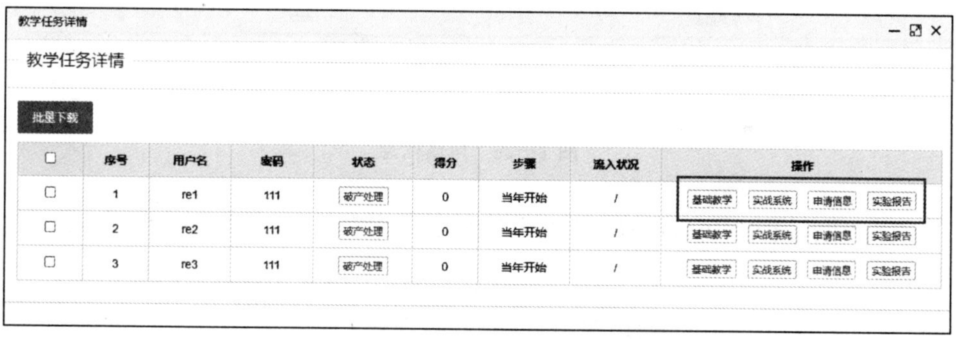

图1—17 查看教学任务详情

点击"基础教学"按钮,可以查看该学生基础教学的填写详情和实验心得(如图1—18所示)。

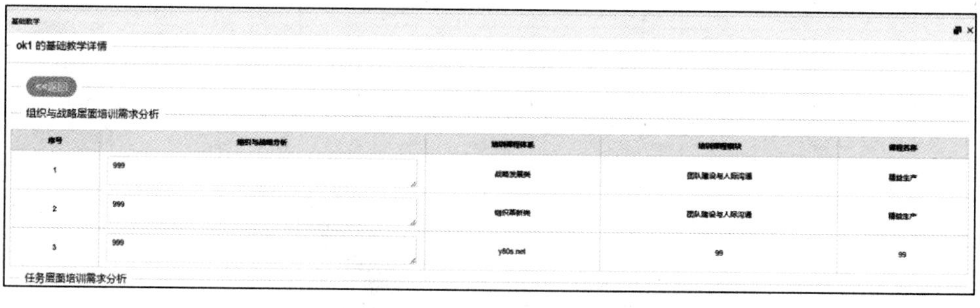

图1—18 基础教学

点击"实战系统"按钮,可以查看该学生实战系统的完成进度,点击相应按钮还可以详细了解该学生的现金流、员工详情、排名情况和实验报告(如图1—19所示)。

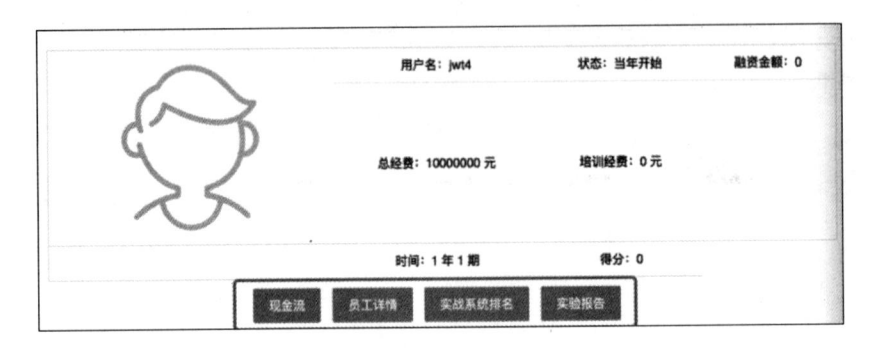

图1—19 实战系统

点击"申请信息"按钮,可以查看该学生在实战中融资申请或破产申请的情况,并给予回复(如图1—20所示)。

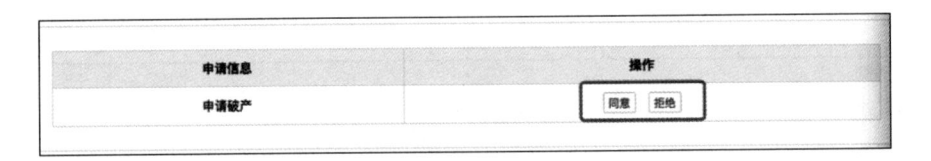

图1—20 申请信息

点击"实验报告",可以查看学生的实验报告,点击右边的"下载"按钮即可下载(如图1—21所示)。

图1—21 实验报告

③对于已建立的教学任务,点击"完成"或"删除"按钮,在弹出的窗口上再次确定,可以结束该教学任务或者删除该教学任务(如图1-22、图1-23和图1-24所示)。

图1-22 完成或删除教学任务

图1-23 删除教学任务

图1-24 完成教学任务

(2)背景资料

上传培训与开发课程相关的教学案例,点击背景资料按钮,进入背景资料编辑界面。点击左上角"添加"按钮,输入背景资料题目、所属行业和背景资料正文(如图1-25和

图1-26所示)。

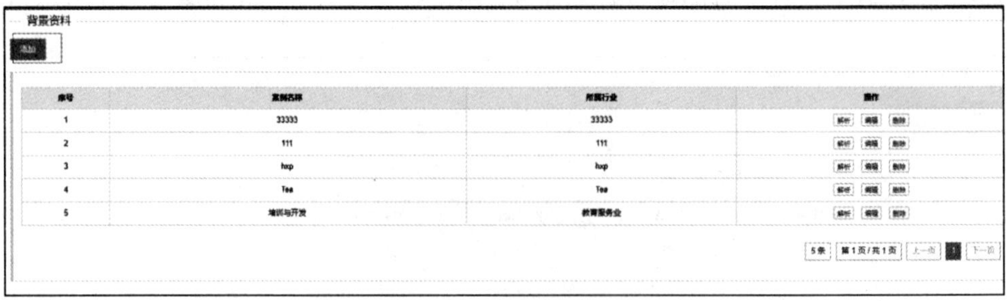

图1-25 添加背景资料

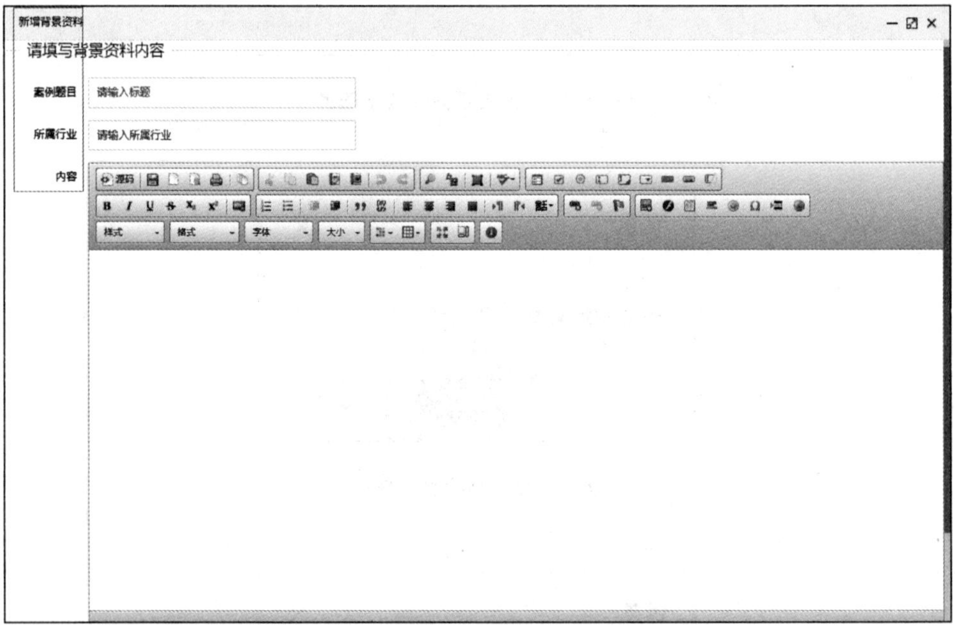

图1-26 填写背景资料

对于已上传的背景资料,点击"编辑"按钮可以编辑修改具体背景资料内容,点击"删除"按钮,在跳出的弹窗中点击"确定"按钮即可删除背景资料(模板背景资料不能删除)(如图1-27和图1-28所示)。

图1—27 编辑或删除背景资料

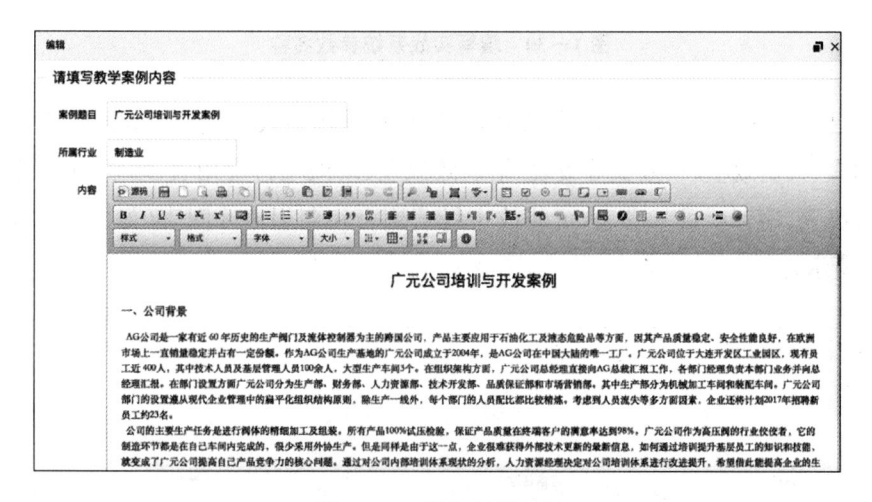

图1—28 编写教学案例

(3)实战系统参数

主要包括综合实训中模拟公司的市场薪酬表、人员效益表、培训效果表、培训项目费用表、培训期望表、培训环境登记表、培训项目基准表等参数,点击"实战系统参数"按钮,进入实战系统参数界面,点击"添加"按钮,可以新建系统参数,并设置是否将其设为模板(如图1—29和图1—30所示)。

图1—29 实战系统

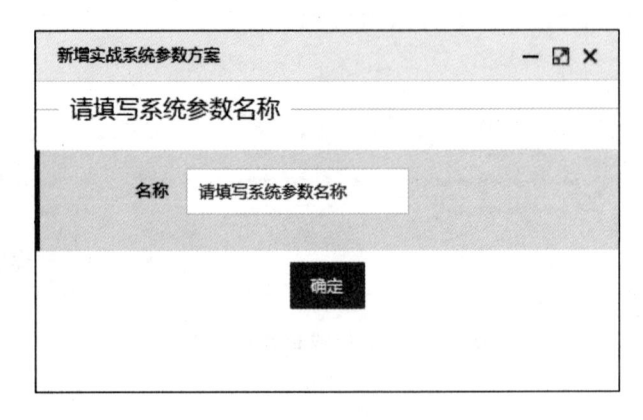

图1—30　填写实战系统参数名称

对已新建的参数,点击"编辑"按钮,可以设置具体参数值,包括:市场薪酬表、期望值区间表、人员效益表、效益等级表、培训效果表、培训项目费用表、培训期望表、培训环境等级表、培训项目基准表,可修改市场薪酬表和期望值区间表(如图1—31和图1—32所示)。

图1—31　编辑参数

图 1—32 设置具体参数

对于已建立的参数,可以点击"删除"按钮,在跳出的弹窗中再次确定删除,即可删除所选背景资料(如图 1—33 所示)。

图 1—33 删除参数

(4)学习中心

查看管理员上传的学习资料,教师也可单独上传与课程相关的文字、图片、视频等学习资料。点击"学习中心"按钮,新增学习资料,包括文字资料和视频资料(如图 1—34 所示)。

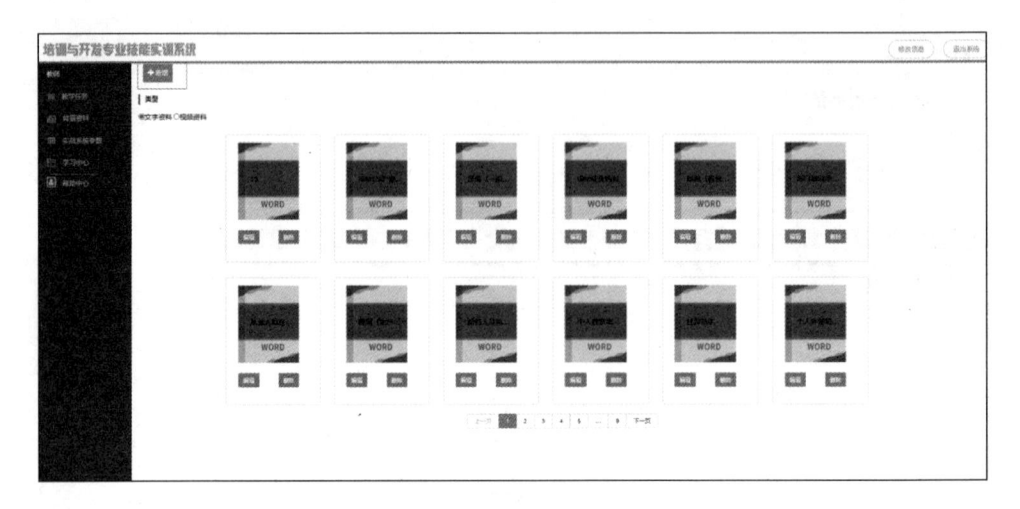

图 1—34　学习中心

(5)帮助中心

点击"帮助中心",上传系统使用帮助、教学辅助和其他资料(如图 1—35 所示)。

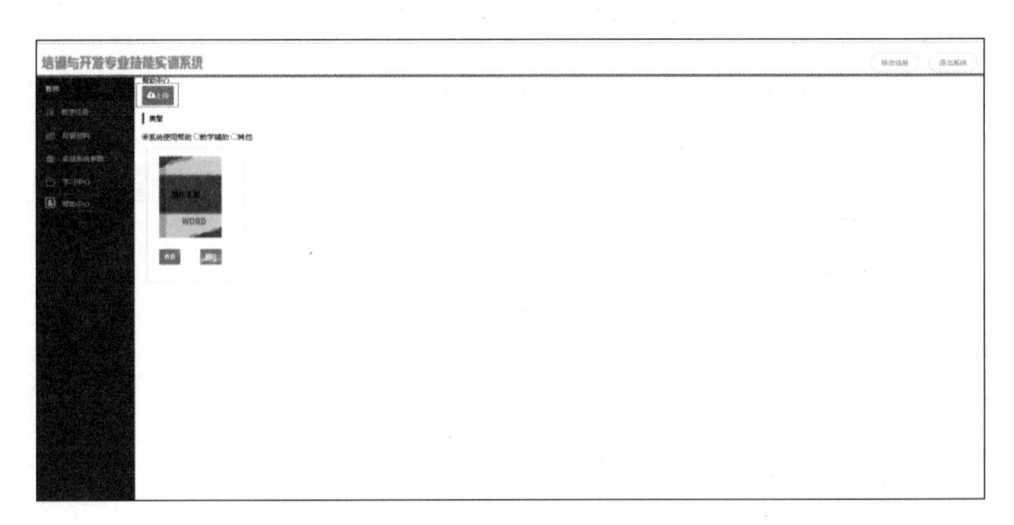

图 1—35　帮助中心

3. 学生端主要功能

在培训与开发专业技能实训系统中,学生端程序由基础教学、实战系统、学习中心组成,其中基础教学包括培训需求分析、培训开发计划、培训方案设计、培训实施方案、培训效果评估。每个同学需要完成基础教学的各个模块,同时各小组必须在规定的时间内,通过对本企业的分析,制定人员培训与开发的各项管理决策。

(1)基础教学

点击页面右上角"基础教学"按钮,进入基础教学模块,其中包括:培训需求分析、培训开发计划、培训方案设计、培训实施方案、培训效果评估(如图1-36所示)。

图1-36 基础教学

点击上方的"背景资料查看"按钮,学生可以阅读背景资料,并根据背景资料内容来完成基础教学部分(如图1-37所示)。

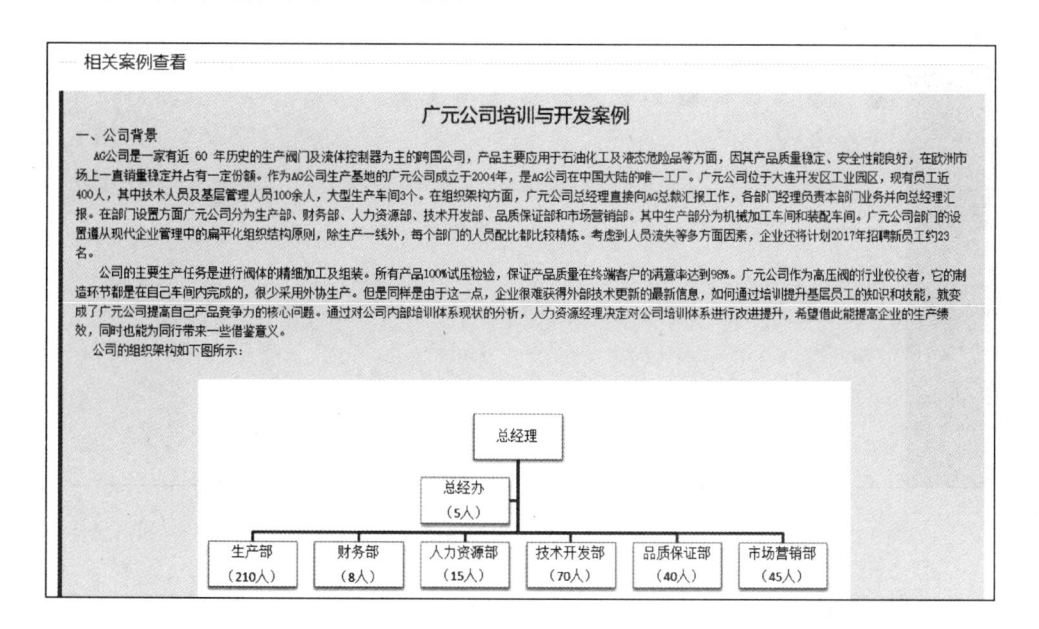

图1-37 背景资料

培训需求分析:系统给出教学案例,学生需根据案例分析,结合所学知识,完成组织战略层面、任务层面和人员层面的需求分析。

培训开发计划:系统给出教学案例,学生需根据案例分析,结合所学的知识,完成年度培训开发计划和员工培训开发计划的制订。

培训方案设计：系统给出教学案例，学生需结合专业所学根据案例完成新员工培训方案、中层管理者培训方案和团队建设类培训方案的设计。

培训实施方案：系统给出教学案例，学生需根据案例分析，结合所学专业知识，完成培训前、培训中、培训后方案的制订。

培训效果评估：系统给出教学案例，学生需根据案例分析，通过选择培训评估层次、培训内容、培训方法、培训时间和培训主题以完成培训效果评估。

(2)实战系统

实战系统以具体的案例为背景，以培训与开发专业技能实训系统为教学平台，以企业培训流程为导引，借鉴人力资源管理沙盘模拟的设计理念与经营原则，对企业如何开展培训开展综合训练，主要目的是增加教学的趣味性，提高学生的学习兴趣，使学生对企业的培训开发有一个初步的认识。实训中将学生分为若干小组，每组即代表一个公司的培训主管。每个公司初始状态相同，基于相同的经营背景，遵循相同的经营规则，自行开展培训设计与实施。系统根据事先设计的评价标准，在每一年公司培训活动结束后对各公司获得的成效进行综合评价并排名(如图1—38所示)。

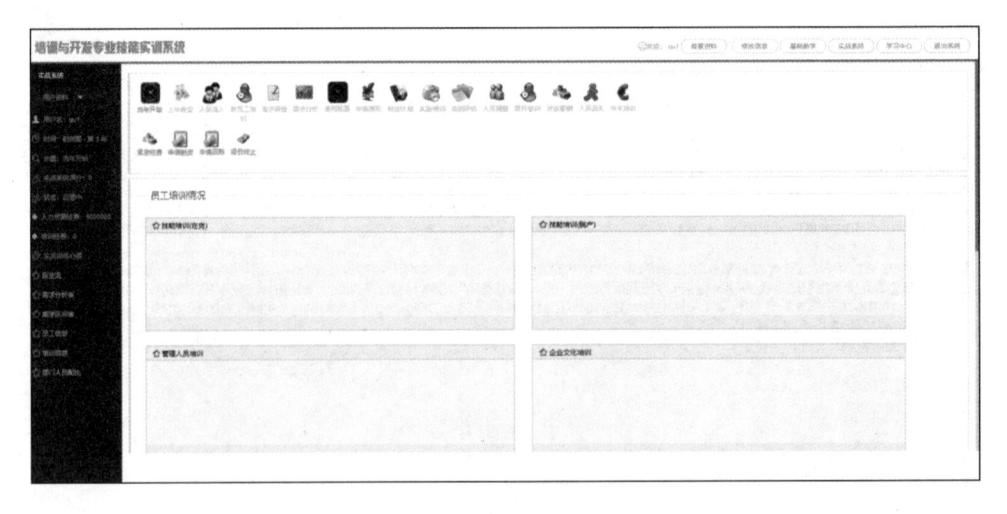

图1—38　实战系统

(3)学习中心

学生可在学习中心查看教师上传的各类教学资料，自主学习。点击学习中心"查看"按钮，可以查看老师上传的学习资料(如图1—39所示)。

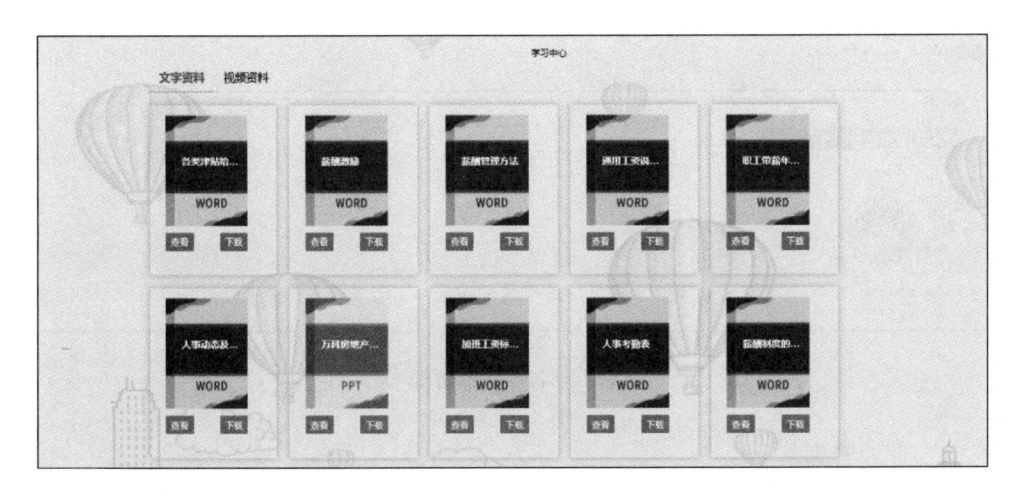

图 1—39　学习中心

(二)职业生涯规划实践平台的主要功能

1. 管理员端主要功能

管理员端主要功能包括教师管理、职业管理、数据备份和操作日志(如图 1—40 所示)。

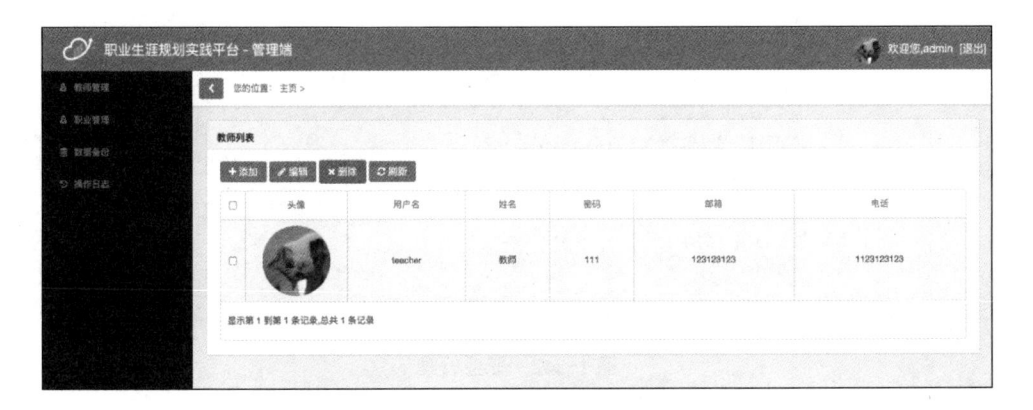

图 1—40　管理员端页面

(1)教师管理

管理职业生涯规划实践平台的所有教师账号,添加教师账号,包括用户名、姓名、密码(如图 1—41 所示)。

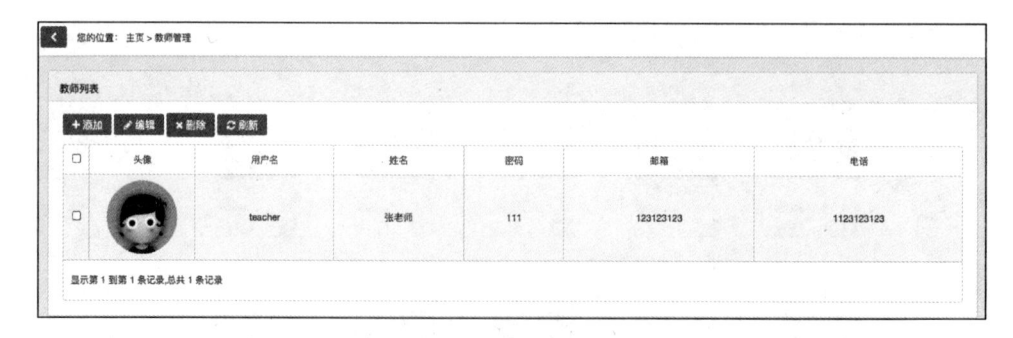

图 1－41　教师管理

(2)职业管理

管理系统所有职业：添加、删除、编辑(如图 1－42 所示)。

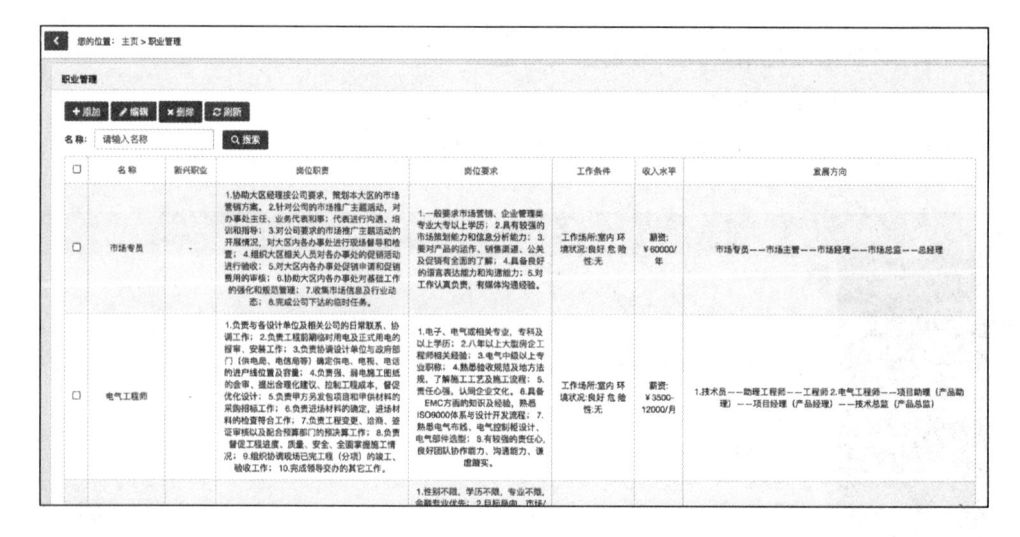

图 1－42　职业管理

(3)数据备份

系统管理员可备份系统的整体数据(如图 1－43 所示)。

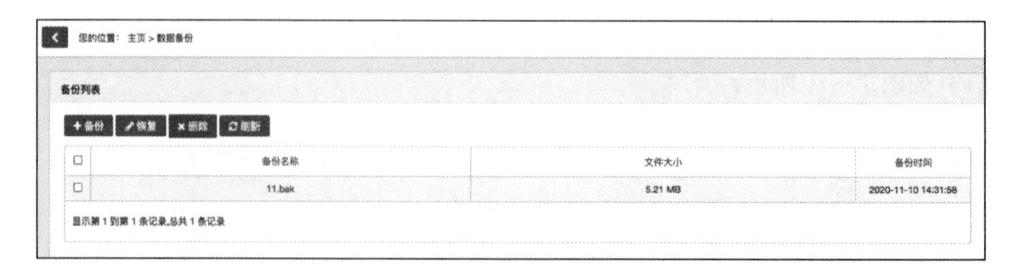

图 1－43　数据备份

(4)操作日志

查看近期账号登录情况(如图1-44所示)。

图1-44　操作日志

2.教师端主要功能

教师端主要功能包括测评任务管理、规划实战管理和职业测试管理(如图1-45所示)。

图1-45　教师端页面

(1)测评任务管理

添加教学任务,查看学生进度、职业推荐、职业生涯承诺书以及下载测评报告(如

图 1—46 所示)。

图 1—46　测评任务管理

(2)规划实战管理

规划实战管理包括实战模板和职业管理。实战模板包括自我画像、职业画像、企业画像、目标设定。每个模块都可添加或删除(如图 1—47 所示)。

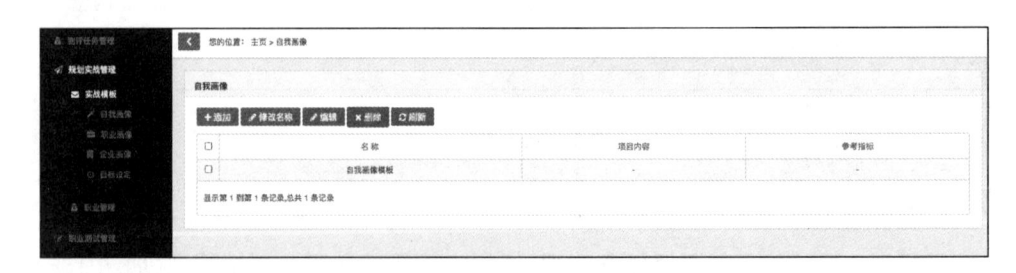

图 1—47　规划实战管理

(3)职业测试管理

职业测试管理包括测评管理和评价中心,主要管理测评和评价中心的背景资料,同时可在测评管理中添加测评(如图 1—48 所示)。

图 1—48　职业测试管理

3.学生端主要功能

学生端主要功能包括职业测评、职业探索、职业生涯规划实战(如图1-49所示)。

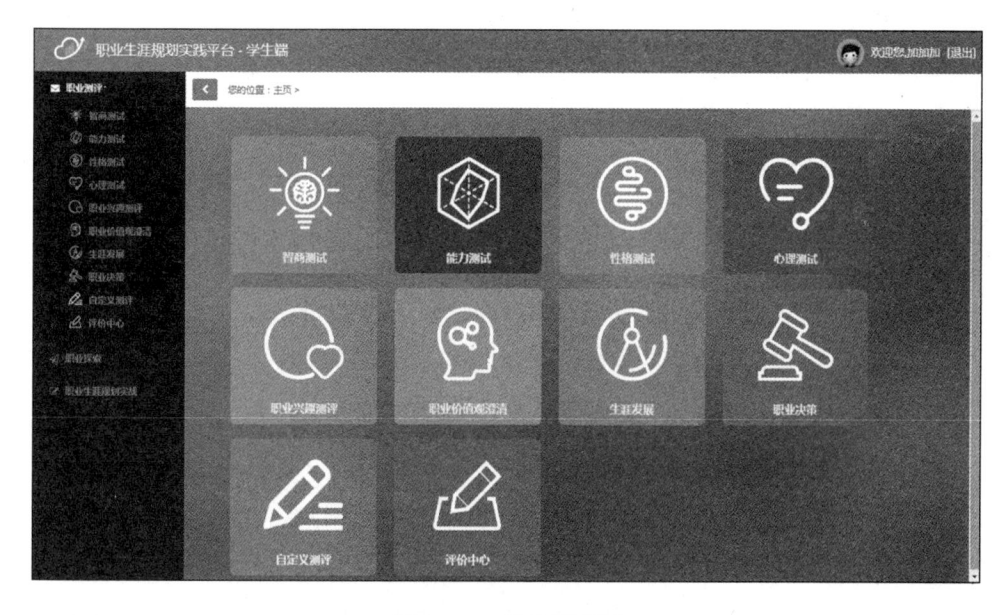

图1-49　学生端页面

(1)职业测评

职业测评从智商测试、能力测试、性格测试、心理测试、职业兴趣测评、职业价值观澄清、生涯发展等方面测评,并提供相对应的测评报告(如图1-50所示)。

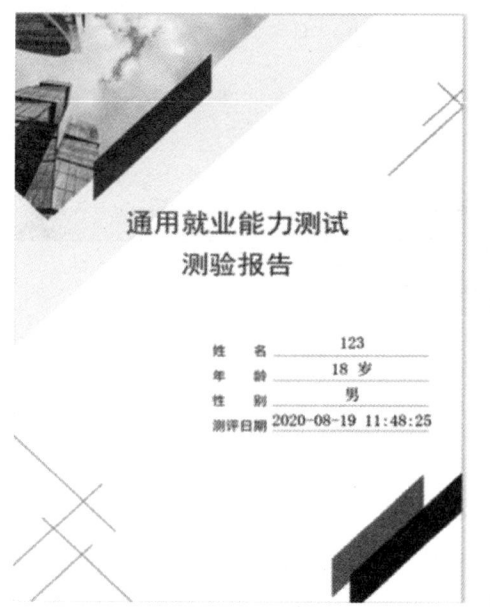

图1-50　实验报告

①智商测试:包括瑞文标准智力测验、国际标准智商测试。

②能力测试:包括 GATB 测评、通用就业能力测试、威廉斯创造力倾向测试。

③性格测试:包括卡特尔十六种人格因素测验、艾森克人格测验、九型人格测试、爱德华个性偏好测评、MBTI 职业性格测试题、DISC 性格测试分析。

④心理测试:包括大学生 UPI 测量、SCL90 测评。

⑤职业兴趣测评:包括霍兰德职业兴趣测量表、霍兰德自我探索测试、职业锚测评分析。

⑥职业价值观澄清:包括 WVI 职业价值观测试、Allport 价值观测验。

⑦生涯发展:包括大学生职业成熟度测评分析、职业生涯信念。

⑧职业决策:包括大学生职业决策调查、生涯决策平衡单。

⑨自定义测评:包括根据教师添加的测评题目进行测试。

⑩评价中心:包括面试、角色扮演、公文筐测试、无领导小组讨论、案例分析。

(2)职业探索

职业探索根据职业测评的结果帮助学生匹配适宜的职业(如图 1－51 所示)。

图 1－51　职业探索

①职业速配与推荐:系统根据学生多项测评出来的结果,采用大数据职业探索模型,快速匹配学生与职业的吻合度;并按照匹配度大小顺序排列,推荐最适合学生的职业。

②职业发展地图:囊括推荐职业的职业发展地图,主要是供学生在职业规划的过程中参考,在这一模块,学生可以全面了解自己选择职业的发展地图状况,更加明确自己的职业选择。

③职业搜索:学生可以查询现有所有职业,每个职业都包括岗位职责、岗位要求、

工作条件、收入水平、发展方向。

④新兴职业查询:查询目前市场上新型的职业。

⑤我的收藏:查看我收藏的职位。

(3)职业生涯规划实战

职业生涯规划实战是根据自我画像、职业画像、企业画像、目标设定、行动指南的结果生成职业生涯规划承诺书(如图1-52和图1-53所示)。

图1-52 职业生涯规划实战

图1-53 职业生涯规划承诺书

①自我画像从自我介绍、技能、校内实践等角度总结与分析。

②职业画像从整个就业市场的环境、所在专业的环境等角度总结与分析。

③企业画像是明确希望进入的企业,并描述自己心仪的企业,包括理想公司的发展现状与人力资源政策、招聘政策及心仪的条件等。

④目标设定是从知识目标、技能目标、素养目标、资格资质目标等角度明确职业发展目标。

⑤行动指南从知识策略、技能策略、素养策略、资格资质策略四个方面制定。

⑥职业生涯规划承诺书是通过前面几个步骤最终形成的。职业生涯规划承诺书帮助提醒学生定下的目标是什么,然后再通过自己一步一步的努力朝着那个方向前进。

自测题　　　　　　讨论题　　　　　　案例拓展阅读

第二章　培训需求分析

培训需求分析是培训与开发管理工作的前提和基础,培训需求分析实训主要是通过软件仿真模拟培训需求分析的应用。该部分模拟的培训需求分析分为公司组织与战略层面培训需求分析训练、任务层面培训需求分析训练及员工层面培训需求分析训练三个内容。

一、知识储备

(一)培训需求分析的含义、作用

1. 培训需求分析的含义

培训需求反映了企业要求任职者具备的理想状态与现实状态之间的差距,这个差距就是培训需求。培训需求分析是指在规划与设计每项培训活动之前,由培训部门采取各种办法和技术,系统鉴别与分析组织及成员的目标、知识、技能等方面,从而确定培训必要性及培训内容的过程。培训需求分析就是采用科学的方法弄清谁最需要培训、为什么要培训、培训什么等问题,并进行深入探索研究的过程。它具有很强的指导性,是确定培训目标、设计培训计划、有效实施培训的前提,是现代培训活动的首要环节,是培训评估的基础,对企业的培训工作至关重要,是使培训工作准确、及时和有效的重要保证。培训需求分析就是判断是否需要培训及培训内容的一种活动过程。

2. 培训需求分析的作用

培训需求分析对企业的培训工作至关重要,它是真正有效地实施培训的前提条件,是培训工作实现准确、及时和有效的重要保证。培训需求分析具有很强的指导性,它既是确定培训目标、设计培训计划的前提,也是进行培训评估的基础。培训需求分析作为现代培训活动的首要环节,具有重大作用,具体表现为:

(1)确认差距。培训需求分析的基本目标是确认差距,即确认任职者的应有状况同现实状况之间的差距。差距确认一般包括三个环节:一是必须对所需要的知识、技能、能力进行分析,即理想的知识、技能、能力的标准或模型是什么;二是必须分析现实实践中所具有的知识、技能、能力;三是必须比较分析所需要知识、技能、能力与现有的知识、技能、能力之间的差距。这三个环节需要独立有序进行,以保证需求分析的有效性。

(2)进行前瞻性分析。由于市场的需要,企业的发展是一个动态的、不断变化的过程,当组织发生变革时,不管这种变革涉及技术、程序、人员,还是涉及产品或服务的提供问题等,培训计划均要满足这种变化。因此,在培训需求分析阶段就应该迅速把握住这种变革。

(3)保证人力资源开发系统的有效性。人力资源开发的过程与人力资源培训的过程紧密相连。在分析培训需求时,就要充分考虑到人力资源开发的需要,为人才储备做好基础性工作。

(4)提供多种解决问题的方法。解决差距的方法有很多,有些可能与培训无关,通过培训需求分析可以针对不同情况选择不同培训方法。

(5)分析培训的价值成本。分析培训需求并确定了培训方法后,还要对培训项目进行价值成本分析,即需要回答:"不培训的损失与培训的成本之差是多少。"如果不培训的损失小于培训的成本,则说明当前不需要或不具备条件培训。由于很多培训的价值成本难以用数字量化,因而做这项工作是较困难的,因此需要综合考虑。

(6)获取内部与外部的多方支持。培训需求分析收集到的大量信息为制订培训计划、选择培训方法提供了有力的依据,因为相关人员参与了培训需求分析过程,所以在实施计划过程中会得到组织内部以及外部的支持和配合。

(二)培训需求分析的内容

用人单位的培训需求是由各方面的原因引起的,确定需要进行培训需求分析并收集到相关资料后,就要从不同层次、不同对象、不同阶段分析培训需求。

1. 培训需求的层次分析

培训需求分析可以在三个层面上展开:组织层面、任务层面和人员层面。

(1)培训需求的组织分析

组织层面的培训需求分析是确定培训在整个企业范围内的需求,为培训提供可利用的资源和管理的可能以及了解企业对培训活动的支持程度。培训需求的组织分析主要是通过对组织的目标、资源、特质、环境等因素的分析,准确地找出组织存在的问题与问题产生的根源,以确定培训是不是解决这类问题最有效的方法。培训需求的组织分析涉及能够影响培训规划的组织的各个组成部分,包括对组织目标的检查、组织资源的评估、组织特质的分析以及环境的影响等方面。组织分析的目的是在收集与分析组织绩效和组织特质的基础上,确认绩效问题及其病因,寻找可能解决的办法,为培训部门提供参考。

培训需求的组织分析需要着重分析三个问题：从企业发展战略的高度预测企业未来在技术、销售市场及组织结构上可能发生的变化，以及对人力资源的数量和质量的需求状况，确定适应企业发展需要的员工能力和素质；分析管理者和员工对培训活动的支持态度，确定受训者将培训中学到的知识、技能、行为等运用到实际工作中的概率等；通过对企业的培训费用、培训时间及与培训相关的专业知识等培训资源的分析，确定是利用企业内部人员培训相关员工，还是从企业外部购买培训服务。

培训需求的组织分析主要包括下列几个重要步骤：

①组织目标分析

明确、清晰的组织目标既对组织的发展起决定性作用，也对培训规划的设计与执行起决定性作用，组织目标决定培训目标。如果组织的目标是提高产品的质量，那么培训活动必须与这一目标相一致。如果组织目标模糊不清，培训规划的设计与执行就显得很困难。

②组织资源分析

如果没有确定可被利用的人力、物力和财力资源，就难以确立培训目标。组织资源分析包括对组织的金钱、时间、人力等资源的描述。一般情况下，通过对该问题的分析，我们就可了解一个组织资源的大致情况。

③组织特质与环境分析

组织特质与环境对培训的成功与否有很大的影响。因为，当培训规划和组织的价值不一致时，培训的效果就很难保证。组织特质与环境分析主要是对组织的系统结构、文化、资讯传播情况的了解。主要包括如下内容：

系统特质，指组织的输入、运作、输出、次级系统互动以及与外界环境间的交流特质，使管理者能够系统地面对组织，避免在组织分析中以偏概全。

文化特质，指组织的软硬件设施、规章、制度、组织经营运作的方式、组织成员待人处事的特殊风格，使管理者能够深入了解组织，而非仅仅停留在表面。

资讯传播特质，指组织部门和成员收集、分析和传递信息的分工与运作，促使管理者了解组织信息传递和沟通的特性。

(2) 培训需求的任务分析

培训需求的任务分析是指系统地收集关于某项工作或工作族信息的方法，其目的是明确达到最优的绩效，确定重点的工作任务以及从事该项工作的员工需要学习的内容。任务层面分析除了需要审核什么样的工作需要执行，以及执行此项工作员工需要具备的知识、技能、态度及其他所需的特征外，还需要分析影响员工工作绩效的阻碍因素。培训需求的工作岗位分析主要是确定各工作岗位的员工达到理想的工作业绩所必须掌握的技能和能力。

工作任务分析的最终结果是对有关工作活动的详细描述,包括对员工执行任务的描述和完成任务所需要的知识、技术和能力的描述。对工作的分析,主要是研究怎样履职和完成任务,即研究具体任职人的工作行为与期望的行为标准,找出差距,从而确定其需要接受的培训。工作任务分析的结果是设计和编写相关课程的重要资料来源。

(3)培训需求的人员分析

人员分析主要确定员工目前的实际工作绩效与企业的员工绩效标准对员工的要求之间是否存在差距,确定谁需要和应该接受培训。信息来源包括员工业绩考核的记录、员工技能测试成绩以及员工个人填写的培训需求问卷等资料。

人员分析着重分析以下几个问题:员工是否具有完成工作所具备的知识、技术、能力和态度;员工是否得到必要的指导,如应该干什么、怎样干和什么时候干等;员工是否了解工作的目标;员工的工作结果及其激励措施;员工的工作反馈,即有没有人定期向员工反馈其工作表现,让员工知道自己做得怎样。只有在以上分析的基础上才能制定具有针对性的培训项目。

通过组织分析、任务分析、人员分析,我们就可系统地对企业的培训需求层次做出预测。在实际工作中,这三者之间并不一定需要按特定的顺序进行。一般首先进行组织分析,而任务分析和人员分析常常是同时进行的,很难分开。

2.培训需求的对象分析

培训通常包括新员工和在职员工的培训,所以培训需求的对象分析包括新员工培训需求分析和在职员工培训需求分析。

(1)新员工培训需求分析

新员工的培训需求主要产生于新员工对企业文化、企业制度等不了解而不能融入企业,或是对企业工作岗位等的不熟悉而不能很好地胜任新工作。对于新员工的培训需求分析,特别是对于从事基础性工作的新员工的培训需求,通常使用任务分析法来决定其在工作中需要的各种技能。

(2)在职员工培训需求分析

在职员工的培训需求主要是由于新技术在生产过程中的应用等,使得在职员工的技能不能满足工作需要而产生的,通常采用绩效分析法决定在职员工的培训需求。绩效分析法的核心在于区分不能做和不愿意做的问题。首先,确定是不是不能做,如果是不能做,就要了解具体原因:员工不知道要做什么或不知道标准是什么;系统中的障碍,如缺工具或原料;工作的辅助设备问题;人员选拔失误导致员工不具备工作所需技能;培训不够等。其次,确定是不是不愿做,如果是不愿意做,就要改变员工工作态度或公司激励制度。

3. 培训需求的阶段分析

根据培训针对的是目前存在的问题还是为满足将来的需要，可以将培训需求分为目前培训需求分析和未来培训需求分析。

(1) 目前培训需求分析

目前培训需求分析是针对企业目前存在的问题和不足而提出的培训要求，主要是分析企业现阶段的生产经营目标、生产经营目标实现状况、未能实现的生产任务、企业运行中存在的问题等方面，找出这些问题产生的原因，并确认培训是解决问题的有效途径。

(2) 未来培训需求分析

未来培训需求分析主要是为满足企业未来发展过程中的需要而提出的培训要求，主要采用前瞻性培训需求分析方法，预测企业未来工作变化、员工调动情况、新工作岗位对员工的要求以及员工已具备的知识水平和尚欠缺的部分等。

(三) 培训需求分析的方法

培训需求分析的方法有很多种，包括行为观察法、绩效评估法、调查问卷法、访谈法、咨询法、集体研讨法、测验法、评价中心法、书面资料研究法，下面介绍的常用方法中每种方法都有其优缺点（如表2-1所示）。

表2-1　　　　　常用的培训需求分析方法及其优缺点

培训需求分析方法	优　点	缺　点
行为观察法	有利于得到有关工作环境的资料 将评估活动对工作的干扰降至最低	观察员需要具备熟练的观察技巧 只能在观察到的环境中收集资料 被观察者的行为方式有可能因被观察而受到影响
访谈法	有利于观察当事人的感受、问题的症结和解决方式	费时 不易量化分析 需要熟练的访谈技巧
调查问卷法	可以在短期内调查大量的人员 成本低 使被访者回答问题时更加自然 易于归纳总结数据资料	问卷编制周期较长 限制受访者表达意见的自由，不够具体 回收率可能会很低，有些答案不符合要求

(四) 培训需求调查的程序

培训需求调查是一项系统的工作，需要遵循一定的程序，包括做好培训前期的准备工作、制订培训需求调查计划、实施培训需求调查计划、分析与输出培训需求结果等几个步骤。

1. 做好培训前期的准备工作

培训工作开展之前，培训者就要有意识地收集有关员工的各种资料。这样不仅能在培训需求调查时很方便地调用,而且能够随时监控企业员工培训需求的变动情况,以在恰当的时候向领导请示开展培训。做好培训前期的准备工作包括以下内容:

(1)建立员工背景档案。培训部门应注意员工素质、员工工作变动情况以及培训历史等方面内容的记载,建立员工背景档案。

(2)同各部门人员保持密切联系。培训工作的性质决定了培训部门需要通过和其他部门之间保持更密切的合作联系,以随时了解企业生产经营活动、人员配置、企业发展方向等方面的变动,使培训活动的开展更能满足企业发展需要、更有效果。

(3)向主管领导反映情况。培训部门应建立一种途径,使员工可以随时反映个人的培训需求,可以借鉴投稿信箱的方式,或者安排专门人员负责这一工作。

(4)准备培训需求调查。培训者通过某种途径意识到有培训的必要时,在得到领导认可的情况下,就要开始调查的准备工作。

2. 制订培训需求调查计划

制订培训需求调查计划应包括以下几项内容:

(1)确定培训需求调查工作的目标,即根据培训项目的需要确定培训需求调查工作应达到的目标。

(2)制订培训需求调查工作的行动计划,即安排活动中各项工作的时间进度以及各项工作应注意的一些问题。

(3)选择合适的培训需求调查方法,即根据企业的实际情况以及培训中可以利用的资源做出选择。对专业技术性较强的员工一般不用行为观察法。大型培训可以采用数种方法,如调查问卷法和个别访谈法结合使用,扬长避短,但会增加成本费用。

(4)确定培训需求调查的内容。首先要分析这次培训调查应得到哪些资料,然后除去手中已有的资料,就是需要调查的内容。

3. 实施培训需求调查计划

在制订了培训需求调查计划后,就要按确定的计划依次开展工作。实施培训需求调查计划主要包括以下步骤:

(1)提出培训需求动议和愿望。由培训部门发出制订计划的通知,请各负责人针对相应岗位需要提出培训动议和愿望。

(2)调查、申报、汇总培训需求动议和愿望。相关人员根据企业或部门的理想需求与现实需求、预测需求与现实需求的差距,调查、收集来源于不同部门和个人的各类需求信息,整理、汇总培训需求动议和愿望,并报告企业培训组织管理部门或负责人。

(3)分析培训需求动议和愿望。申报的培训需求动议和愿望并不能直接作为培训的依据,需要由企业的组织计划部门、相关岗位、相关部门以及培训组织管理部门从整体和近中期的工作计划来考虑,共同分析申报的培训需求动议和愿望。

(4)初步汇总培训需求意见,确认培训需求。培训部门对汇总上来并加以确认的培训初步需求列出清单,参考有关部门的意见,根据重要程度和迫切程度初步排列,并依据所能收集到的培训资源制订初步的培训计划和预算方案。

4.分析与输出培训需求结果

(1)归类、整理培训需求调查信息。培训需求调查的信息来源于不同的渠道,信息形式有所不同,因此有必要对收集到的信息分类,并根据不同的培训调查内容的需要将信息归档,同时要制作一套表格统计信息,并利用直方图、分布曲线等工具将信息所表现的趋势和分布状况予以形象表示。

(2)分析、总结培训需求。仔细分析收集上来的调查资料,从中找出培训需求。要结合业务发展的需要,根据培训任务的重要程度和紧迫程度对各类需求排序。

(3)撰写培训需求调查报告。分类处理、分析和总结所有的信息以后,就要根据处理结果撰写培训需求调查报告,报告结论要以调查的信息为依据,不可依据个人主观看法做出结论。

(五)培训需求和培训对象的确定

确定培训需求和培训对象的方法有绩效分析法、任务与能力分析法、组织发展需要分析法。

1.运用绩效分析方法确定培训需求和培训对象

绩效评价本身就是需求分析与缺失检查的一种类型,主要分析工作人员个体现有状况与应有状况之间的差距,在此基础上确定谁需要和应该接受培训,以及培训的内容。它为培训决策的制定提供了机会和依据。

运用绩效分析方法确定培训需求和培训对象,主要经过以下步骤:

(1)通过绩效考评明确绩效现状。绩效考评能够提供员工现有绩效水平的有关资料。绩效考评的结果是对目标员工工作效率的种种表现(如技能、知识、能力)所做的描述。

绩效考评可以运用从纯粹的主观判断到客观的定量分析之间的各种方法。如果某项工作绩效要求已被界定,就可以向专家请教所需培训的类型;如果某项工作的要求是已知的,那么可以请组织的领导者分析实际绩效等。要尽可能客观地收集和分析数据,并在此基础上决定是否真正需要培训。

(2)根据工作说明书或任务说明书分析绩效标准或理想绩效。工作说明书明确工作对任职者的绩效要求。员工从事工作所需要的知识、技能和能力可以通过任务目录或技能目录来描绘。在职工作人员的知识、技能和能力的情况,可以通过资料收集来确定工作需要同个体能力之间的差距,以及对工作绩效的影响状况等。此部分主要参考内容包括:岗位的工作标准;岗位的绩效目标;岗位绩效目标与部门目标、组织目标的关系；领导如何要求下级工作、获取何种绩效目标；领导在多大程度上希望维持这种理想状态（个人达到的绩效目标、部门达到的绩效目标）；等等。

（3）确认理想绩效与实际绩效的差距。有关员工现有绩效水平的数据资料，能够表明全体员工中有多少人未达到、达到或超过了理想的绩效水平。在每个工作领域，未达到理想绩效水平的员工的百分比这一数据能够表明，工作的哪些方面存在差距、差距有多大、哪些员工应对这些差距负责。

（4）分析绩效差距的成因及绩效差距的重要性。把绩效差距分解为知识技能、态度、环境等具体方面，分析造成绩效差距的具体原因，了解在过去一段时间内这种差距的变化趋势并分析重要性。

（5）根据绩效差距原因分析确认培训需求和培训对象。根据绩效差距原因分析确认是否需要培训、需要在哪些方面培训、需要多少培训、哪些人员需要培训以及哪些人员可以优先得到培训。

如果考评的结果表明工作效率低的程度并不明显，则选派人员参加培训项目的必要性不大。如果不是因培训不足产生的绩效问题，就应寻找其他可行的有效解决方案。

（6）针对培训需求和培训对象拟订培训计划。

2.运用任务与能力分析方法确定培训需求和培训对象

运用任务与能力分析方法确定培训需求和培训对象，主要步骤如下：

（1）根据工作任务分析获取相关信息。对于每个特定工作的具体培训需求来说，工作任务分析可以提供三方面的信息：每个工作所包含的任务（即工作描述中的基本信息）；完成这些工作任务所需要的技能（来自工作说明书）；衡量完成该工作的最低绩效标准。

（2）分解和分析工作任务。以工作说明书、工作规范或工作任务分析记录表作为确定员工达到要求所必须掌握的知识、技能和态度的依据，通过岗位资料分析，将其和员工平时在工作中的表现对比，来判定员工要完成工作任务的差距。

分析各种工作任务后设计出一套培训权衡表。培训的重点无疑应放在那些发生频率高的、重要的或相对而言较难掌握的任务上。培训者在选择培训工具、培训时间或其他事项时，也会考虑其他综合性的因素。

（3）根据工作任务分析结果确定培训需求和培训对象。工作任务分析结果的重点在于为员工提供改善和提高的机会。培训者根据员工的素质差距，为他们提供必要的指导、培训，使他们获得必需的技术和能力。

3.根据组织发展需要分析方法确定培训需求和培训对象

根据组织发展需要分析方法确定培训需求和培训对象，主要步骤如下：

（1）确认培训标准。根据组织发展需要分析培训需求，准确找出组织中存在的问题，即现有状况与理想状况之间的差距，并确定培训是不是解决这类问题最有效的方法。

（2）确认培训可以解决的问题。组织发展需要分析不是集中在个体、工作、部门现在有效运作所需要的知识、技能和能力上，而是通过对企业发展目标、资源状况、市场环境以及人力资源现状问题的调查和分析，准确判断出企业面临的机遇和挑战，找出现存的问题，确定是否采用培训和如何采用培训促使组织目标的实现。

（3）确认培训资源。分析培训需要哪些资源以及企业能否满足这些要求，并以此决定培训对象。

二、实战训练

本章的实战训练选择了广元公司的培训与开发现状作为案例背景，并结合Goldstein模型的组织分析、任务分析和人员分析三个层次展开培训需求分析训练。下面将操作进行具体的阐述，以方便同学们更好地掌握这部分内容。

首先，输入网址：http://115.29.44.154:8042/Home/EmployeeTrain，出现用户登录系统的界面，学生登录时先输入老师提供的账号和密码，然后点击角色中的"学生"登录。登录后请点击"基础教学"（如图2—1所示）。

图2—1　培训与开发专业技能实训系统基础教学登录界面

进入基础教学后，点击"案例"查看系统所提供的案例——广元公司培训与开发案例。案例背景内容见图2—2，指导教师也可以将自己熟悉的公司导入系统，并以其为背景开展培训需求分析训练。

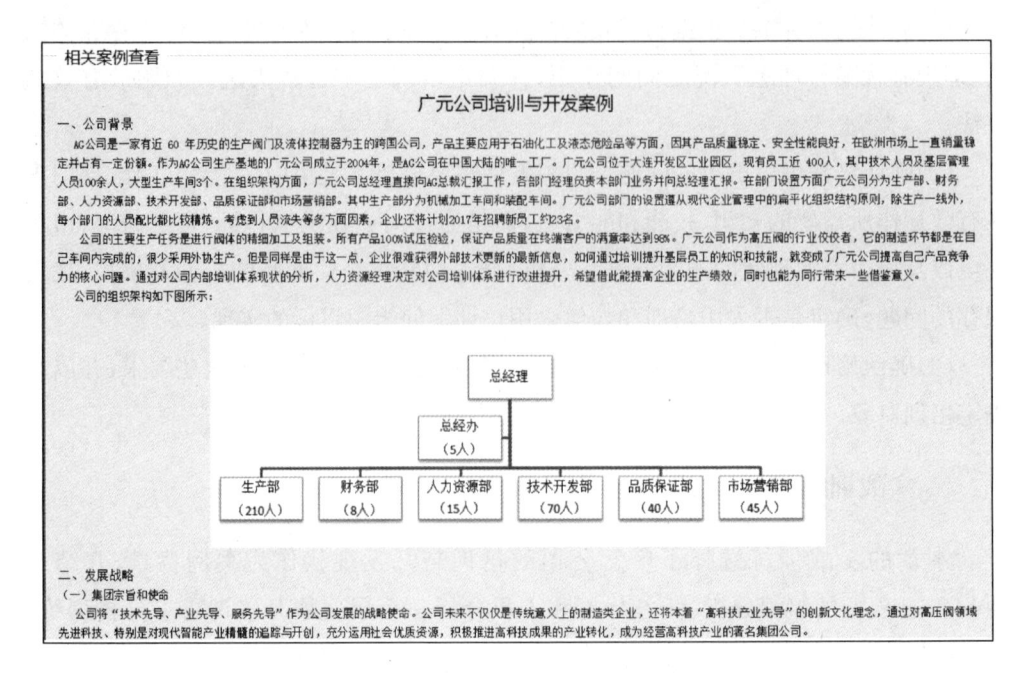

图 2—2　基础教学案例背景界面

学生在阅读完背景资料的基础上,点击"基础教学",进入培训需求分析界面(如图2—3所示)。学生根据案例背景填写"培训需求分析"模块中"组织与战略层面""任务层面"和"人员层面"培训需求分析的内容。

图 2—3　培训需求分析界面

(一)组织与战略层面培训需求分析训练

学生点击组织与战略层面的"进入"按钮,进入训练界面(如图2—4所示)。

图 2—4　组织与战略培训需求分析界面

学生通过以上的分析，在系统中选择"培训课程体系""培训课程模块""课程名称"的内容。如果系统没有给出学生所需要的内容备选项，需要添加更多的条目，学生可以点击"增加"按钮添加（如图 2—5 所示）。

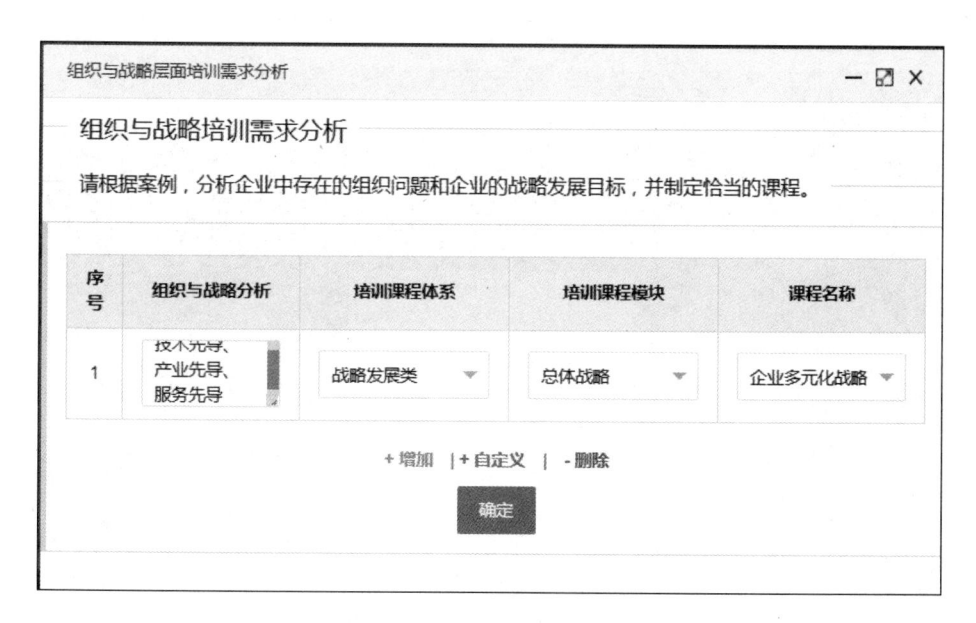

图 2—5　公司组织与战略层面的培训需求分析填写界面

如果系统中没有符合该公司培训课程体系等选项，就可以点击"自定义"按钮，添加该公司的不同战略内容,输入文字内容(如图 2—6 所示)。

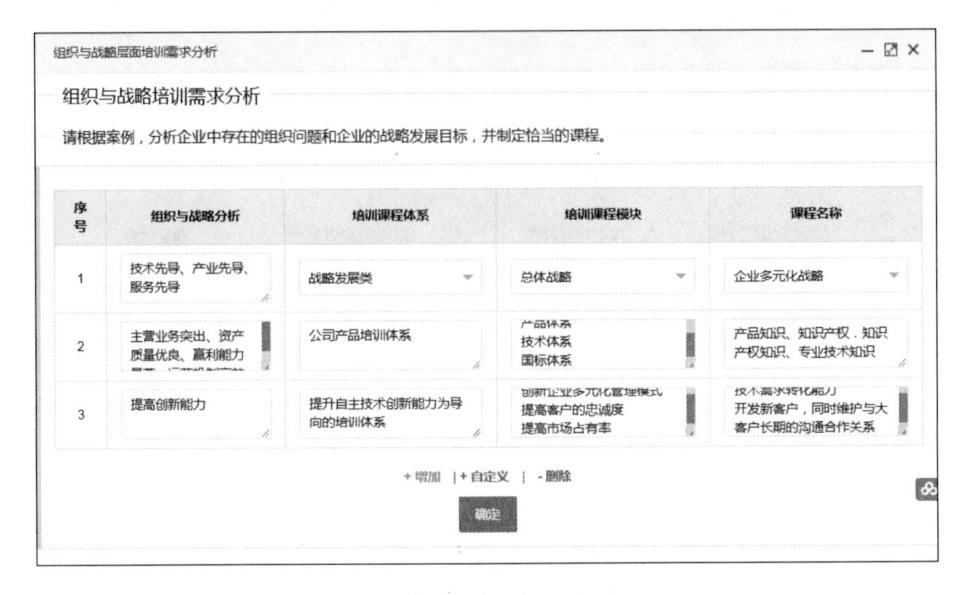

图 2—6　公司组织与战略培训需求分析自定义添加界面

学生在完成选择与添加公司战略目标后,需要再次核对所填写与选择的内容,数据无误之后,点击"确定"(如图 2—7 所示)。

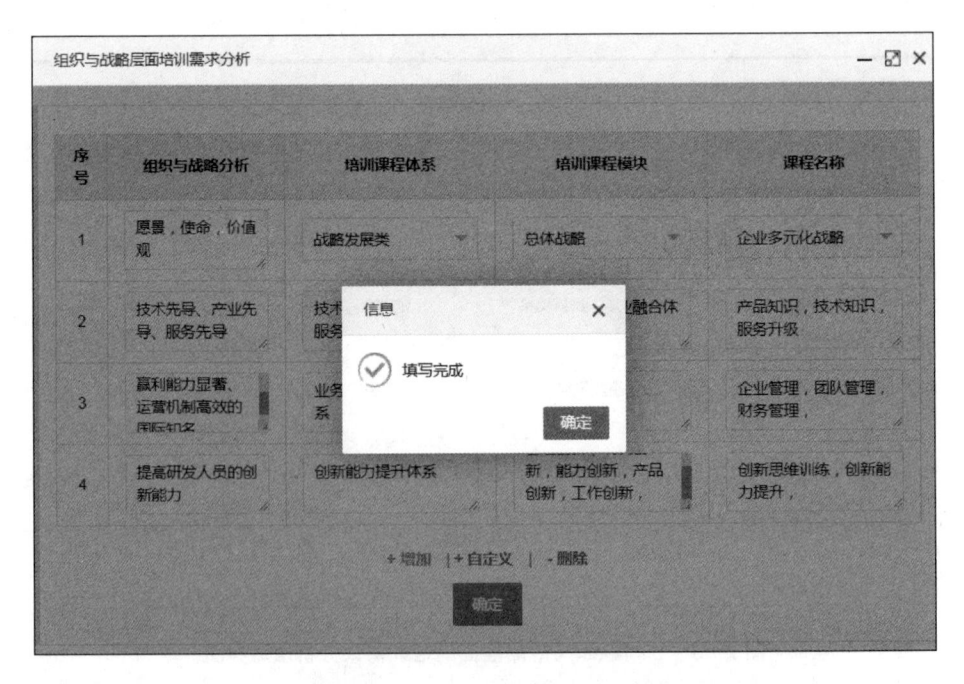

图 2—7　公司组织与战略层面培训需求分析提交成功界面

(二)任务层面培训需求分析训练

学生点击任务层面的"进入"按钮,进入训练界面(如图2—8所示)。

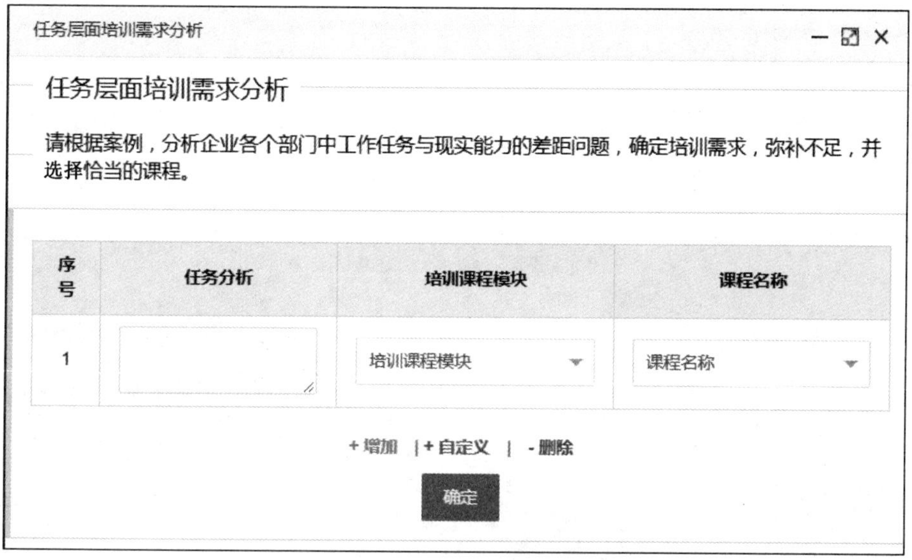

图2—8　公司任务层面培训需求分析界面

如果系统中没有符合该公司培训课程体系等选项,就可以点击"自定义"按钮,添加该公司的不同任务内容,输入文字内容(如图2—9所示)。

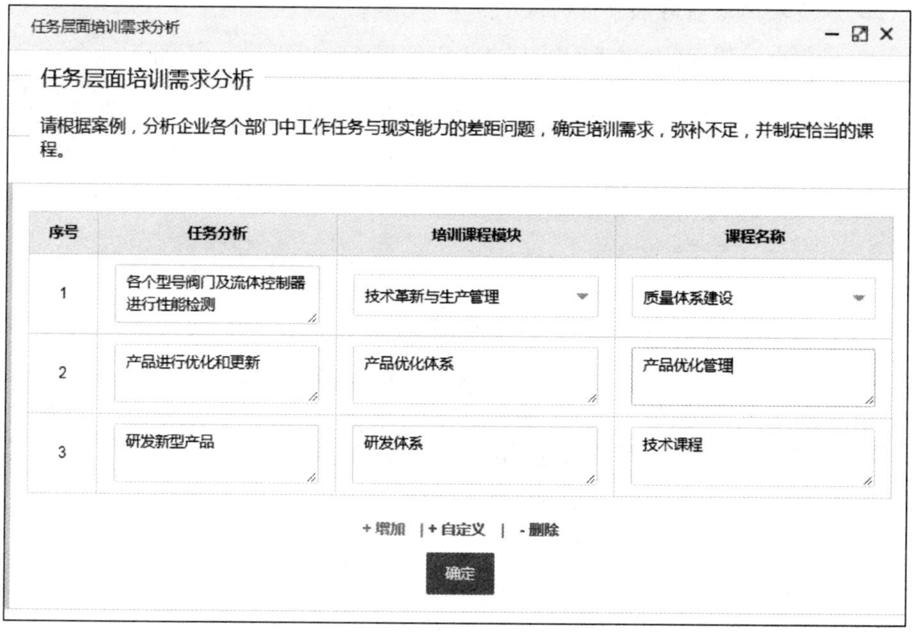

图2—9　公司工作任务层面培训需求分析自定义添加界面

学生在输入完数据后,需要再次核对所填写与选择的内容,数据无误之后,点击"确定"(如图 2—10 所示)。

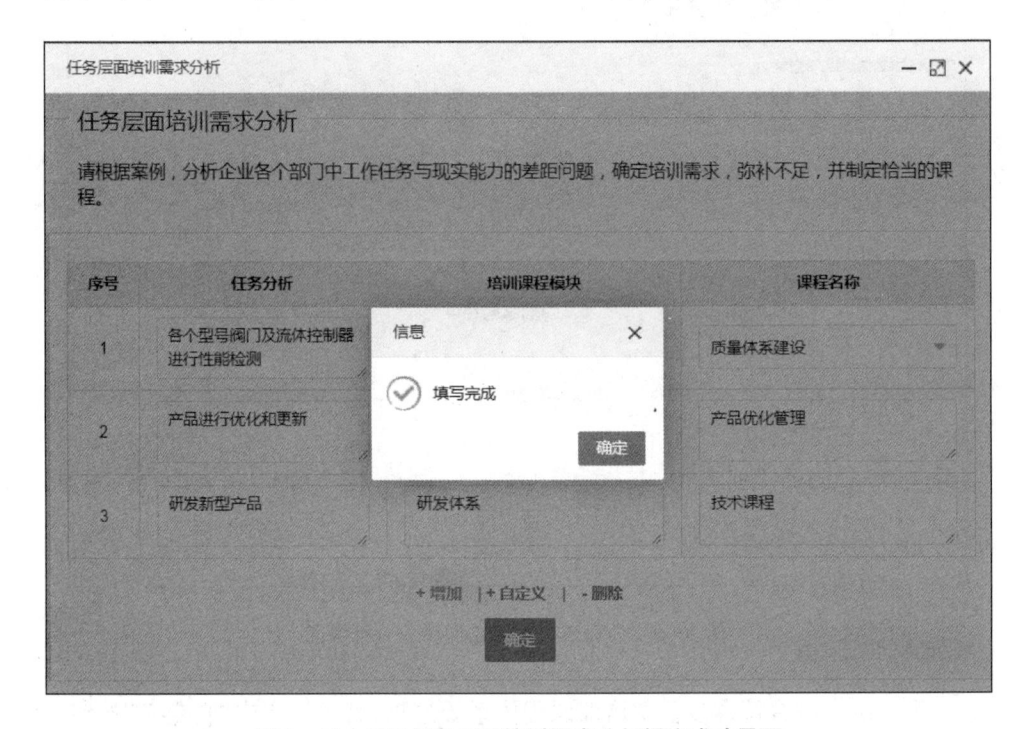

图 2—10　公司任务层面培训需求分析提交成功界面

(三)人员层面培训需求分析训练

学生点击人员层面的"进入"按钮,进入训练界面(如图 2—11 所示)。

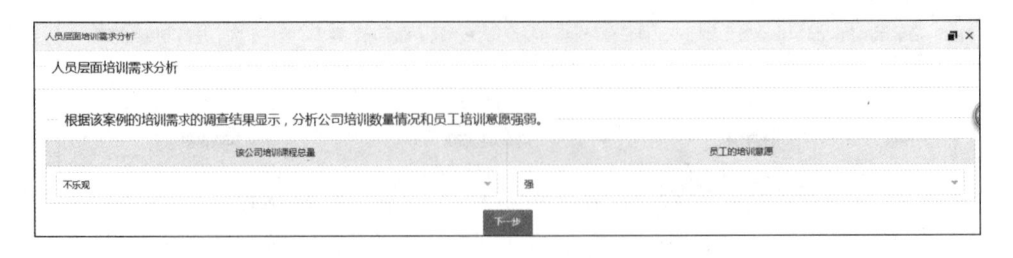

图 2—11　培训需求分析人员层面进入界面

学生在完成培训内容、培训时间、培训地点、培训频率、课程时间、培训方法、讲师类型、教学风格、教学方法等后,需要再次核对公司中的人员层面需求分析,数据无误之后,点击"确定"(如图 2—12 所示)。

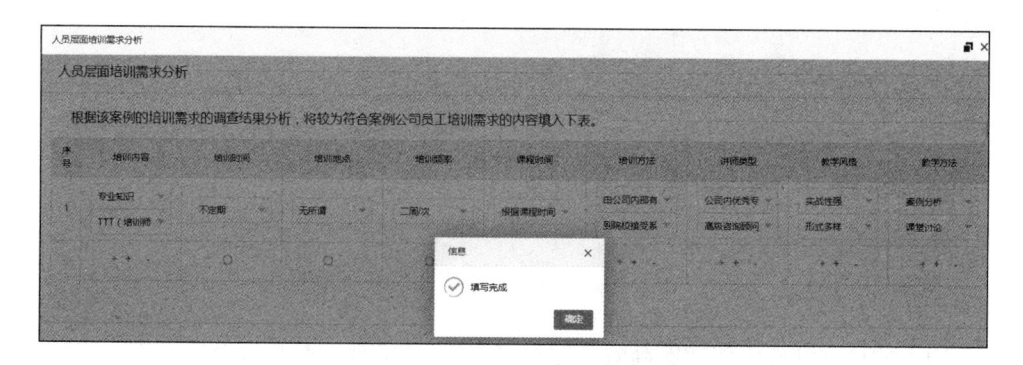

图 2—12　公司人员层面培训需求填写完成界面

自测题　　　　　讨论题　　　　　案例拓展阅读

第三章　培训开发计划

为了使培训开发工作能够高效有序地进行,组织需要制订培训开发计划。培训开发计划作为培训开发的主要依据,其目的在于使培训开发工作更加科学化、合理化。培训开发计划需要用人部门根据发展要求,结合前期工作(包括培训时间、培训地点、培训对象、培训讲师、培训课程等因素)做出详细的计划。

一、知识储备

1911 年,弗雷德里克·W. 泰勒(Frederick W. Taylor)出版了《科学管理原理》,提出科学管理的原则之一是"科学地挑选工人,并对其进行培训、教育和使之成长"。他认为,一流的工人是通过严格挑选和科学培训获得的,首次从理论上说明了培训对组织绩效的作用。理想的培训项目能够提升员工对岗位的熟悉度和综合素质,培养员工对组织的认同感,提高组织效率,增强竞争优势,促进组织发展。培训计划作为培训管理体系的主要内容之一,是培训实施工作的"指南针"。科学严谨地制订培训计划,可为组织培养人才及组织未来发展提供坚实有力的后盾。

（一）培训计划概述

1. 培训计划的含义

培训计划是基于组织战略,在客观、全面地进行培训需求分析的前提下,对培训对象、培训内容、培训者、培训方式、培训时间和培训地点等的系统性预先安排。作为名词,"培训计划"是指按照一定的逻辑顺序安排以上内容并记录而形成的文件。

首先,制订培训计划不能仅考虑培训本身,还要与组织战略、组织环境、组织文化和组织总体人力资源战略等因素相结合。其次,制订培训计划必须满足组织和员工的需求,将员工个人发展与组织需求相契合,兼顾组织资源基础及员工素质条件。最后,制订培训计划应考虑人才培养的超前性及培训结果的不确定性。

2. 培训计划的类型

按照培训时间跨度、横向跨度和培训对象的不同,培训计划可分为不同类型。

(1)时间跨度分类

按照时间跨度长短,可将培训计划分为长期、中期和短期三类。

①长期培训计划。长期培训计划跨度为 3～5 年,其优势特征在于与组织的长期目标和员工个人发展相结合、现实与目标的合理协调和配置,这些也是组织长效发展的决定性因素。

长期培训计划一般包括组织长远目标的规划、员工长远目标的规划与外部环境、目标与现实差距的分析、人力资源开发策略的拟定、培训策略的设计、培训资源的需求与配置、培训内容的整合、培训行动步骤的安排、培训效益的预测和培训效果的预测等。

②中期培训计划。中期培训计划跨度为 1～3 年,是长期培训与短期培训计划的承接部分。培训计划一方面是长期培训计划的细化,对长期战略给予补充;另一方面是短期培训计划的参考,为短期培训提供指引。

中期培训计划一般包括培训中期需求、培训中期目标、培训策略、培训资源的需求与配置、培训内容的整合、培训行动步骤的安排、培训效益的预测、培训效果的预测等。

③短期培训计划。短期培训计划跨度为 1 年以下,制订短期培训计划时需要重点考虑培训计划的可操作性。短期培训计划一般包括培训的目的与目标、培训持续时间、培训地点的选择、培训对象与培训讲师、培训方式、培训工作分工、培训资源获取、培训效果的评估。

(2)横向跨度分类

按照横向跨度的类型,可分为组织、部门和个人培训计划三类。

①组织培训计划。组织培训计划可以明确组织整体培训的目标与方向,有效促进组织整体战略的实施与执行。组织培训计划包括岗前管理培训、岗前技术培训、质量管理培训和组织管理培训等。

②部门培训计划。部门培训计划是各部门以自身需求为导向制订的内部培训计划,不同部门的职责决定了计划的侧重方向。如信息部门的最新网络技术培训、人力资源部门的新劳动法规培训。

在部门培训计划拟订之后,培训部门需要与部门负责人协商,分析培训内容安排的合理性、培训过程的分工和职责及整个计划的可行性,并且根据分析结果修订培训计划。

③个人培训计划。个人培训计划是组织培训计划和部门培训计划的基础,个人培训计划的关键在于将整体的培训计划和宏观的培训目标有效分解,真正落实到员工,以提高员工个人素质,从而实现部门培训和组织培训计划。

(3)培训对象分类

按照培训对象,可以将培训计划分为管理开发培训计划、专业职能培训计划、骨干员工培训计划和新员工培训计划四类。

①管理开发培训计划。管理开发培训计划是为提升管理人员管理能力而设立,主要包括工作轮换计划培训、职业生涯规划培训、管理者继任与选派培训、高潜力人才培训和其他发展咨询培训等。

②专业职能培训计划。专业职能培训计划是为提升专门人才业务水平而设立,帮助培训对象及时了解各领域新动态和前沿知识,提升业务能力。

③骨干员工培训计划。骨干员工培训计划是以重点培养为导向、为组织持续发展而设计,应根据环境特征及员工层次结构的变化而相应调整,为组织未来储备核心人才。

④新员工培训计划。新员工培训计划是为帮助新进员工更好地了解组织内外部现状、明确自身职责、快速融入新环境而设计,主要包括组织概况、组织规章制度、组织文化、产品知识、业务知识技能和工作流程等内容。

3.影响培训计划制定的因素

(1)员工

让员工参与设计和决定培训计划,除了加深员工对培训的了解外,还能增加他们对培训计划的兴趣和承诺。此外,员工的参与可使课程设计更契合员工的真实需要。

(2)管理者

各部门主管对于部门内员工的能力及所需何种培训,通常较负责培训计划者或最高管理层更清楚,所以他们的参与、支持及协助,对计划的成功有很大的帮助。

(3)时间

在制订培训计划时,必须准确预测培训所需时间及该段时间内人手调动是否有可能影响组织的运作。编排课程及培训方法必须严格依照预先拟定的时间表执行。

(4)成本

培训计划必须符合组织的资源限制。有些计划可能很理想,但如果需要庞大的培训经费,就不是每个组织都负担得起的。能否确保经费的来源和合理地分配和使用经费,不仅直接关系到培训的规模、水平及程度,而且关系到培训者与学员能否有很好的心态来对待培训。

(二)培训计划的内容

培训计划在整个培训体系中占有比较重要的地位,可以根据5W1H原理,确定企业培训计划的架构及内容。

所谓5W1H,指 why(为什么?)、who(谁?)、what(内容是什么?)、when(什么时候、时间?)、where(在哪里?)、how(如何进行?)等。培训计划要求我们明确:我们组织培训的目的是什么(why),培训的对象是谁(who),负责人是谁(who),培训师是谁

(who),培训的内容如何确定(what),培训的时间、期限有多长(when),培训的场地、地点在何处(where)以及如何进行正常的培训(how)等要素,这几个要素所构成的内容就是组织企业培训的主要依据。

1. 培训的目的(why)

在组织一个培训项目的时候,一定要清楚培训的目的,并且需要用简洁、明了的语言将它描述出来,作为培训的纲领。

2. 培训的负责人和培训师(who)

负责培训的人员和机构依企业的规模、所处行业及经营者的经营方针、策略不同而归属不同部门。大体上,规模较大的企业一般都设有负责培训的专职部门,如训练中心等,以对公司的全体员工进行有组织、有系统的持续性训练;规模比较小的企业一般也有专人负责培训方面的事务。应优先聘请内部人员做培训师,如内部无适当人选,再考虑聘请外部培训师。受聘的培训师只有具有广博的知识、丰富的经验及专业的技术等,才能受到受训者的信赖与尊敬;同时,还要有卓越的训练技巧和对教育的执着、耐心与热心。

3. 培训的对象(who)

在组织、策划培训项目时,首先应该明确培训的对象,然后再决定培训内容、时间和期限、培训场地以及授课讲师等。培训学员的选定可由各部门推荐,或自行报名再经甄选程序而决定。人力资源培训与开发的对象可依照垂直的阶层及水平的职能加以区分。人力资源培训与开发的对象按照阶层大致可分为普通操作员级、主管级及中高层管理级;而人力资源培训与开发的对象按照职能可以分为生产系统、营销系统、质量管理系统、财务系统、行政人事系统等。

4. 培训的内容(what)

培训的内容可依照培训学员的内容不同而分别确定,包括为开发员工的专门技术、技能或知识培训,为改变工作态度的企业文化精神教育等。在确定培训内容前,应先进行培训需求分析调查,了解企业及员工的培训需求,然后研究员工所担任的职务,明确每项职务所应达到的任职标准,再考查员工个人的工作实绩、能力、态度等,并与岗位任职标准相互比较,如果某员工尚未达到该职位规定的任职标准,该不足部分的知识或技能便是培训内容,需要通过企业的内部培训补足。

5. 培训的时间、期限(when)

一般而言,培训项目的时间和期限可以根据培训的目的、培训的场地、讲师及受训者的能力、上班时间等决定。一般新进人员的培训,可在实际从事工作前实施,培训期限可以是一周至十天,甚至一个月;而在职员工的培训,则可以以其工作能力、经验为依据决定期限的长短,培训时间的选定以尽可能不过分影响工作为宜。

6. 培训的场地(where)

培训场地的选用可以因培训内容和方式的不同而有区别,一般可分为利用内部培训场地及利用外部专业培训机构和场地两种。利用内部培训场地的培训项目主要有工作现场的培训(即工作中培训)和部分技术、技能或知识、态度等方面的培训。其优点是组织方便、费用节省;缺点是培训形式较为单一、受内部环境影响较大。外部专业培训机构和场地的培训项目主要是一些需要借助专业培训工具和培训设施的培训项目,或是利用其优美安静的环境实施一些重要的专题研修等的培训项目。其优点是可利用特定的设施、离开工作岗位而专心接受训练,应用的培训技巧亦较内部培训多样化;缺点是组织较为困难、费用较多。

7. 培训的方法(how)

根据培训的目的、内容、场地等的不同,所采取的培训方法也有区别。从培训方法的种类来说,可以划分为讲课类、学习类、研讨类、演练类和综合类等,而每一类培训方法中所包含的内容又各有不同。不同的方法所产生的培训效果是不同的,需要在制订培训计划时与培训师共同研讨确定,以达到培训效果的最大化。

(三)培训计划的制订程序

制订培训计划需要按照科学的程序进行,通常包括以下几个步骤:

1. 分析确定培训需求

培训需求是确定培训计划最重要的依据,指引着培训的方向。培训需求要根据培训计划实施时间的长短,结合企业发展要求和企业现状之间的差距来确定。

2. 明确培训目的、目标

培训目标要切合实际,不能太高也不能太低。培训目的、目标要作为将来培训考核的依据。

3. 确定培训对象

准确地选择培训对象,明确哪些人是主要培训对象、哪些人是次要培训对象,有利于节约培训成本,提高培训效率。

4. 确定培训内容

培训内容和培训对象一定要相辅相成。针对岗前培训和在岗培训分别设计不同的课程,同时要考虑到管理人员和技能人员培训内容的差别。

5. 确定培训方式

为了保证员工对培训内容的接受程度,选择采用讲授法、研讨法、案例分析法、现场示范操作法等培训方法。

6. 选择培训师

培训效果与培训师的水平有很大的关系,因此通过外聘或内部选拔来选择有足够经验和能力的培训师。

7. 选择培训时间、地点

培训时间、地点要选择得及时合理,以便及时通知培训对象和培训师,提前做好准备。

8. 明确培训组织人

明确培训组织人就是明确培训负责人,使得培训师和培训对象知道有问题找谁,促使问题的解决,保证培训的顺利进行。

9. 确定考评方式

为了保证培训效果,每一次培训后都要考评,但绝不可以走形式主义。从时间上讲,考评还可分为即时考评和应用考评。即时考评是培训结束后马上进行的考评,应用考评是培训后对工作中的应用情况进行的考评。

10. 预算培训费用

培训费用一般指实施培训计划的直接费用,分为整体计划的执行费用和每一个培训项目的执行或者实施费用。

11. 明确后勤保障工作

明确后勤保障工作,有利于协调培训部门与后勤保障部门的工作,便于后勤保障部门及时做好准备工作。

12. 编写培训计划

完成上述工作后,就要开始准备编写培训工作计划,经审批后实施。

综上,只有在编制合理的培训计划的基础上,才能有效地进行课程设计并实施培训,从而保证整个培训体系顺利实施,不断提升员工的自我价值,促使员工向多技能方向发展,从而为企业的发展壮大提供有力的后盾。

(四)培训预算

1. 培训预算的原则

结合国内成功企业的培训预算经验,成功的预算应该遵循以下原则:

(1)速度性

现在的培训预算可以用基于网络的工具或一些培训管理系统来替代传统培训使用的报表。这样,既能减少日常行政管理费用以及管理时间,又能提供比报表更丰富的信息,并大幅缩短制定培训预算的时间。

(2)准确性

只有在预算程序中包罗更多确实需要培训的人,才能更有效把握公司业务规划以及真正的培训需求,从而保证培训预算切实支持公司战略业务发展和员工职业生涯发展,以确保预算的准确性。

(3)合作性

培训主管部门要争取和发动从领导到广大员工的积极参与和有效合作。为了实现这种合作,培训主管部门要完善公司培训管理体系,并且让培训真正发挥效果、产生效益,得到从领导到员工的广泛认可。

遵循了以上基本准则制定培训预算,培训预算就能真正成为公司战略实现以及人力资本开发的有益工具。

2.培训预算的工作流程

设计有效的培训预算是实现成功培训的前提和保证,培训预算包括以下几个工作流程:

(1)进行培训调研,分析培训需求

进行培训调研,分析培训需求是企业设计培训预算的基础。分析培训需求必须是双向的,既是一个从上而下的过程,即从公司战略使命和业务发展计划确定培训需求的过程,又是一个自下而上的过程,即培训主管部门进行员工培训需求调查以及分析员工状况并制订适应不同个人的培训发展方案的过程。将上述两个方面有效结合,就可以全面把握公司的整个培训需求。

(2)确定培训内容

工作内容、工作性质以及工作模式等的不同决定了企业中不同级别、职别的员工需要确定不同的培训内容,而不同的内容就可能需要不同的培训预算。

(3)确定培训方法

不同的培训内容可能需要不同的培训方法。如专业技术方面的培训可邀请专家培训或与外部院校合作进修;一些管理方面的培训可以与咨询公司合作或发展e-learning方法或通过购买音像教材等培训;公司知识方面的培训一般在内部进行,也可以通过建立公司 e-learning 平台培训。不同的培训方法在培训预算上差别很大。

此外,针对不同职级的员工,在培训规划决策上会有所不同,因此会采取不同的培训方法。一般而言,职级越高,越倾向于依靠外部机构培训;职级越低,越倾向于公司自己培训。外部机构培训预算与公司自己培训预算差别很大。

(4)确定培训项目,制定培训预算

根据不同职级的培训内容以及培训方法,确定出公司各个培训项目的规划安排,并做出费用预算。培训费用中一般包含培训师培训费、场地费、进修费、资料费、奖励费、管理费等。不同的培训项目,其费用结构是不同的。

公司内各部门或班组自办的培训课程可以安排内部培训师,因为他们更熟悉公司的情况,往往内容讲得实际、容易懂、用得上、成本低、效果好,费用可以由公司自主确定。对于新的管理方法、理念和新产品、高新技术的引进,往往从外部研发单位、咨询培训公司或高校聘请培训师指导。聘请外部培训师可以和一些信誉好的咨询培训公司等联络,了解其报价,这能作为制定培训预算的参考。对优秀老员工和有潜力的员工的素质、学历教育一般采用与高校联合办学的方法。公司培训部门也应该和一些教育机构保持关系,并制定合理的预算。

培训预算中还应设奖励费,如在年底评比中设立优秀学员、优秀讲师和最佳教育培训工作推动部门等奖项,以促进员工对培训的参与。

(5)审核预算

培训主管部门在对全部培训项目完成初步预算之后应提交公司高层领导审核。对于培训预算是否合适,可以以公司销售收入预测或者工资总额计划为参照,国外大公司一般按销售额的1%~3%,最高的达7%,作为专项开支列入培训预算。虽然国内企业离这个数字还存在较大的距离,但也可以作为审核培训预算的参考。培训预算是否恰到好处,要审查这些培训项目及预算是否支持公司的战略规划与业务发展目标。

3. 培训预算的制定方法

广义培训预算是根据费用总额按照一定比例提取,如按照每年人事费用的3%~5%,每年营业额的0.5%~3%、每年利润的5%~10%等,这种提取方法如果能延续下来就很有参考价值,当然,还要考虑公司业绩情况给予调整。狭义培训预算是根据制订的年度培训计划逐项做出每项培训活动的费用预算,这种做法较能得到认可,但工作量稍大,适用于培训工作开展较顺畅的公司,市场课程的报价和供应商资料库的建立能保障这项工作得以完成。

在制定培训预算时,通常要考虑以下几个方面:

(1)确定年度培训预算的核算基数

在制定培训预算时,首先要考虑确定年度培训预算的核算基数,可将企业过去一年的销售额、利润额、工资总额作为基数。

国际大公司的培训总预算一般占上一年总销售额的1%~3%,最高的达7%,平均为1.5%,而国内企业的这个比率一般要低得多。在市场竞争比较激烈的行业,如IT、家电,有些大企业培训费用能够占到销售额的2%左右,而一般规模在十几亿元的民企,其培训费用占销售额的0.2%~0.5%,甚至不少企业的培训费用占销售额的比例不到0.1%。

ASTD(美国培训与教育协会)对培训预算占工资总额比例的统计显示,通用电气是4.6%,摩托罗拉是4.0%,美国工业企业平均值是1.0%。国内的会计核算一般是将工资总额的1.5%作为教育培训经费。

(2)选用适合企业自身实际的预算方法

确定了培训的核算基数和比例也就实现了培训费用的总额控制,但在具体的预算编制过程中要遵循哪些预算方法呢?通常在企业中广泛使用的方法有传统预算法和零基预算法两种。

①传统预算法

传统预算法指承袭上年度的经费,再加上一定比例的变动。这种预算法核算较为简单,核算成本低,国内的很多企业都采用这一方法,但是按此法预算的逻辑假设是:上年度的每个支出项目均为必要而且是必不可少的,因而在下一年度里都有延续的必要,只是需在人工等成本方面有所调整而已。

这种预算方法的确为公司降低了预算工作本身的成本,但是它也有一些缺点:这样的假设、步骤得出的预算,必然会出现相应的不良倾向,如培训经理会增加培训预算;此预算方法往往不需要做任何的公司培训需求调查和公司员工能力诊断分析,因此实际上的培训并不能真正做到"对症下药"。

②零基预算法

从预算学的发展来看,零基预算法最先是由美国得克萨斯州仪器公司的彼得·菲尔于1970年提出,然后由佐治亚州政府采用,取得了很好的成效,其后广为企业界所应用。所谓零基预算,指在每个预算年度开始时,将所有还在进行的管理活动都看作重新开始,即以零为基础,根据组织目标,重新审查每项活动对实现组织目标的意义和效果,并在费用—效益分析的基础上,重新排出各项管理活动的优先次序。资金和其他资源的分配是以重新排出的优先次序为基础的,而不是采取过去那种外推的办法。

而就编制培训预算而言,零基预算法要求在编制前回答以下一些问题:

公司的目标是什么?按公司目标分解的每一个员工的 KPI 是什么?员工的意识、知识、能力离公司的要求有多远?培训要达到的目标又是什么?

各项培训课题能获得什么收益?这项培训是不是必要的?

可选择的培训方案有哪些?有没有比目前培训方案更经济、更高效的方案?

各项培训课题的重要次序是什么?从实现培训目标的角度看到底需要多少资金?

从零基预算的步骤来看,它是基于对公司发展战略、员工培训需求调查分析、员工能力诊断分析的基础上的,预算更具有科学性、针对性,其突出的优点在于:有利于管理层全面审核整个培训活动,避免内部各种随意性培训费用的支出;有利于提高主管人员计划、预算、控制与决策的水平;有利于将组织的长远目标和培训目标以及要实现的培训效益三者有机地结合起来。

但是零基预算法的缺点也影响了它的广泛推广:一方面企业制定预算的过程中需要花费大量的人力、时间和物力,预算成本较高;另一方面在安排培训项目的优先次序上难免存在相当程度的主观性。

总之,在实践中企业到底采用哪一种预算方案根据企业的实际情况确定。

(3)确定企业培训预算的使用

培训预算的具体分配在实践中通常依照下述比例:

一是如果培训预算包括企业内部培训组织人员费用,大约有30%计划支付内部有关培训组织人员的工资、福利及其他费用,30%计划作为内部培训费用,30%计划作为外派培训费用,10%作为机动费用。

二是如果培训预算不包括企业内部培训组织人员的费用,一些企业的总预算是这样安排的:计划用在企业内部培训上的费用可达到总预算费用的50%,外派培训费用则占40%,剩下的10%作为机动费用。

做培训费用预算应与财务沟通好科目问题,一般培训费用包括培训师费、教材费、差旅费、场地费、器材费、茶水餐饮费等,一项培训课程应全面考虑这些费用,做出大致预算。在预算得出后,可在总数基础上上浮10%~20%。

在制定培训预算时要考虑多种因素,如公司业绩发展情况、上年度培训总费用、上年度人均培训费用等,在上年度基础上根据培训工作的进展情况考虑有比例地加大或缩减培训预算(如表3-1所示)。

表3-1　　　　　　　某公司年度培训经费支出预算

培训经费支出项目	支出金额(万元)
外聘培训讲师	××
培训课程开发	××
培训活动支出	××
受训人员餐饮支出	××
受训人员住宿支出	××
培训教材支出	××
培训器材支出	××
培训场所租金	××
合计	××

(五)年度培训计划

年度培训计划就是根据培训规划制订的全年运作计划,本质上属于作业计划。执行主体应该是公司各个责任部门,目的是保证全年培训管理工作及业务工作的质量。它回答的是公司培训做什么、怎么做、何时做、谁来做以及需要多少资源、会得到什么收益等基本问题。年度培训计划内容主要包括:

1.培训时间

(1)培训时机

往往有下列四种情况之一时就需要培训：

①新员工加盟企业

大多数新员工要通过培训熟悉企业的工作程序和行为标准，即使新员工进入企业时已拥有了优异的工作技能，也必须了解企业运作中的一些差别，很少有员工刚入职就掌握了企业需要的一切技能，这种培训也叫"岗前"培训。

②员工即将晋升或岗位轮换

虽然是老员工，对于企业的规章制度、企业文化及现任的岗位职责都十分熟悉，但晋升到新岗位或轮换到新岗位，从事新的工作，则会产生新的要求。尽管员工在原有岗位上干得非常出色，对于新岗位准备得却不一定充分，为了适应新岗位，则要求对员工进行培训，这种培训也叫"转岗"培训。

③由于环境的改变，要求不断地培训老员工

由于多种原因，需要不断培训老员工。如引进新设备，要求对老员工培训新技术；购进新软件，要求员工学会安装与使用。为了适应市场需求的变化，企业在不断调整自己的经营策略，每次调整后，都需对员工进行培训，这种"培训"也叫适应性培训。

④满足补救的需要

由于员工不具备工作所需要的基本技能，从而需要培训补救。在下面两种情况下，必须进行补救培训：一是，由于劳动力市场紧缺或行政干预或其他各方面的原因，不得不招聘了不符合要求的职员；二是，招聘时看起来似乎具备条件，但实际使用上其表现却不尽如人意，这种培训也可以称为"应急"培训。

(2) 具体培训时间

在企业培训时间的选择上，不单纯地选择业余或者工作时间，而是用培训的重要性和紧迫性两个维度来衡量。那些紧迫而又重要的培训就应安排在工作时间进行，不那么紧迫或重要性在今后一段时间才显现出来的就可以安排在业余时间进行，简单可以分为下面几种情况：

①重要又紧迫或不重要但紧迫的培训：应在上班时间进行。

②重要不紧迫的培训：可业余时间也可上班时间进行。

比如，目前公司业务量正常，订单持续不断，只是考虑如何进一步扩大市场占有率，想对销售人员进行销售技巧培训，这当然是重要的培训，但目前不是十分紧迫，就完全可以利用业余时间培训。当然，如果参加培训的销售人员上班时间本来就不是很忙，也可以在上班时间培训。时间选择需要看参加者各方是否时间允许或有没有其他重要工作影响。

③不重要不紧迫的培训：应在业余时间进行。

比如，公司组织一些外语水平提升、电脑能力提高、公文写作、沟通交流、团队协作等的培训,就目前不培训而言,也不太会影响工作,显得既不重要也不紧迫,而是可能在将来某个时候显得重要或紧迫,公司考虑到这些方面,才给予预算安排培训,以备将来之需,所以,类似培训宜选择在业余时间进行。

④其他注意的方面:不管是选择工作时间还是业余时间培训,都应对相关注意事项特别留意,否则,容易导致其他部门不配合或投诉,影响正常工作等。

2. 培训目标

培训目标确定应把握以下原则:一是使每项任务均有一项工作表现目标,让受训者了解受训后所达到的要求,具有可操作性;二是目标应针对具体的工作任务,要明确;三是目标应符合企业的发展目标。培训目标的选择应当:以提升绩效为目的;以弥补差距为目的;以学习新知识、新技术为目的;以普及企业产品知识、企业文化为目的;以适应竞争和未来发展战略为目的;以让新员工了解集团/公司概况、规章制度、组织结构,使其更快适应工作环境为目的;以让新员工熟悉新岗位职责、工作流程,与工作相关的安全、卫生知识以及公司所属行业应具备的基本素质为目的。

3. 培训频率

根据培训内容的丰富性和参加培训的人员的工作安排,培训可以选择的频率有:一周一次、两周一次、一月一次、一季度一次。

4. 培训内容

培训内容包括三个层次,即知识培训、技能培训和素质培训。

知识培训,这是企业培训中的第一层次。员工只要听一次讲座,或者看一本书,就可能获得相应的知识。知识培训有利于理解概念,增强对新环境的适应能力,减少企业引进新技术、新设备、新工艺的障碍和阻挠。同时,要系统掌握一门专业知识,则必须进行系统的知识培训,如要成为复合型人才,知识培训是其必要途径。虽然知识培训简单易行,但其容易忘记,企业仅停留在知识培训层次上,效果不好是可以预见的。

技能培训,这是企业培训中的第二个层次。这里所谓技能就是指能使某些事情发生的操作能力。招进新员工,采用新设备,引进新技术都不可避免要进行技能培训。

素质培训,这是企业培训的最高层次。此处"素质"是指个体能否正确地思维。素质高的员工应该有正确的价值观,有积极的态度,有良好的思维习惯,有较高的目标。素质高的员工可能暂时缺乏知识和技能,但他会为实现目标有效、主动地学习知识和技能;而素质低的员工即使已经掌握了知识和技能,也可能不用。

一般来说,管理者偏向于知识培训与素质培训,而一般职员则倾向于知识培训和技能培训,它最终是由受训者的"职能"与预期的"职务"之间的差异所决定的。

5. 培训对象

培训内容与培训对象的关系如表3—2所示。

表 3—2　　　　　　　　　培训内容与培训对象的关系

培训对象	培训内容
新员工、新岗位任职人员	企业文化、组织发展状况、规章制度、职业素养、职业礼仪等
在职人员	生产、营销、研发、人力等专业知识和技能
基层、中层和高层管理人员	管理能力提升类内容,如沟通、授权、激励、执行力、领导力、时间管理、团队建设

6.培训方法

企业培训的方法有多种,如讲授法、演示法、案例法、讨论法、视听法、角色扮演法等,各种培训方法都有其自身的优缺点。为了提高培训质量,达到培训目的,在培训时可根据培训方式、培训内容、培训目的选择一种或多种配合使用。培训方法选择的原则有:

(1)根据课程内容选择培训方法

①知识培训涉及理论和原理、概念和术语、产品和服务介绍、规章制度等的介绍,培训方法可以选择讲授互动、小组讨论、视听法、辩论、演示法、参观法。

②技能培训涉及生产与服务的实际工作和操作能力。这类培训要求学员自己动手实践并能够及时发现不正确或不规范的做法,以便及时更正。培训方法可以选择模拟演练、角色扮演、视听法、师带徒、测评培训法。

③态度培训涉及观念和意识的改变,以及言行和心态的改变。培训方法可以选择拓展训练、教练技术、角色扮演、角色反串、游戏、小组讨论等。

(2)根据培训对象选择培训方法

①针对培训对象的成熟度进行说明(如图 3—1 所示)。

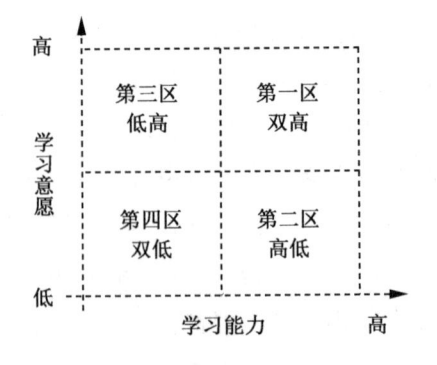

注:
第一区的学员成熟度高,即学习意愿和学习能力都高。
第二区为高低区,表现为学员有学习能力却无学习意愿。
第三区为低高区,表现为学员有学习意愿却无学习能力。
第四区的学员成熟度低,表现为学习意愿和学习能力都低。

图 3—1　学习能力与学习意愿矩阵

学员行为成熟度与培训方法选择如表 3-3 所示。

表 3-3　　　　　　　　　　学员行为成熟度与培训方法选择

成熟度	学员行为特点	培训方法
双高区	自信心强、自主、自控能力强,喜欢比较宽松的管理方式和更多的自由发挥空间	小组讨论、案例分析
双低区	缺乏能力又不愿承担责任,需要具体明确的教导和指导	讲授互动、提问法
高低区	有学习能力但缺乏学习意愿,加强沟通,调动学习积极性	案例分析、角色扮演、游戏法
低高区	缺乏学习能力,应提供支持和帮助,一方面选择合适的培训方法,一方面帮助其掌握学习方法	讲授互动、师带徒、模拟演练

②选择培训方法除了要考虑培训对象的成熟度以外,还应考虑到他们的职位要求和所承担的具体职责(如表 3-4 所示)。

表 3-4　　　　　　　　　　职位层次与培训方法选择

职位层次	工作性质	培训方法
基层人员	负责一线的具体操作,其工作性质要求培训内容具体且实用性强	讲授互动、模拟演练、师带徒
基层管理者	在一线负责管理工作,其工作性质要求其接受如何与一线工作人员和上层管理者有效沟通的培训	讲授互动、案例分析、角色扮演
高层管理者	负责组织的计划、控制、决策和领导工作,其工作性质要求其接受新观念和新理念、制定战略和应对环境变化等培训	了解行业最新动态的讲授法和激发新思想的研讨法,以及激发创新思维的拓展培训法

(3)根据班级规模、时间、场地选择培训方法

①50 人以上比较适合讲授法。如果采用小组讨论等培训方法,人数众多是不合适的。

②培训时间短可以选择讲授法、模拟演练。培训时间长,可以采用实习、小组讨论、案例分析、角色扮演、游戏法等。

③培训场地大可用互动性的方法,如角色扮演、游戏法等;场地小则采用讲授法、案例分析法、视听法等。

7. 培训预算制定

年度培训费用的预算需要结合企业上年度盈利情况、往年的培训费用、培训市场资源供需情况等多种因素,在保证培训计划落地执行的同时,严格控制培训费用(如表 3-5 所示)。

表 3—5　　　　　　　　　　　　　预算项目明细表

预算项目	费用明细
项目设计成本	1 000 元/天
培训讲师课时费	1 000 元/课时
培训讲师的交通食宿费	1 000 元/天
培训场地及设备租赁费	1 000 元/天
培训师补助	100 元/天/人
培训材料费用	100 元/天/人
餐费补贴	20 元/人/天
培训部工作人员薪资	200 元/天/人
培训员工误工费	300 元/人
评估费用	1 000/天
其他费用	1 000 元

(六)员工培训计划

1.员工技能培训

(1)员工技能培训目的

①加强公司高管人员的培训,提升经营者的经营理念,开阔思路,增强决策能力、战略开拓能力和现代经营管理能力。

②加强公司中层管理人员的培训,提高管理者的综合素质,完善知识结构,增强综合管理能力、创新能力和执行能力。

③加强公司专业技术人员的培训,提高技术理论水平和专业技能,增强科技研发、技术创新、技术改造能力。

④加强公司操作人员的技术等级培训,不断提升操作人员的业务水平和操作技能,增强严格履行岗位职责的能力。

⑤加强公司员工的学历培训,提升各层次人员的科学文化水平,增强员工队伍的整体文化素质。

⑥加强各级管理人员和行业人员执业资格的培训,加快持证上岗工作步伐,进一步规范管理。

(2)员工技能培训内容

员工技能培训内容包括操作技能培训,业务知识学习,先进理论的应用培训,预期开展业务的提前培训和管理技术培训。

(3)员工技能培训时间

培训具体时间的确定一般以不影响正常的业务开展为前提，原则上培训时间长度一般以白天不超过 8 小时，晚上不超过 3 小时为宜。新员工应安排上岗前的集中培训，时间为 1 周至 10 天，甚至一两个月。一般员工则可根据培训对象的能力、经验确定培训期限。

最后，需要考虑其他会影响培训的因素。许多公司不愿意在周一或周五进行自愿性培训，因为那时会有太多与工作或私人相关的事情分散学员的注意力。通常，每个月的月初和月末因为有太多商业需求和汇报，所以也不宜培训，当然也要避开周末和假期。

（4）员工技能培训讲师

技能培训选择的讲师需要具有某个方面专业的知识与能力，可以选择的范围有：各个部门的管理者，各个部门经验丰富的员工，外部培训机构，行业专家等。

（5）员工技能培训方法

适合技能培训的方法可以选择讲授法、仿真模拟法、案例分析法、师徒法、头脑风暴法、行为学习法、岗位轮换法和现场演示法等。

（6）员工技能培训地点

主要考虑的因素是必须满足培训效果的要求，且使受训者感到舒服，使受训者与受训者、受训者与培训讲师之间能够很好地互动交流，即培训现场的布置形式要比较灵活。一般情况下，培训现场的布置形式主要包括圆桌式、U 字式和平行式三种。

（7）员工技能培训评估方法

技能与成效分析主要是指在培训结束以后分析受训员工的技能掌握情况及其运用成果。

技能类培训评估主要包括对技能操作类培训和管理技术类培训的评估，具体内容如表 3—6 所示。

表 3—6　　　　　　　　技能培训类型与培训评估方法

培训类型	评估内容或特点	评估方法
技能操作培训	技能操作类培训通常要求以提高员工的实际技能来提升工作效率。培训评估的内容有动手、动脑操作技能评估。动手的技能如机床设备操作、打字排版等，动脑的技能如撰写调研报告、学会怎样谈判等	通常以现场操作或模拟为主，由员工操作、模拟，然后由讲师指导打分，如销售培训即在现场演练如何推销。通过这样的操作模拟，员工对培训内容就会有深刻的体会，对自身的不足也会更加了解。现场评估完成后，再辅以追踪观察的方式会更佳，经过一段时间后，通过员工的工作业绩和现场技能操作的熟练程度进一步评估其掌握情况

续表

培训类型	评估内容或特点	评估方法
管理技术类的培训	管理技术类培训评估的特点是培训评估的周期长，见效的周期也长，短时间内很难看出培训的效果，如企业战略制定、核心技术掌握等	可以采取现场问卷和效果考察的方式评估。现场问卷主要是考察人员对基本内容的掌握，而效果考察则是在一段时间内通过知识运用、观察测试等手段了解受训员工的具体掌握情况

对于技能与成效的分析与评估，可以在企业的季度、半年度或年度考核时，通过设立一些绩效考核指标来衡量，如事故率、生产率、员工流动率、质量优良率以及客户服务满意度等。将这些组织指标分析的结果与未开展培训前的数据对照，就可以了解培训为企业带来的成效了。

2. 全体成员培训

(1) 全体成员培训目的

全体成员培训的目的有：学习新知识、新技术；普及企业产品知识、企业文化；适应竞争和未来发展战略；提升企业员工的职业素养，从而最终提升企业的竞争力。

(2) 全体成员培训内容

全体成员培训的内容有：日常英语口语，军训与户外拓展，有效沟通技巧，国际商务礼仪，自我激励与压力管理，公司产品、设备、技术相关专业英语培训，安全、环保相关法律法规介绍，5S基本知识，消防知识讲解及模拟演练。

(3) 全员培训时间

全员培训因为人数规模大、工作涉及岗位多、工作时间难控制等问题，可以根据不同的培训内容，选择1小时、2小时、4小时、8小时、1天、2天、4天、7天。

(4) 全员培训方法选择

全员培训的内容覆盖面大，可以采取课堂讲授、户外拓展、示范讲解、角色演练等。

(5) 全员培训地点选择

全员培训的地点可以选择公司大会议室、新员工本职岗位、拓展机构基地、生产车间、办公室、公司办公区域、××部队等。

(6) 全体成员培训评估方法

全体成员培训评估方法可以选择笔试、行为观察、现场讨论、心得报告、现场演练等。

二、实战训练

本章的实训将结合系统里年度培训开发计划与员工培训开发计划两个主要内容的操作具体阐述（如图3—2所示），以便同学们更好地掌握这部分内容。

图 3-2　培训与开发计划界面

(一)年度培训开发计划训练

点击年度培训开发计划界面,根据案例和培训需求分析结果,填写年度培训开发计划(如图 3-3 所示)。

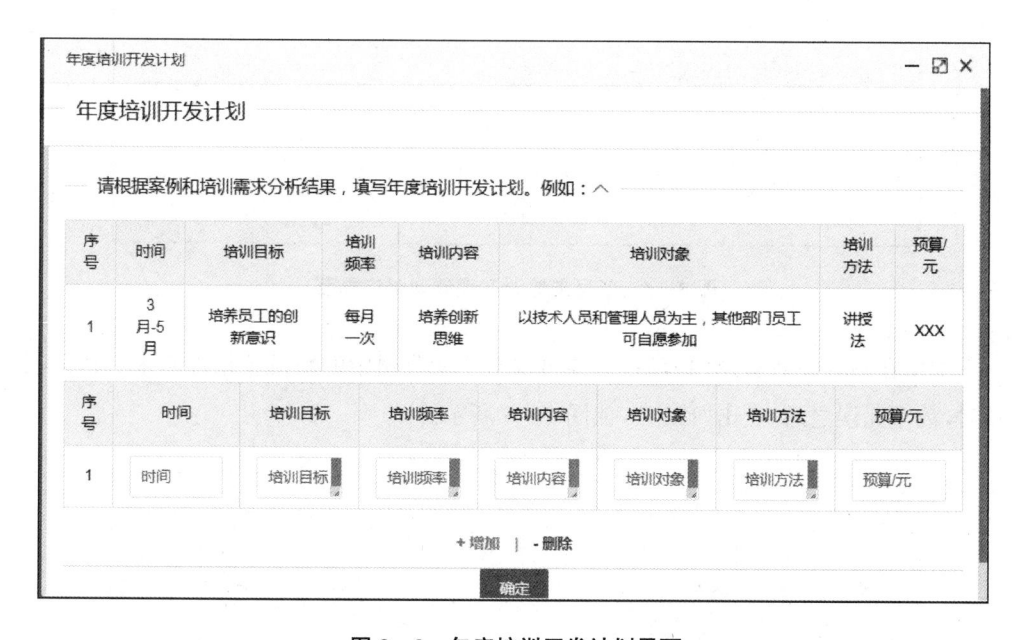

图 3-3　年度培训开发计划界面

(二)员工培训开发计划训练

公司的员工培训开发计划部分的训练内容包括对公司新员工培训、员工技能培训、全体成员培训三个部分,目的是让同学们根据培训计划的分类掌握不同培训计划的制订流程、培训计划设计的要点等技能(如图 3-4 所示)。

图 3-4　员工培训与开发计划界面

1. 新员工培训训练

点击新员工培训界面，根据案例和培训需求分析结果，制定新员工培训开发计划（如图 3-5 所示）。

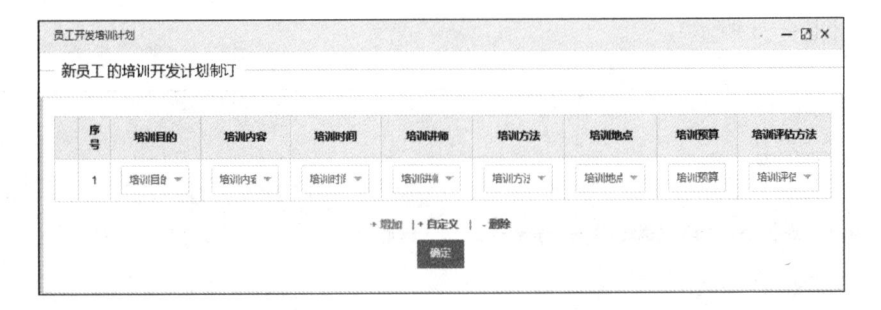

图 3-5　新员工培训开发计划制订界面

学生在输入完数据及内容后，需要再次对广元公司中的新员工培训需求分析进行核对，数据无误之后，点击"确定"，如图 3-6 所示。

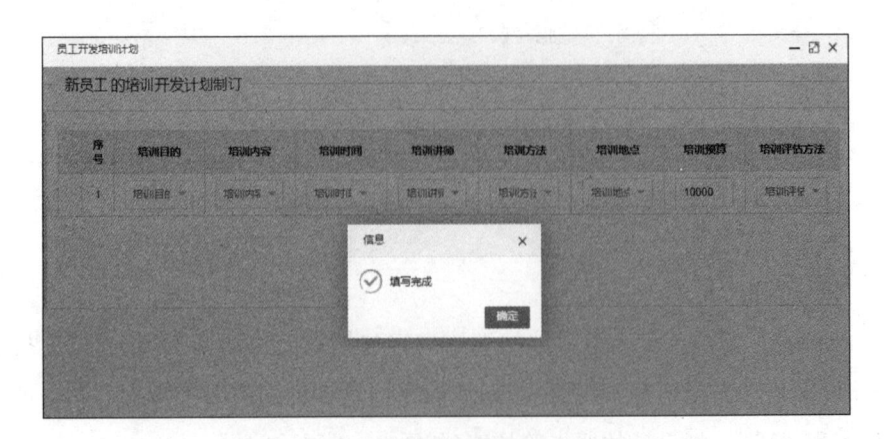

图 3-6　新员工培训与开发计划制订完成界面

2. 员工技能培训训练

点击员工技能培训界面，根据案例和培训需求分析结果，制订员工技能培训开发计划（如图3-7所示）。

图3-7 员工技能培训与开发计划制订界面

学生在输入完数据及内容后，需要再次对广元公司中的员工技能培训内容进行核对，数据无误之后，点击"确定"（如图3-8所示）。

图3-8 员工技能培训与开发计划制订完成界面

(三)全体成员培训计划训练

点击全体成员培训界面，根据案例和培训需求分析结果，制订全体成员培训开发计划（如图3-9所示）。

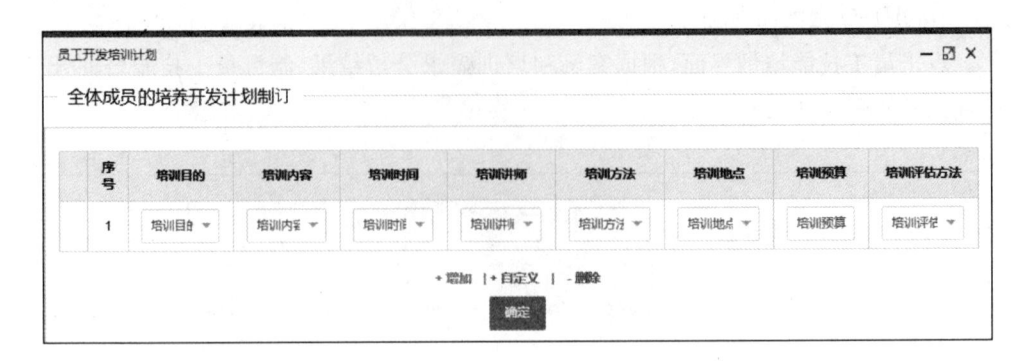

图 3—9　全体成员的培训与开发计划制订界面

(四)自定义添加培训计划

根据案例分析,系统中没有体现该公司培训与开发计划的其他项目,学生可以点击"增加"按钮(如图 3—10 所示)。

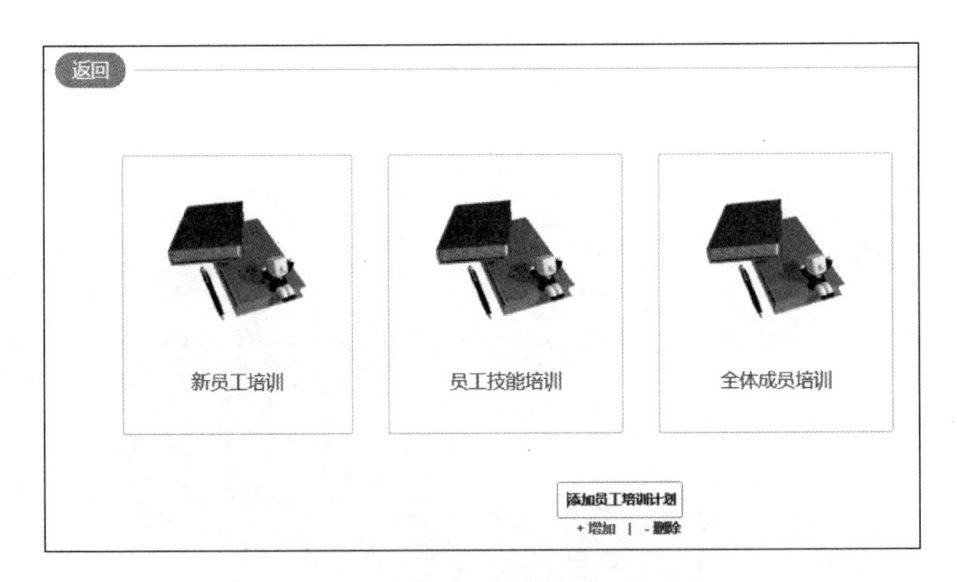

图 3—10　培训与开发计划添加界面

自测题　　　　讨论题　　　　案例拓展阅读

第四章 培训方案设计

员工培训工作离不开培训方案,培训工作的完成需依赖于培训方案,在各种培训组织之前,首先要设计培训方案,培训方案的制订是个系统工程。培训方案设计实训主要是通过软件仿真模拟培训方案设计的应用。该部分模拟分为新员工培训方案设计训练、中层管理者培训方案设计训练和团队建设类培训方案设计训练三个内容。

一、知识储备

(一)培训方案的含义

培训方案是一种为组织和个人制订的具体培训计划。它是为了满足组织发展和员工成长的需求而制订的一系列培训活动的总体安排和规划。培训方案通常由人力资源部门或专业培训机构负责制订,以确保培训的有效性和可行性。在制订培训方案时,需要综合考虑组织的战略目标、业务需求、员工技能短板以及培训资源等方面的因素。

(二)培训方案的内容

培训方案内容主要包括:培训目标、课程设置、教学方法、评估方式、培训资源、培训计划和培训跟踪。

1. 培训目标

培训方案应明确培训的目标,即要实现什么样的培训效果。这些目标应该与企业的发展战略和员工的职业发展需求相一致。培训目标应具体、明确,并与受训者的需求紧密相关。培训目标可以包括知识的掌握、技能的提升、态度的塑造等方面。清晰的培训目标能够帮助受训者明确自己的学习方向,激发学习的动力。

2. 课程设置

培训方案的核心是课程设置,它涵盖了培训的内容和学习的路径。课程设置应根据培训的目标和受训者的需求来确定。培训方案可以包括基础知识、专业技能、沟通能力、领导力发展等各个方面的课程。合理的课程设置能够提供全面的培训内容,帮助受训者提升自己的综合素质。

3.教学方法

培训方案中的教学方法是指在培训过程中所采用的教学手段和方式。教学方法应根据培训内容和受训者的特点选择。常见的教学方法包括讲授法、案例分析法、小组讨论法、实践操作等。灵活运用不同的教学方法,能够提高培训的效果,激发受训者的学习兴趣。

4.评估方式

培训方案中的评估方式是指用于评估受训者学习效果和培训效果的方法和工具。评估方式可以包括考试、作业、项目实践、观察记录等形式。科学合理的评估方式能够客观地评价受训者的学习成果,及时发现问题,进一步完善培训方案。

5.培训资源

培训方案中的培训资源是指为实施培训所需要的各种资源,包括师资力量、培训场所、教学设备、教材资料等。培训方案应明确所需的培训资源,并合理配置和利用。充足的培训资源能够提高培训的质量和效果,确保培训顺利进行。

6.培训计划

制订详细的培训计划,明确培训的时间安排、培训阶段和培训内容的顺序。合理安排培训的时间和周期,确保员工工作和学习之间的平衡。

7.培训跟踪

跟踪和指导员工的培训情况,定期与员工沟通培训进展,解答疑问,提供支持和指导,可以帮助员工充分掌握所学知识和技能。

总之,培训方案内容的设计和安排对于培训的成功至关重要。科学合理地制订培训方案,能够为受训者提供优质的学习体验,帮助其达到预期的培训效果。在制订培训方案时,需要综合考虑课程设置、培训目标、教学方法、评估方式和培训资源等因素,以确保培训方案的全面性和有效性。

(三)新员工培训方案设计

1.培训目标

基于新员工岗位胜任力评估,明确新员工应具备的能力标准,在此基础上分析培训需求,根据培训需求分析结果确定培训目标。培训目标应设置总目标和具体目标。

(1)培训总目标

培训总目标是宏观上的、较抽象的,它需要不断分层次细化,使其具有可操作性。新员工入职培训就是要把因新员工知识、能力、态度等方面的差距所产生的机会成本的浪费控制在最小阶段,这就是企业新员工入职培训的总目标。

(2)培训的具体目标

培训的具体目标如下：

一是让新员工感受到企业对他们的欢迎,体会到归属感,以鼓舞士气。

二是让新员工消除初进企业时的紧张焦虑情绪,很快适应新的工作环境,以便减少错误、节省时间。

三是展现清晰的职位分析及企业对个人的期望。培训新员工解决问题的能力,提供寻求帮助的方法,提供讨论的平台,帮助他更快地胜任本职工作;帮助新员工建立与同事和团队的和谐关系,减少员工的抱怨,使新员工明确自己的工作目标和岗位职责,掌握工作程序和工作方法,尽快进入岗位角色。

四是让员工了解企业的历史、现状,让他融入企业文化。其目的是使新员工全方位了解企业环境,认同并融入企业文化,坚定自己的职业选择,理解并接受公司的规章制度和行为规范。

总之,培训目标是培训方案实施的导航灯。有了明确的总体目标和各层次的具体目标,培训的组织者和接受培训的新员工才能少走弯路,收到事半功倍的效果。

2.培训对象

培训对象可分为校招新员工和社招新员工。校招新员工和社招新员工是两个完全不同的群体。校招新员工就像一张白纸,无经验、无能力,同时对工作充满幻想,极容易产生挫败感,同时还欠缺工作方法。而社招新员工甚至可以说正好相反,他们有不同程度的职场经验,了解职场的概况,已具备应对工作的基本技能,对职场的看法也更实际。因此在培训时要将两者区别对待。

3.管理权限

一般情况下,公司层面的知识培训由人力资源部门经理负责,培训主管负责具体实施;部门层面技能培训由部门经理负责,人力资源部门协助。

4.培训内容

(1)根据培训层次选择培训内容

1)公司层面培训内容

①企业概况:公司创业历史、企业现状以及在行业中的地位、公司品牌与经营理念、公司企业文化、公司未来前景、组织机构、各部门的功能和业务范围、人员结构等,让新员工了解企业。

②员工守则:企业规章制度、奖惩条例、行为规范等,让新员工了解企业的管理条

例,尽早融入文明规范的企业。

③入职须知:入职程序及相关手续办理流程,让新员工了解员工入职的流程,使新员工能够顺利完成入职前的准备工作。

④财务制度:让新员工了解费用报销程序和相关手续办理及办公设备的申领使用等,以方便顺利投入工作。

⑤人事制度:让新员工了解企业的薪酬体系、福利待遇政策、绩效考核和培训相关制度等,达到企业让员工满意,员工让企业满意的目的。

⑥经营产品:介绍企业的经营范围、主要产品、市场定位、目标顾客、竞争环境等,增强新员工的市场意识。

⑦安全知识:消防安全知识、设备安全知识及紧急事件处理等,向新员工灌输安全思想,以便日后在工作中能够一直保持对企业、对个人安全负责的心。

⑧员工职业生涯规划:让新员工对自己的职业有很好的规划,时刻对工作充满热情。

⑨实地参观:参观公司工作及生活等公共场所,让新员工了解企业的环境、各部门的工作地点、生活公共场所,以方便员工的工作与生活,使新员工尽早融入企业。

2)部门层面培训内容

主要是业务培训,使新员工熟悉并掌握完成各自本职工作所需的主要技能和相关信息,从而迅速胜任工作。

(2)根据培训对象选择培训内容

1)校招新员工培训内容

①职场解读:何为职场,校园与职场的差异,职场现状。

②职业角色定位:新员工对企业发展的意义、在企业中的定位、应具备的心态、职场道德建立。

③职场礼仪:职业人仪容仪表规范、职业人言行举止、办公室中的礼仪展现、着装要求。

④团队融入:团队理念、阻碍新员工融入团队的障碍、融入团队的技巧、团队冲突解决、团队协作。

⑤职场沟通技巧。提问的技巧与方法、倾听的技巧与方法、表达的技巧与方法,与上级、同事沟通和跨部门沟通的方法。

2)社招新员工培训的内容

①新员工思维定式的突破:如何看待不同企业文化的冲突,如何定位在新企业中

的角色,如何突破固有思维融入企业文化,企业文化对新员工的工作重要性。

②情绪管理与压力舒缓:如何体察情绪波动,如何适当表达自身情绪,如何控制自身情绪,过大压力对新员工的影响,降低压力值的工作技巧,情绪与高效工作的关联影响。

③职场成功的解读与定位:职场成功的考量标准,如何树立正确的成功标杆,影响成功的关键因素,实现职场成功的有效途径。

④工作沟通技巧的提升:沟通中提问的方式、方法,沟通中学会倾听的方法与技巧,沟通中的表达技巧,对上沟通的受命与反馈,对下沟通的方式与技巧,平级中的沟通方式与方法,工作中跨部门沟通技巧,对外沟通方式与技巧。

5. 培训方式

(1)根据培训内容确定培训方式

①针对公司层面的培训内容,如企业概况、员工守则、入职须知、财务制度、人事制度、安全知识、员工职业生涯规划等,一般采用讲授法、演示法、参观等。

②针对部门层面的培训内容,如技能培训,可采用工作指导法、个别指导法等形式。

(2)根据培训对象确定培训方式

校招新员工和社招新员工由于其背景经历的不同,对培训的心态、讲师培训手法的应用所带来的效果都不相同,因此培训的内容也有很大的差异,如果用相同的方式培训,必然会导致其中一方培训效果低下。

①针对校招新员工,多用视觉培训手法,如视频、图片、实物观摩的运用,增加课程对新员工的吸引力,同时更容易留下深刻印象;加强培训中的互动设置,如问题、游戏、实操等,让新员工全方位参与课程;注重阶段性培训效果考核,基于校招新员工对学校考试的深刻印象,适当的考核设置可增强其注意力及对培训的重视度。

②针对社招新员工,多用案例分析、小组讨论的教学方法:通过社招新员工更多的自我观点的表达,深入了解其已形成的思维模式,同时在其基础上做出新方向的引导,通过旧有观念的转化来学习;讲授过程中对学员给予更多的肯定和鼓励,社招新员工到了新企业,更加需要认同感的尽快确立,新员工培训中适当的肯定和鼓励是很好的催化剂。

6. 培训教师

公司内部选拔培训讲师,如部门领导或有较丰富工作经验、品行兼优的骨干员工。

7. 培训教材

培训教材的选择是否有效,评价指标包括:所选教材是否符合新员工培训需求,运用这些教材培训能否达到培训目的,它的深度和细致程度能否被新员工所接受,会不会过于简单或者过于烦琐而导致新员工收获不大或难有收获。培训教材包括课程资料、活动资料、座位或签到簿、结业证书等。

8. 培训费用预算

培训费用由直接培训费用和间接培训费用组成。

直接培训费用是指培训者与受训者的一切费用总和,如培训师费用、新员工交通住宿费、设备、教材费等。

间接培训费用是指企业所支付的其他一切费用总和,如培训设计费、管理费、工资福利、培训评估费等。

二、实战训练

本章的实战训练将结合系统里新员工培训方案、中层管理者培训方案和团队建设类培训方案三个主要内容的操作具体阐述(如图4-1所示)。

图4-1　培训方案设计界面

(一)新员工培训方案设计训练

根据某企业目前的人力资源现状、培训现状,新员工培训计划的整体安排,制订该企业新员工培训方案,完善培训目标、培训对象、管理权限、培训内容、培训方式、培训教师、培训教材、培训效果评估和培训费用预算等有关内容,并根据自己的决策填写(如图4-2所示)。

```
新员工培训方案
一、培训目标
  此方案的培训目标为：
  为了了解公司概况，规章制度，组织结构，公司文化使其更快适应工作环境
二、培训对象
  本方案适用于： 1        包括： 1
三、管理权限
(1) 1        是此培训的归口管理部门，负责全程统筹培训工作。（填空）
(2) 1        负责岗位实操培训与培训相关内容的考核。（填空）
(3) 1        负责相关方案、计划的审批工作。（填空）
(4) 1        负责培训过程的组织、协调、监督、保障工作。（填空）
四、培训内容
```

序号	培训课程内容	培训课程时间	选择
1	公司概况（历史、背景、经营理念、愿景、价值观）	0.5小时	
2	职业生涯规划	2小时	
3	职位说明书和具体工作规范、工作技巧	1小时	
4	如何进行文件的管理	0.5小时	
5	仪态仪表服务的要求	0.5小时	

```
五、培训方式
  培训的形式主要包括：
  课堂讲授培训
六、培训教师
  行政人事部负责人
七、培训教材
  公司简介
八、培训效果评估
1．评估方法
  本培训采取的评估方法是
  问卷调查法
2．评估内容
  学员反应
九、培训费用预算
```

序号	预算项目	预算明细	费用金额/元 合计：8000
1	管理与运营成本	2000	2000
1	培训师成本	2000	2000
1	培训资源费用	2000	2000
1	其他费用	2000	2000

图 4—2 新员工培训方案界面

点击新员工培训方案解析（如图 4—3 所示）。

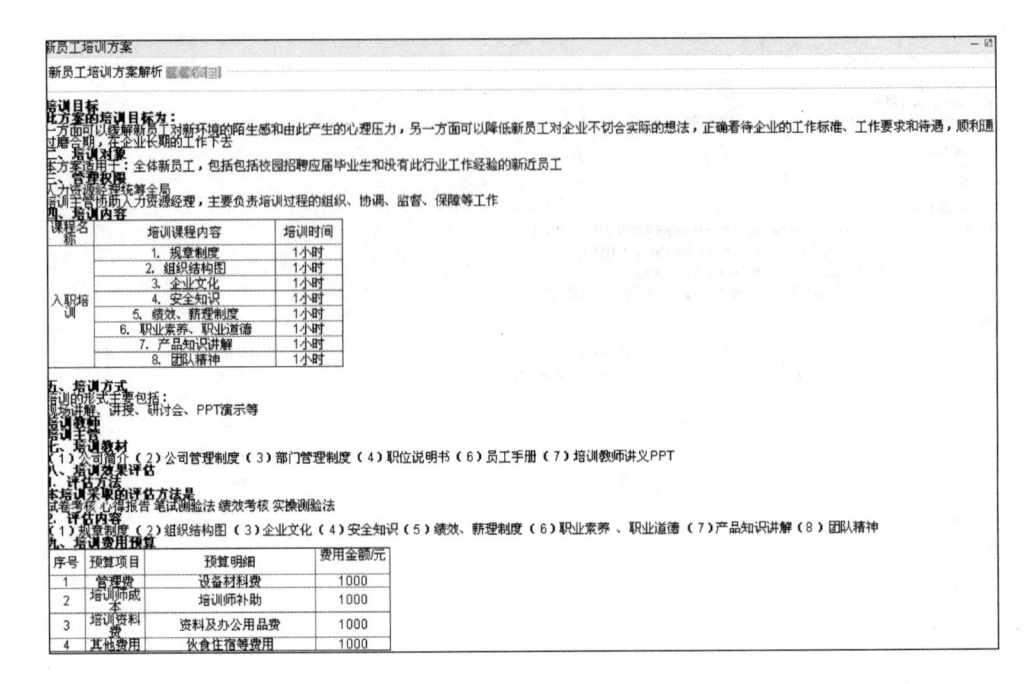

图 4—3 新员工培训方案解析界面

(二)中层管理者培训方案设计训练

中层管理者培训方案设计可参考设计模板(如图 4—4 和图 4—5 所示)。

图 4—4 中层管理者培训方案界面

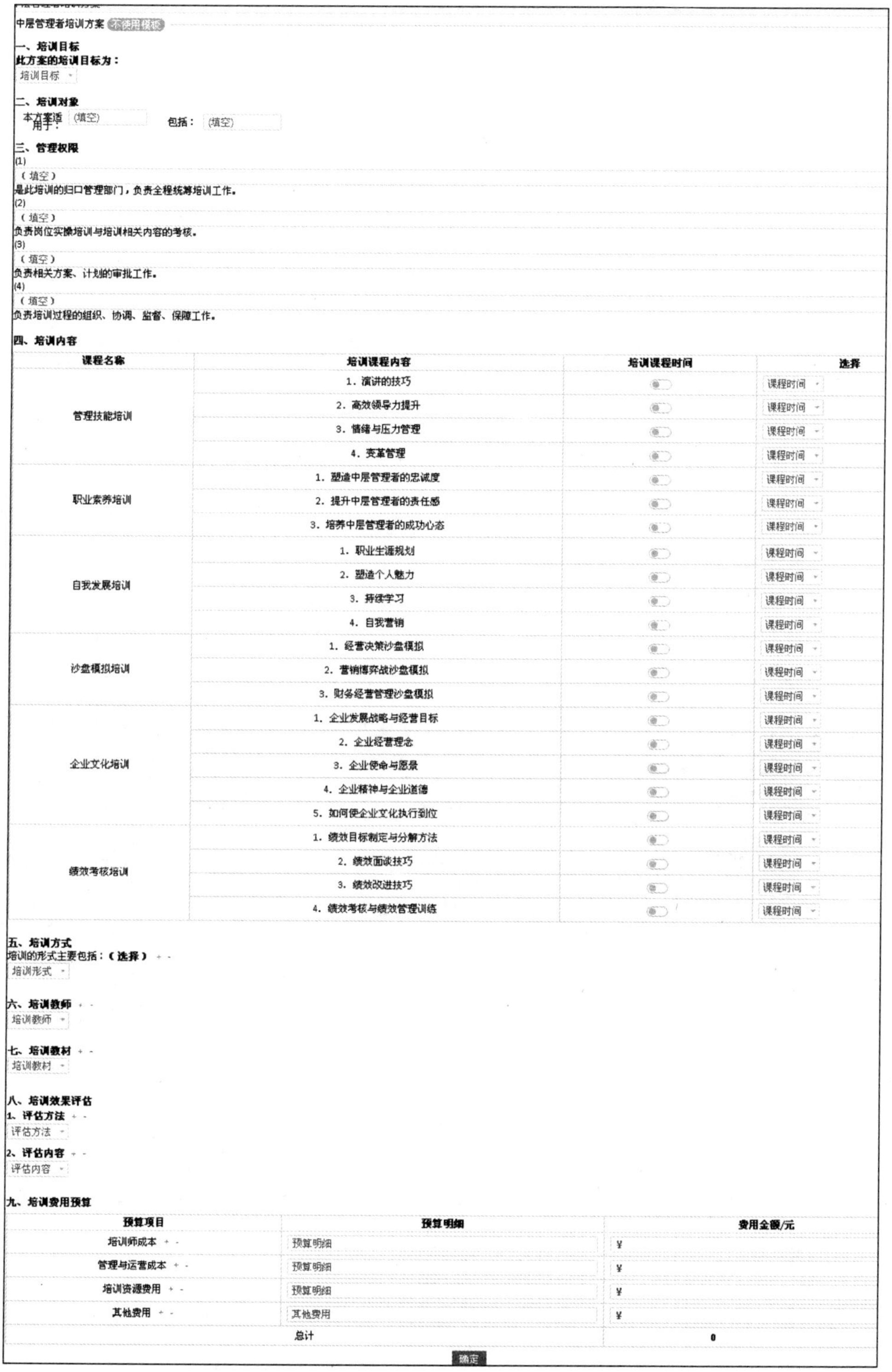

中层管理者培训方案 不使用模板

一、培训目标

此方案的培训目标为：

培训目标

二、培训对象

本方案适用于：(填空)　包括：(填空)

三、管理权限

(1)

（填空）

是此培训的归口管理部门，负责全程统筹培训工作。

(2)

（填空）

负责岗位实操培训与培训相关内容的考核。

(3)

（填空）

负责相关方案、计划的审批工作。

(4)

（填空）

负责培训过程的组织、协调、监督、保障工作。

四、培训内容

课程名称	培训课程内容	培训课程时间	选择
管理技能培训	1. 演讲的技巧		课程时间
	2. 高效领导力提升		课程时间
	3. 情绪与压力管理		课程时间
	4. 变革管理		课程时间
职业素养培训	1. 塑造中层管理者的忠诚度		课程时间
	2. 提升中层管理者的责任感		课程时间
	3. 培养中层管理者的成功心态		课程时间
自我发展培训	1. 职业生涯规划		课程时间
	2. 塑造个人魅力		课程时间
	3. 持续学习		课程时间
	4. 自我营销		课程时间
沙盘模拟培训	1. 经营决策沙盘模拟		课程时间
	2. 营销博弈战沙盘模拟		课程时间
	3. 财务经营管理沙盘模拟		课程时间
企业文化培训	1. 企业发展战略与经营目标		课程时间
	2. 企业经营理念		课程时间
	3. 企业使命与愿景		课程时间
	4. 企业精神与企业道德		课程时间
	5. 如何使企业文化执行到位		课程时间
绩效考核培训	1. 绩效目标制定与分解方法		课程时间
	2. 绩效面谈技巧		课程时间
	3. 绩效改进技巧		课程时间
	4. 绩效考核与绩效管理训练		课程时间

五、培训方式

培训的形式主要包括：**（选择）** + -

培训形式

六、培训教师 + -

培训教师

七、培训教材 + -

培训教材

八、培训效果评估

1、评估方法 + -

评估方法

2、评估内容 + -

评估内容

九、培训费用预算

预算项目	预算明细	费用金额/元
培训师成本 + -	预算明细	¥
管理与运营成本 + -	预算明细	¥
培训资源费用 + -	预算明细	¥
其他费用 + -	其他费用	¥
	总计	0

确定

图 4—5　中层管理者培训方案参考模板界面

（三）团队建设类培训方案设计训练

团队建设类培训方案设计可参考模板（如图 4—6 和图 4—7 所示）。

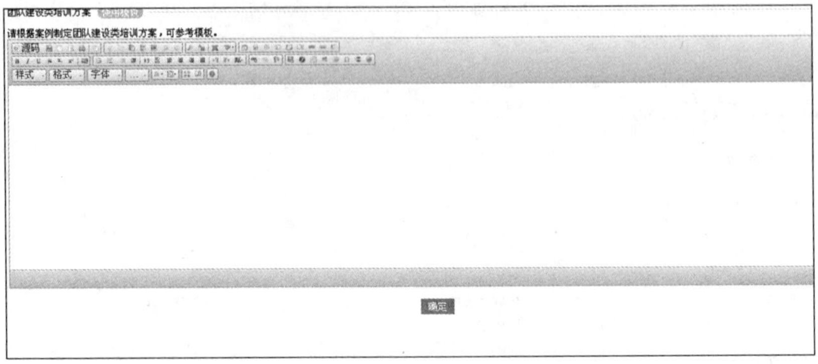

图 4—6 团队建设类培训方案解析界面

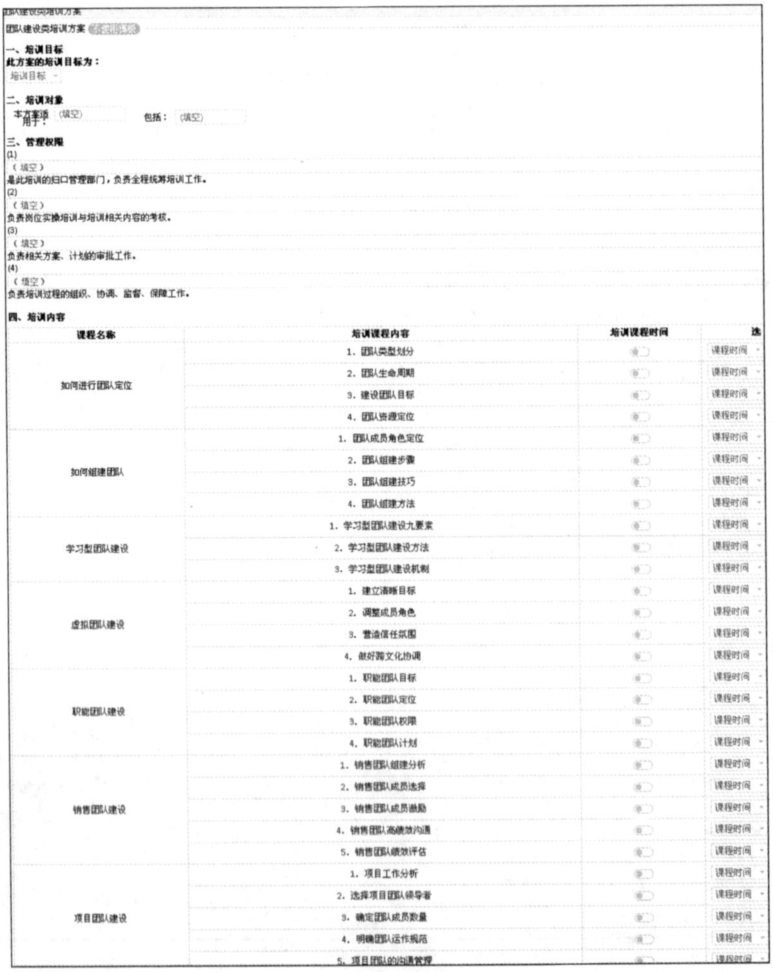

团队建设类培训方案

团队建设类培训方案

一、培训目标

此方案的培训目标为：

培训目标

二、培训对象

本方案适用于：（填空） 包括：（填空）

三、管理权限

(1)

（填空）

是此培训的归口管理部门，负责全程统筹培训工作。

(2)

（填空）

负责岗位实操培训与培训相关内容的考核。

(3)

（填空）

负责相关方案、计划的审批工作。

(4)

（填空）

负责培训过程的组织、协调、监督、保障工作。

四、培训内容

课程名称	培训课程内容	培训课程时间	选
如何进行团队定位	1．团队类型划分		课程时间
	2．团队生命周期		课程时间
	3．建设团队目标		课程时间
	4．团队资源定位		课程时间
如何组建团队	1．团队成员角色定位		课程时间
	2．团队组建步骤		课程时间
	3．团队组建技巧		课程时间
	4．团队组建方法		课程时间
学习型团队建设	1．学习型团队建设九要素		课程时间
	2．学习型团队建设方法		课程时间
	3．学习型团队建设机制		课程时间
虚拟团队建设	1．建立清晰目标		课程时间
	2．调整成员角色		课程时间
	3．营造信任氛围		课程时间
	4．做好跨文化协调		课程时间
职能团队建设	1．职能团队目标		课程时间
	2．职能团队定位		课程时间
	3．职能团队权限		课程时间
	4．职能团队计划		课程时间
销售团队建设	1．销售团队组建分析		课程时间
	2．销售团队成员选择		课程时间
	3．销售团队成员激励		课程时间
	4．销售团队高绩效沟通		课程时间
	5．销售团队绩效评估		课程时间
项目团队建设	1．项目工作分析		课程时间
	2．选择项目团队领导者		课程时间
	3．确定团队成员数量		课程时间
	4．明确团队运作规范		课程时间
	5．项目团队的沟通管理		课程时间

图 4—7—1 团队建设类培训方案界面

店铺团队建设	1. 高校店铺团队的特点与要素，店铺团队的组建步骤	否	课程时间
	2. 店铺团队的领导技巧	否	课程时间
	3. 提升店铺团队的认同感	否	课程时间
	4. 减少店铺团队的冲突	否	课程时间
	5. 树立店铺团队的精神	否	课程时间
如何提高团队执行力	1. 高效执行三要素	否	课程时间
	2. 团队执行力提升方法	否	课程时间
	3. 团队执行力提升工具	否	课程时间
	4. 打造团队执行力的九大策略	否	课程时间
如何提高团队领导力	1. 团队领导力的源泉	否	课程时间
	2. 团队领导力的保障	否	课程时间
	3. 团队领导的责任心	否	课程时间
	4. 团队文化的塑造	否	课程时间
	5. 团队领导力的能力提升	否	课程时间
如何提高团队凝聚力	1. 团队统一认识	否	课程时间
	2. 提升影响力	否	课程时间
	3. 培养高度责任感	否	课程时间
	4. 团队凝聚力打造技巧与方法	否	课程时间
如何解决团队问题	1. 团队问题诊断内容	否	课程时间
	2. 团队问题诊断步骤	否	课程时间
	3. 团队问题诊断工具	否	课程时间
	4. 团队问题解决的方法与技巧	否	课程时间
如何缓解团队成员压力	1. 引导形成积极压力	否	课程时间
	2. 帮助员工释放消极压力	否	课程时间
	3. 掌握压力应对技巧	否	课程时间
提升团队危机应对能力	1. 团队危机预警	否	课程时间
	2. 团队危机决策	否	课程时间
	3. 团队危机处理	否	课程时间

五、培训方式
培训的形式主要包括：（选择）
培训形式

六、培训教师
培训教师

七、培训教材
培训教材

八、培训效果评估
1. 评估方法
评估方法
2. 评估内容
评估内容

九、培训费用预算

预算项目	预算明细	费用金额/元
培训师成本	预算明细	￥
管理与运营成本	预算明细	￥
培训资源费用	预算明细	￥
其他费用	其他费用	￥
总计		0

提交

图4-7-2　团队建设类培训方案界面

自测题　　　讨论题　　　案例拓展阅读

第五章　培训组织与实施

培训的组织与实施包含培训前、培训中和培训后三个阶段,每个阶段都包含若干具体事项。本章的实训将结合培训与开发专业技能实训系统里这三个阶段的操作具体阐述。

一、知识储备

培训的整个过程包括培训需求分析、培训目标的制定、培训计划的制订、培训的组织实施与培训效果评估几个环节。这几个环节环环相扣,缺少任何一个环节都会使培训活动以失败告终。在这些环节中,培训的组织实施非常重要。培训的组织实施可以使企业实现培训目标,使员工的知识、技能、观念、思维及心态等都得到提高和改善;可以帮助员工更好地适应岗位职责的要求,不断提升自身素质,从而实现企业的总体目标。

培训项目的组织与实施是琐碎细致的工作,因参与人员众多,涉及面广,需要清晰的操作流程与明确的职责划定。

(一)培训组织与实施的主要内容

1.组建培训项目小组

在准备阶段成立项目小组,协调培训中的各项工作安排,确保培训如期顺利地进行,其分工如表5-1所示:

表5-1　　　　　　　　培训项目小组成员分工

人员	具体分工
人力资源部经理(组长)	整个培训的总体筹划、总体安排
培训主管(副组长)	培训工作的具体操作、执行
培训讲师/培训机构	培训讲义、培训要求的传达、培训反馈的整理
培训支持部门	培训器材、食宿、车辆等后勤供应工作
相关部门主管、受训者	提供培训建议和辅助性工作

2.开培训动员会议

培训动员会议是培训前非常重要的一个步骤,在成立项目小组后就需要开展,其主要目的是强调培训的意义,阐述培训工作规划,具体安排所有培训准备事项,把工作具体落实到每个人。

3.培训各类事项的准备

培训动员会议后,便进入实质的培训准备工作。组织必须高度重视培训实施前的准备工作、准备工作是否到位对培训质量有着直接的影响。以下从人员准备、时间准备、培训资料、培训场地、培训设备、食宿行安排和支持项目等方面展开(如表5-2所示)。

表5-2　　　　　　　　　　培训实施准备细则和注意事项

数量	准备细则	注意事项
人员准备	培训接待员,负责签到登记、咨询、引导	分工明确,权责清晰
	培训督导员,负责落实培训室布置、茶水供应及服务工作	
	摄影师,负责培训摄影、合影及通讯稿、文字材料撰写工作	
	交通员,根据培训实到人数,落实车况好的配套车辆,同时负责培训临时接待服务工作	
	旅游生活员,根据学员人数安排旅游接待服务和培训期间的生活服务	
	财务人员,负责发票的开具工作	
时间准备	培训课程时间、每日日程安排	培训规划应提前一两个月进行,以保障培训顺利开展
	培训程序安排(如是否有领导讲话等)	
	培训开始前的准备倒计时日常安排	规划时要与相关人员沟通时间安排,以免引起冲突、撞车
	组织领导、学员时间与培训时间的协调	
培训资料	准备讲义、装订成册	讲义必须提前由培训师提供,并根据组织实际情况修正
	培训各类辅助资料整理、复印	
	学员资料、培训需求、以往培训记录等及时整理	培训前与培训师交流,让其参考,并有针对性地设计课程
	培训效果评估问卷的准备	各类资料、讲义要有备份,以备人员需要
	学员培训考勤签到表	
培训场地	场地是否宽敞,桌椅是否足够,能否自由移动	便于现场做活动和游戏
	培训会场布置,人员座次安排	培训现场情况要向培训师说清楚,并在培训前让培训师考察,征询其意见,如需改,则马上调整
	宣传资料、指示牌的张贴、悬挂	
	室内光线是否合适,有无噪声、异味,位置是否安静,人员是否频繁往来	

续表

数量	准备细则	注意事项
培训设备	投影仪(是否与电脑匹配)	辅助器材根据课程不同而有区别,培训前要向培训师讲清楚,培训开始前,检查能否正常使用
	麦克风(有线、无线)、音响设备	
	电源插座是否正常	
	白板、油笔、黑板、粉笔	
	培训道具及器材的购买和准备	
食宿行安排	培训师接送、住宿安排	住宿、票务要提前几天预订
	参加人员及培训师的饮食、活动安排	
	培训师返程票预订	
支持项目	应急和防范措施	如准备好复印机,随时复印资料
	培训准备的其他事项	

除此之外,为了顺利实施培训项目,应当兼顾以下几点:

培训场所空间要足够大。一般来说,每个受训人员至少需要2～3平方米的空间,不要太拥挤,也不要过于疏远,保证受训人员目光自然通畅。桌面应当留有足够的空间放置笔记本、记录笔、活页纸等。根据不同的培训需求对场所布局做出合理的调整。若想要受训人员将注意力集中到培训师身上,可选择传统单通道型、双通道型,此类布局有利于培训内容的传授,但培训师和受训人员难以沟通。相反,圆桌小组、U字形和大圆桌形便于培训师和受训人员之间的互动,鼓励受训人员分享。为保证受训人员静心学习,夏天室内温度应当维持在26℃左右,冬天维持在18℃左右。

在培训前,检查空调系统及场所周围是否存在噪声,通过关门或者悬挂提示牌等控制由室外活动引起的噪声,必要时采取为地板和四壁增加隔音、吸音材料等降噪。光线的强弱影响受训人员观看投影、阅读材料和记笔记的效果。场所内用日光灯照明,房间的四周都应配备白炽灯,以作为投影时的弱光源。为避免分散培训人员的注意力,整个场所应采用清淡柔和的色彩,同时培训场地墙面和地面的色调也尽量相同。

4.培训沟通协调

在培训过程中,组织者要及时与讲师、学员沟通交流,指出讲师培训的优缺点和反映的情况,并与讲师协调改进。这时,组织者要做好以下工作:

(1)加强学员兴奋点

培训组织者应及时向讲师反馈学员的兴奋点,如果学员对现场培训意犹未尽,还应提醒讲师适当延长培训时间或安排课下座谈研讨,以达到更好的培训效果。

(2)把握主题方向

培训过程中,如果讲师讲课或者学员讨论出现跑题甚至是组织避讳的话题,或讲课层次混乱、内容含混不清,培训组织者就要随时提醒讲师,调整讲课内容或按照事先的规划进行。

(3)协调培训形式

培训形式要与学员的具体情况相匹配,尽量避免发生学员对培训形式(如游戏、讨论等)不认可或对培训形式所表现的主题不明白等情形,必要时及时改进或更换培训形式。

(4)把握课程松紧度

课程节奏过慢或过快都是不可取的,培训组织者需在学员反映此类情况时提醒讲师调整时间和节奏,按学员可以接受的速度进行。

5. 现场应急补救

作为培训组织者,一定要有讲师出现严重讲课问题的心理准备和应急措施。一旦现场讲课效果与期望出入很大、学员反应很差时,应急补救措施就要派上用场。常见的培训应急补救措施如表5-3所示。

表5-3 培训现场失效的应急措施

出现的情况	应急补救措施
讲师填鸭式灌输	转换为学员提问、老师解答或共同讨论等形式
学员反应冷淡	让学员互相解答,调动学员积极性
讲解枯燥,不生动	采用放录像等图文并茂的形式来渲染气氛
安排不周,时间空余	采取问题测试、学员填写问卷等形式充分利用时间;缩短培训时间,延长休息时间

6. 培训后勤安排

在培训过程中,现场的各种后勤安排必不可少,如培训教材的复印、发放,培训器材的调换、准备,人员饮食服务,培训纪律的强调,卫生打扫等,这些都需要安排具体人员解决。

具体细节如提前两天确定会务组房间,选定领导、专家及主要学员入住的楼层、房间类型、房号、需要放置的水果种类及特殊安全保卫工作;在大堂、各楼层、餐厅、培训室、电梯等处贴上培训指示箭头;与酒店保安部组成培训安全组,在培训期间加强门卫、楼层巡查,杜绝安全隐患;配备医疗人员,解决突发事件。提前购买常备药品以及配备基本设备,联系好医生,随时确保可提供医疗服务,具体细节如表5-4所示。

表 5-4　　　　　　　　　　　培训主要后勤事宜

实施流程	具体内容
培训接站	实施全天候接站,在车站、机场设立醒目的接站牌
培训报到	在醒目位置立"报到处""收费处""咨询处""票务处""签到处"牌子
	学员报到登记内容包括姓名、单位、职务、身份证号码、通信地址、电话
	提醒学员将贵重物品免费寄存总台,保管好个人财物
	学员报到后,由接待员引导入住,同时办理行李寄存
	当天打印培训通信录并与培训师校对,及时发给学员
培训期间	酒店落实叫早服务
	准确统计用餐人数并安排学员用餐,及时解决培训期间临时发生的问题
	落实培训室布置情况
	与酒店财务人员协调好票据的开具事宜
培训结束	向培训主办方提交书面报告,并附上培训结算清单
	向学员提供所需发票或其他单据
	根据学员返程机票、车票的时间及方向,分批送站

(二)培训前工作的操作步骤

"培训前工作"环节分为内部培训和外包培训两部分。

1. 培训前工作(内部培训)的操作步骤

培训前工作实操包括七个步骤:确定培训对象与人数、选择培训讲师、确认培训场地、确认培训时间、发布通知、培训现场准备、培训资料准备。

培训组织部门在完成了培训需求分析、培训计划制订和培训方案设计之后,就要开始着手培训的相关准备工作了。根据培训计划和培训方案,确定哪些员工需要参加培训以及参训员工的数量,确定是使用内部培训形式还是外部培训形式,确定培训讲师的来源是内部还是外部,并联系好培训所需的场地和教室,确定培训时间,接下来就可以发布培训通知了,同时做好培训现场所需设备、物资、培训相关资料的准备。

(1)确定培训对象与人数

培训组织部门根据之前制定好的培训方案,确定参与本次内部培训的参训对象与人数,同时需要准备培训报名表等辅助材料,培训报名表所包含的基本信息依次由报名人(参训学员)、报名人的部门主管、培训组织部门分别填写。

(2)选择培训讲师

根据公司现有培训师资队伍,决定是从内部选择还是外部选择。在选择培训讲师时,需要准备内部培训师推荐表、外部培训师评审表、培训讲师试讲评估、培训讲师录用审批表、培训讲师协议等辅助材料。

(3)确认培训场地

根据公司现有的场地和资源,确认本次培训是在公司内部还是借助外部场地实施。如果需要借助外部培训场地,需要准备培训场地租用合同书等辅助材料。

(4)确认培训时间

根据之前设计的培训方案,确定参训对象和人数、培训讲师、培训场地,培训组织部门需要根据培训内容确定具体的实施时间,同时将制定好的培训课程表发放给各位学员,培训课程表一般包含培训日期、培训课程科目、内容大纲、培训讲师、培训目的、培训形式、培训时限等内容。

(5)发布通知

当准备工作一切就绪之后,培训组织部门需要向参训学员发布培训通知,培训通知一般是用于告知参训学员培训目的、培训时间、培训地点、培训内容、考核形式、注意事项等。

(6)准备培训现场

下达培训通知之后,就要着手开始准备培训实施所需的场地、教室以及相关设备。为了保证准备工作到位,可以将之列成培训现场准备确认单,以备核查。培训现场准备确认单包含培训基础信息、场地安排、教室安排、设备准备等明细项。培训基础信息一般包括课程名称、日期、地点、讲师、学员人数等内容。场地安排包括对场地大小、场地环境、场地配套设施等细节的确认。教室安排包括对桌椅布置、是否需要分组讨论的教室、灯光、空调、茶水供应等细节的确认。设备准备包括对授课所需的投影仪、屏幕、白板、白板笔、录像机、胶带、指示牌、音响、麦克风、拖线板等教学道具的确认。

(7)准备培训资料

培训现场准备到位后,还需要准备培训资料,包括教材与相关资料等可以借助培训教材与资料准备确认单完成。培训教材与资料准备确认单中需要准备的教材包括预读教材、课前调查问卷、学员培训手册、课程内容与培训大纲等,需要准备的相关资料包括学员笔记本和笔、学员名卡、学员签到表、培训评估表、学员证书、培训规则、花名册、培训过程记录表等。

2.培训前工作(外包培训)的操作步骤

外包培训的培训前准备工作包括两个步骤:确定培训对象与人数、培训机构选择。

(1)确定培训对象与人数

培训组织部门如果选择了外包培训,就需要确定参与本次外包培训的参训对象与人数,同时需要申请学员填写员工外派培训申请表等辅助材料。员工外派培训申请表一般包括申请人基本信息、培训基本信息、各级职能部门的审批意见等内容。

(2)选择培训机构

培训组织部门确定了培训对象与人数后,需要评估和筛选多家意向中的外包培训机构,确定合作机构之后还分别需要跟培训公司和参训学员签订培训服务协议。

培训服务机构调查表包括对培训机构的简介、主营业务开展情况、取得的相关资质情况、培训课程情况等基础资料的收集。培训服务协议书(与培训公司)主要是约定公司与培训服务机构之间的合作内容、双方权利与义务、服务费用、合同变更或终止的规定等事项。培训服务协议书(与员工)主要是约定公司委派员工参加培训涉及的培训内容、培训费用、双方权利与义务、违约责任等事项。

(三)培训中工作的操作步骤

"培训中工作"环节分为培训签到管理、课程资料发放、宣布课堂纪律、了解学员课堂反应、培训实施监控五个步骤,通过实施培训中的各项工作,以提高培训的整体效果。在培训组织与实施的过程中,培训组织部门需要加强对培训过程的管理和监控工作,加强学员的考勤管理和学习纪律管理,通过准备并发放培训相关资料帮助学员提前了解所要学习的课程内容,及时、详细地记录学员的学习情况和学习效果,对培训实施过程中存在的问题及时采取有效的纠正措施,以保证培训目标和培训计划的顺利达成。

1. 培训签到管理

培训组织部门通过上个环节确定的培训对象与人数,制作受训人员花名册和受训人员签名表,并要求参训学员在培训过程中按时签到,以实现培训考勤的实时跟踪和记录。

受训人员花名册记录参训员工的工号、姓名、所属部门、职务、参与的培训项目等基本信息。受训人员签名表是一份详细展示了培训基本信息(包括培训项目、培训时间、培训讲师、培训地点、项目负责人等)和参与培训的员工出勤情况(包括工号、姓名、部门、签到、考核结果等)的记录表。

2. 课程资料发放

培训组织部门可以事前将参训学员需要接触到的学习内容整理成课程学习手册,在学员现场签到的同时发放,以便学员能提前了解所学的内容。培训课程手册包含了培训名称、培训时间、培训讲师、培训内容等信息。

3. 宣布课堂纪律

为了保证培训效果,营造良好的学习氛围,培训组织部门应在培训开课前以口头或书面的形式宣布课堂纪律,对学员在出勤、学习态度、学习行为、言行举止等方面提出相应的要求,形成参训人员应遵守的行为规范。

4.学员的课堂反应

培训组织部门应完整、翔实记录每个参训人员的学习过程、学习结果,包括从新员工入职培训开始,到后续的在职培训、脱产培训,将每一次的培训参与情况记录在册,有助于反映员工在知识、技能、能力方面的提升情况,帮助员工更好了解自身与岗位要求之间是否存在差距,同时也可以作为员工绩效考核、加薪晋升的主要参考依据。

新员工培训记录表用于记录和反映新员工从入职开始到入职一个月后的时期内,参与了哪些培训、能否将培训内容学以致用、运用的效果如何、直接上级的评价意见等内容。

5.培训实施监控

培训组织部门应及时记录和评估培训项目的实施情况,以保证培训目标和培训计划得以有效实现,同时比较培训项目实施过程与培训计划,发现其中存在的问题,分析原因,必要时及时采取有效的纠正措施。

系统中给出的培训项目实施监控表是记录和评估外包培训项目时使用的表格。该表格中记录了外包项目的基本信息、具体内容、培训成果以及受训者现场反应,并简要评估培训开展情况。

(四)培训后工作的操作步骤

"培训后工作"环节分为培训评估问卷调查、培训总结、培训考核、颁发结业证书四个步骤。组织通过这四个步骤梳理和总结整个培训过程,一方面为接下来的培训效果评估工作打下基础,另一方面为下一次培训活动的实施提供经验借鉴。

在培训课程结束后,培训组织部门需要向学员发放培训评估问卷,了解学员对培训项目的整体评价,对培训课程、培训讲师、培训过程、培训效果的意见或建议;总结培训项目实施情况,评价合作的培训服务机构及培训讲师;对学员的学习效果和成果加以检验,确认和评价学员的考勤纪律、学习态度、学习行为、学习结果;最后对于顺利通过培训课程的成员,颁发结业证书,以示鼓励。

1.培训评估问卷调查

培训组织部门围绕培训课程实施情况,设计若干培训评估调查问卷,向参训学员实施调查,收集学员对本次培训课程的意见和建议。常规的培训评估调查问卷包含学员反馈登记表、培训课程评估表、培训讲师评估表、培训过程评估表、培训效果评估表、培训外包效果评估表。

学员反馈登记表是了解参训学员对整个培训项目的总体评价,包括培训项目的基本信息,学员对培训课程、培训安排、培训师、培训时间等安排的满意程度,对培训的其他意见或建议等。

培训课程评估表是详细了解参训学员对培训讲师、培训组织与安排、授课方式等方面的意见或建议。

培训讲师评估表是了解参训学员对授课讲师的个人形象、授课表现、课程讲义等方面的满意程度。

培训过程评估表是了解参训学员对培训设计、培训实施、培训管理、培训效果方面的满意程度。

培训效果评估表是了解参训学员对培训现场、培训讲师及服务等方面的评价或意见。

培训外包效果评估表是对外包培训项目的整体评估,包括外包项目基本信息、外包项目具体内容、培训成果、受训学员的满意度、培训安排等内容。

2. 培训总结

培训结束后,培训组织部门要及时总结整个培训项目的组织与实施情况,不断完善现有的培训工作,提高培训项目的质量。

培训项目总结表主要是总结培训计划与实际之间的差异、满意度、培训成果、各项成本支出等内容。

员工外派培训总结考核表主要是评价合作的培训服务机构所提供的培训服务水平和服务质量,同时评估培训是否解决了现存的问题、是否产生了预期效果。

3. 培训考核

培训结束后,培训组织部门需要检验参训学员的学习成果,考核学员对所学知识的掌握程度,并考查学员的学习态度、参与程度、学以致用情况。

新员工入职培训考试试卷用以测试参训学员对企业文化、相关规章制度、行为规范的理解与掌握程度。

新员工培训考核分别包括了培训组织部门与用人部门对参训学员的考评,培训组织部门侧重评价学员的出勤情况、学习态度、参与情况等,用人部门侧重评价学员培训结束之后回到工作岗位上,是否能够将培训所学运用在日常工作中的情况。

4. 颁发结业证书

培训结束后,培训组织部门需要对通过培训结课考试的学员,颁发结业证书。培训证书一般包含标题、姓名、课程名称、时间、地点、成绩、落款等内容,并加盖公章。

二、**实战训练**

进入"基础教学"主界面后,请单击正上方的"案例查看"(如图 5—1 所示),阅读系统提供的案例背景资料。

图 5－1　基础教学主界面

学习完案例背景资料之后，点击左边主菜单中的"培训实施方案"即可看到培训实施方案包含"培训前工作""培训中工作""培训后工作"三个部分（如图 5－2 所示）。学生根据案例背景资料以及培训前期的基础工作，逐步完成这三部分内容的填写。

图 5－2　培训实施方案主界面

（一）培训前工作训练

1.培训前工作（内部培训）训练

（1）确定培训对象与人数

培训组织部门根据之前制定好的培训方案，确定参与本次内部培训的对象与人数,同时需要准备培训报名表等辅助材料(如图 5-3 所示),培训报名表所包含的基本信息如图 5-4 所示,这些信息依次由报名人(参训学员)、报名人的部门主管、培训组织部门填写。

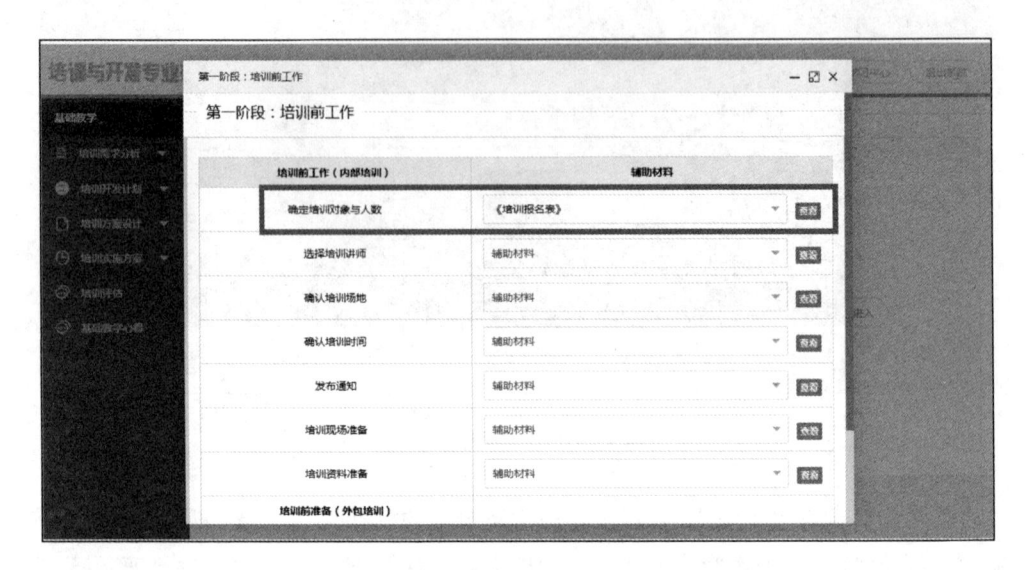

图 5-3 确定培训对象与人数(内部培训)界面

图 5-4 员工培训报名表示例

(2)选择培训讲师

根据公司现有培训师资队伍,决定是从内部还是从外部选择培训讲师。在选择培训讲师时,需要准备内部培训师推荐表、外部培训师评审表、培训讲师试讲评估、培训讲师录用审批表、培训讲师协议等辅助材料(如图 5—5 所示)。学生可以查看每个文本里的具体内容(如图 5—6、图 5—7、图 5—8、图 5—9、图 5—10 所示)。

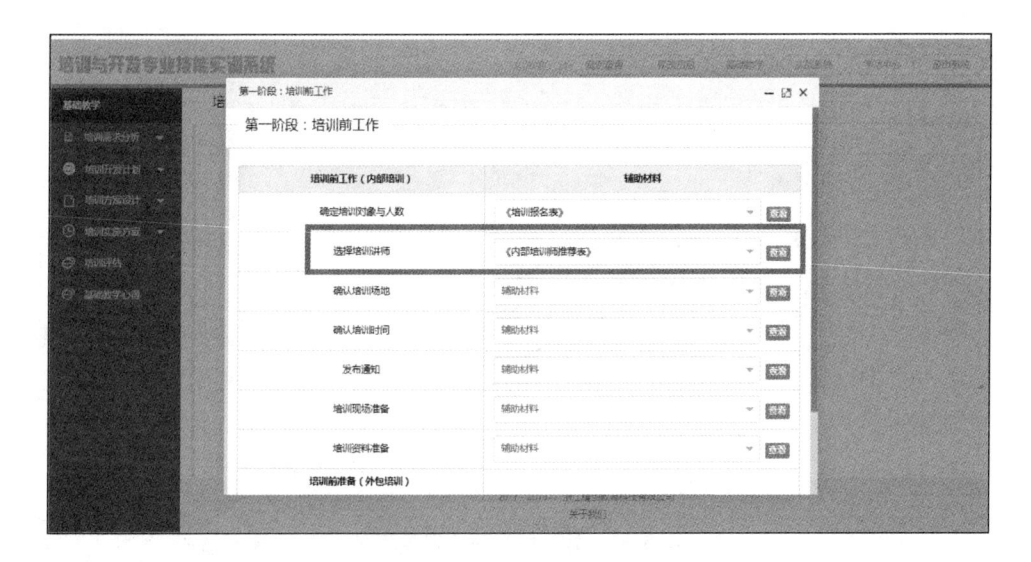

图 5—5　选择培训讲师界面

图 5—6　内部培训师推荐表示例

外部培训师评审表			
姓名		性别	
学历		出生年月	
毕业院校		所学专业	
参加工作时间		职称	
部门		职务	
从事本专业时间			
申请培训师级别			
申请授课专业			
企业文化价值观相关考查成绩			
专业知识考查成绩			
试讲考查	讲义准备		
	授课内容		
	课程结构		
	语言表达		
	授课技巧		
	……		
个人签名		部门负责人签名	

图 5-7　外部培训师评审表示例

培训讲师试讲评估			
培训讲师姓名		课程名称	授课课时
综合素质		客户反馈	学历
课程大纲是否清晰			
培训内容是否丰富			
培训讲师语言是否生动			
培训讲师是否善于调动现场气氛			
培训时间控制是否合理			
丰富的经验			
评估人意见			

图 5-8　培训讲师试讲评估示例

培训讲师录用审批表

培训讲师姓名		课程名称		授课课时	
评估意见汇总					
评估结论	是否聘用为培训讲师：				
审批人	评估意见		结论		签字
培训部门经理					
主管副总					
总经理					

图 5-9　培训讲师录用审批表示例

培训讲师协议

甲方：
乙方：　　　（讲师身份证号码：　　）

甲方_____公司，因业务开展需要，在对乙方　　　学识背景及培训资历进行相关了解的情况下，聘请乙方为甲方的高级培训讲师，对相关培训班进行授课。
双方在平等、尊重、互信的基础上就培训合作达成如下协议：
一、培训合作内容
1、课程名称：
2、培训时间：　　年　月　日至　月　日（周六、周日），
上午8:30-12:00，下午13:30-17:00
共　天，每天　课时。
培训形式：
培训地点：
二、费用支付
1、甲方按每天　元（大写：　　）的课酬支付给乙方，两天共计人民币　　元（大写：　　）；本协议所涉及的税金由甲方承担。
2、本协议签订3日内甲方将预付款人民币　　元付到乙方指定的账户中，剩余款项在培训结束当日（即　月　日）中午以现金全额支付；若因甲方的原因造成不能如期开课，乙方不退预付款。如因乙方原因造成不能如期开课，需在造成违约事实的3日内将预付培训费用退回到甲方账户。
3、甲方承担培训师从讲师开课前所在城市往返培训地的差旅费和培训期间的食宿费用；甲方负责提前为讲师预订返程机票（或火车票）和酒店；讲师于培训前一天到达培训地，结束当天返回。
讲师银行账户：
户　名：
开户银行：
账　号：
三、甲方权利及义务
1、甲方为培训的举办方，负责课程的前期定项、培训场地及时间安排、培训班的管理工作等。
2、甲方须提前跟乙方沟通培训内容，以便乙方进行相关课程准备，并就培训时间、培训形式双方达成一致并确认。
3、甲方负责在培训前对培训的需求进行调查和了解，将公司类型及受训学员的相关信息提供给乙方，以便乙方针对学员做相关课程准备，使培训课程更具针对性。
4、甲方负责提供培训地点及培训设施的准备，一般包括多媒体投影仪、麦克风、白板、笔等，甲方安排专人在培训现场协助讲师。
5、乙方同意甲方在课程现场进行拍照、录像，录像时间不能超过4小时，照片和录像资料需交乙方审核和备份，并且照片和录像资料不得用于商业用途。
6、甲方负责在课程结束后，现场对学员进行培训评估、填写培训调查表，并向乙方提供学员反馈结果、及现场授课照片；培训结束后，双方应及时交流培训需提高及改进的地方；如有部分学员对培训不满意，双方共同协商解决的办法。

图 5-10-1　培训讲师协议示例

```
四、乙方权利及义务
1、乙方为培训服务的提供方，负责对甲方培训班进行授课，并尽职尽责保证课程顺利进行。
2、乙方收到甲方培训邀请及双方沟通后，应提前将讲师真实背景资料及培训课程内容资料发给甲方，供甲方用于课程组织工作，并保证讲师个人资料的真实有效性。
3、乙方负责在开课前一周提供给甲方完整的电子版学员讲义，供甲方准备复印给培训学员上课使用；如讲师授课所用的讲义资料有修改或增补，乙方应把修改后的版本在结束授课后3天内提供给甲方。
4、乙方应提前到达培训场所，并准备好授课所用的培训讲义、资料和笔记本电脑。
5、乙方根据甲方所订的培训时间表，适时控制培训进度，并保证课程内容顺利完成。
6、乙方有义务协助甲方在培训结束后，对受训学员针对培训的相关问题进行解答，以电子邮件形式，进行必要及简单的售后服务。
五、关于后续合作
1、培训结束后，在双方合作满意的基础上，双方将建立长期合作关系；甲乙双方有维护对方知名度的责任。
2、针对后期的培训活动，双方应另签署协议以再次明确双方的权利及义务，或以培训确认书的形式确定合作细节；如果没有，则按此协议执行。
六、违约责任：
1、乙方如不按时授课、或授课内容严重偏离原订培训计划，造成甲方培训损失的，甲方除有权利不支付培训费用（预付款退还甲方）及其他应当报销的费用。
2、甲方应按时向乙方支付培训费用，逾期未支付的，应当向乙方支付滞纳金。滞纳金的计算标准为每延期一日，支付培训费用的    。
七、本协议一经签订，任何一方不得单方终止本协议，否则违约方应当向对方支付违约金人民币        元。给对方造成损失的，还应当承担赔偿责任。由于重大自然灾害等不可抗因素造成任何一方违约，均不在赔偿责任之列。
八、本协议未尽事宜，双方协商解决，并可签订补充协议，补充协议与本协议具有同等法律效力；如协商不成，任何一方可以向相关司法机构进行仲裁解决。
九、本协议有效期为签订合同之日起至合同执行当天结束。
十、本协议自双方签字盖章之日起生效，传真件有效。
十一、本协议一式两份，甲、乙双方各执一份。
甲方（盖章）：
电话：
传真：
代表签字：
签署时间：    年   月   日
乙方（盖章）：
电话：
传真：
代表签字：
签署时间：    年   月   日
```

图 5－10－2　培训讲师协议示例

(3) 确认培训场地

根据公司现有的场地和资源，确认本次培训是在公司内部还是借助外部场地实施。如果需要借助外部培训场地，则需要准备培训场地租用合同书等辅助材料（如图 5－11 所示），学生可查看培训场地租用合同书所包含的具体内容（如图 5－12 所示）。

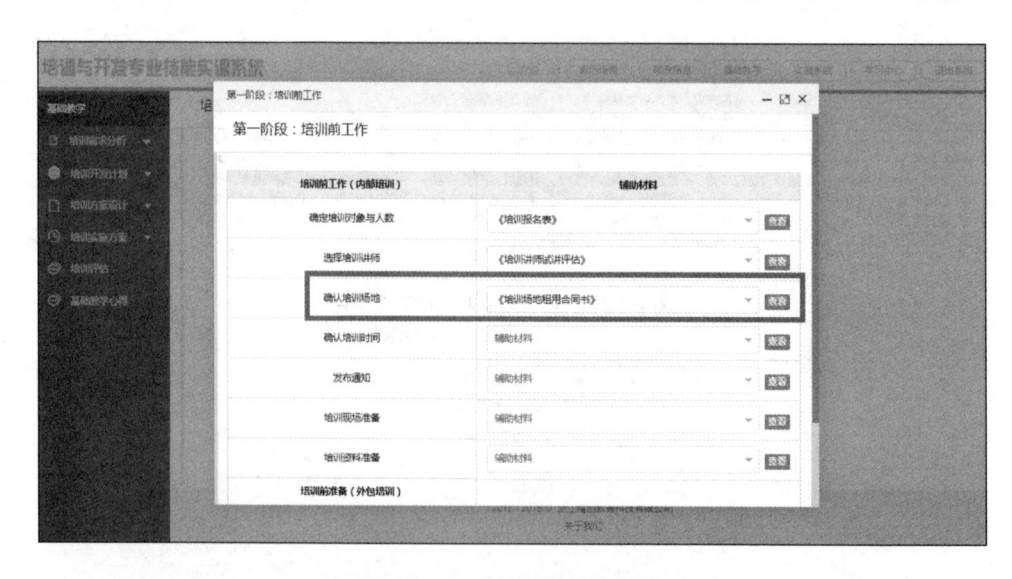

图 5－11　确认培训场地界面

图 5-12　培训场地租用合同书示例

(4) 确认培训时间

根据之前设计的培训方案确定的参训对象和人数、培训讲师、培训场地，培训组织部门需要根据培训内容确定具体的实施时间（如图 5-13 所示），同时制定培训课程表并发放给各位学员。培训课程表一般包含培训日期、培训课程科目、内容大纲、培训讲师、培训目的、培训形式、培训时限等内容（如图 5-14 所示）。

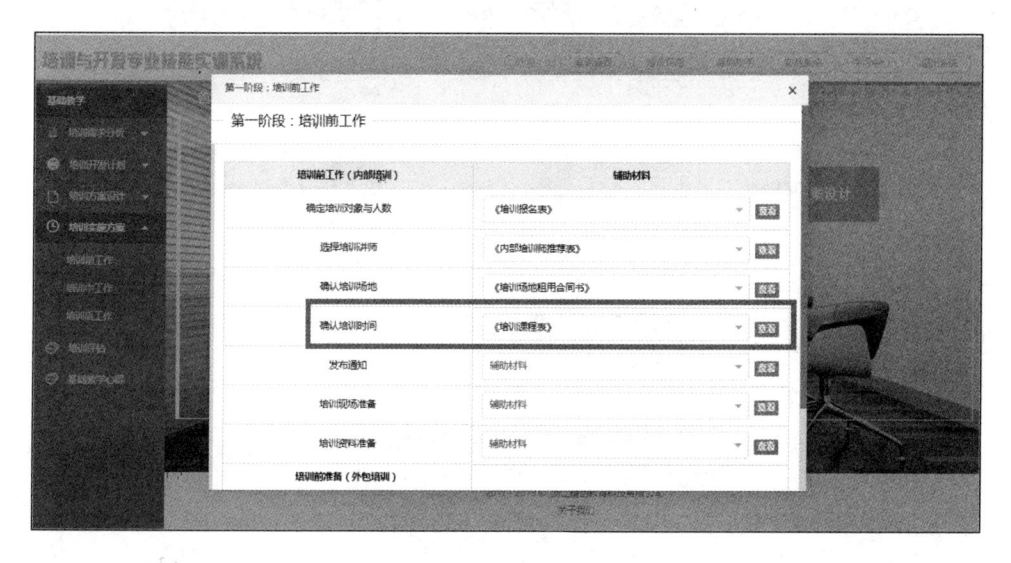

图 5-13　确认培训时间界面

培训课程表

序号	培训日期	培训课程科目	内容大纲	培训讲师	培训目的	培训形式	培训时限
1	3月8日上午	园区介绍	欢迎信——可用公司的"行话"或"俚语"准备一封生动幽默的欢迎信，(也可体现企业文化和亲和力)欢迎加入本公司，指引更衣箱及洗手间的地点，指导员工食堂和饮水点，介绍进出厂区及门卫检验制度，引领参观工作地点和状况，提醒他在有问题需要帮助时可找的人员	内训师	让新员工了解环境的区位，了解园区的工作生活设备，了解公司未来的发展趋势，明确自身的定位，了解培训纪律与培训日程安排。	讲解	2H
2	3月8日上午	新员工入职动员会	新员工入职动员领导致词、公司发展背景介绍、职业发展空间介绍、培训课程内容、日程安排与纪律要求宣导 选举队长			会议	2H
3	3月8日下午	军事训练	常规军事训练项目：(1)稍息(2)立正(3)跨立	内训师	提高思想政治觉悟，激发爱国热情，增强国防观念和国家安全意识；进行爱国主义、集体主义和革命英雄主义教育，增强组织纪律观念，培养艰苦奋斗的作风，提高综合素质。	户外训练	3H
4	3月9日上午	入职应知内容	企业文化 员工手册	内训师	初步对公司认知，了解企业文化，掌握公司纪律规和常规政策与制度。	授课	3H
5	3月9日下午	拓展训练	沿用了体验式培训的基础理论，结合新人融入方面的心理学和组织行为学研究成果，通过科学的情境设计，让课程顾新人的个体行为感受，团队角色观念的树立和企业价值认同的推动例如：电网 盲人方阵 孤岛求生等		促进新员工融入企业，加强新员工对企业的认同感和归属感；同时，也使新员工在体验中理解和认同企业文化。	户外训练	3H
6	3月10日上午	行政制度学习	薪酬培训 人事管理制度 绩效考评 岗位职责知识	行政人员	了解企业管理制度，了解晋级标准等	授课	3H
7	3月10日下午	军事训练	常规军事训练项目(4)停止间转法(5)三大步伐的行进与立定(6)步法变换	内训师	提高思想政治觉悟，激发爱国热情，增强国防观念和国家安全意识；进行爱国主义、集体主义和革命英雄主义教育，增强组织纪律观念，培养艰苦奋斗的作风，提高综合素质。	户外训练	3H
8	3月11日上午	职业生涯规划	职业生涯规划的重要性、影响职业生涯的因素、如何结合公司平台制定个人职业生涯规划。	内训师	树立职业发展概念、加强公司平台和个人职业发展的契合。	授课	3H
9	3月11日下午	看视频学舞蹈	精选网络流行的办公室集体舞蹈，分班教学	内训师	培养工作之余的娱乐，强化身体素养。	室内训练	3H
10	3月12日上午	职场礼仪	日常社交礼仪常识、公司办公礼仪规范、上行下行平行对外沟通礼仪等	内训师	掌握日常办公与职场礼仪，强化职业素养。	光碟	3H
11	3月12日下午	军事训练	常规军事训练项目(7)坐下、蹲下、起立(8)脱帽、戴帽、敬礼(9)整理着装、整齐报数	内训师	提高思想政治觉悟，激发爱国热情，增强国防观念和国家安全意识；进行爱国主义、集体主义和革命英雄主义教育，增强组织纪律观念，培养艰苦奋斗的作风，提高综合素质。	户外训练	3H
12	3月13日	周日休息					
13	3月14日上午	时间管理	了解时间管理的发展与内涵、掌握个人时间管理的方法与步骤、明确时间管理与职业发展的关系、建立优先管理的时间管理体系。	外训师	了解时间管理重要性，培训时间管理意识，提高工作效率。	光碟	4H

图 5-14-1 培训课程表示例

14	3月14日下午	"篮球赛"活动	十二人对抗赛、分组对抗	内训师	一种娱乐活动,一种比赛项目,目的在于他有利于激发人的团队意识,同时也能使身体得到很好的锻炼	户外训练	3H
22	3月15日上午	执行力提升培训	执行力在企业管理中的作用、提升执行力的方法	外训师	强化新人执行力、提高工作效率。	光碟	3H
16	3月15日下午	军事训练	常规军事训练项目(10)分列式训练(11)阅兵式训练(12)唱军歌	内训师	提高思想政治觉悟,激发爱国热情,增强国防观念和国家安全意识;进行爱国主义、集体主义和革命英雄主义教育,增强组织纪律观念,培养艰苦奋斗的作风,提高综合素质。	户外训练	3H
17	3月16日上午	塑造团队意识	了解团队的含义、了解团队协作的重要性、团队建设的各项条件、学习与团队成员团结的方法。	外训师	培养新人团队意识,了解团队合作的重要性,促进新人快速融入团队。	授课	3H
18	3月16日下午	ISO等标准体系认知	公司目前执行的标准体系的基础知识、注意要点、执行规范等等	内训师	掌握公司ISO、HACCP体系管理要求	授课	3H
16	3月17日上午	消防安全	消防安全知识学习	安管人员	掌握公司消防安全管理要求	授课	3H
16	3月17日下午	"电影日"活动	精选优秀职场激励电影、威尔史密斯《当幸福敲门时》等	内训师	培养情操与修养	室内训练	3H
18	3月18日上午	沟通技巧	了解沟通的含义、了解影响沟通效果的因素、掌握与上下级、同级人员沟通的技巧	内训师	掌握常用的沟通方式,学会如何与同事进行沟通	授课	3H
19	3月18日下午	军事训练	常规军事训练项目 总结训练	内训师	提高思想政治觉悟,激发爱国热情,增强国防观念和国家安全意识;进行爱国主义、集体主义和革命英雄主义教育,增强组织纪律观念,培养艰苦奋斗的作风,提高综合素质。	户外训练	3H
20	3月19日上午	计算机操作培训	Excel知识初级、中级培训、高级培训	内训师	强化办公软件操作	软件讲解与实操	4H
21	3月19日下午	消防安全	园区消防安全排查演练 灭火器使用模拟演练	安管人员	采取先课后训理论与实践相结合的教育训练方法,使队员了解一般防火、灭火知识,提高灭火与防火技能,以达到在广泛普及消防知识的目的	户外训练	3H
22	3月20日上午	军训汇演	总结演练军训项目	内训师	强调纪律,凸显员工团队精神,激发高素质的严谨	户外训练	2H
23	20	集训结束座谈会	了解新员工集训学习心得、探讨分部门培训安排计划、实习考察操作细节、注意事项、问题解答等	内训师	了解新员工集训期间心得和感受、介绍轮岗学习安排与考核要求。	会议	4H

图 5-14-2 培训课程表示例

(5)发布通知

当准备工作一切就绪之后,培训组织部门需要向参训学员发布培训通知(如图5-15所示),培训通知一般是用于告知参训学员培训目的、培训时间、培训地点、培训内容、考核形式、注意事项等(如图5-16所示)。

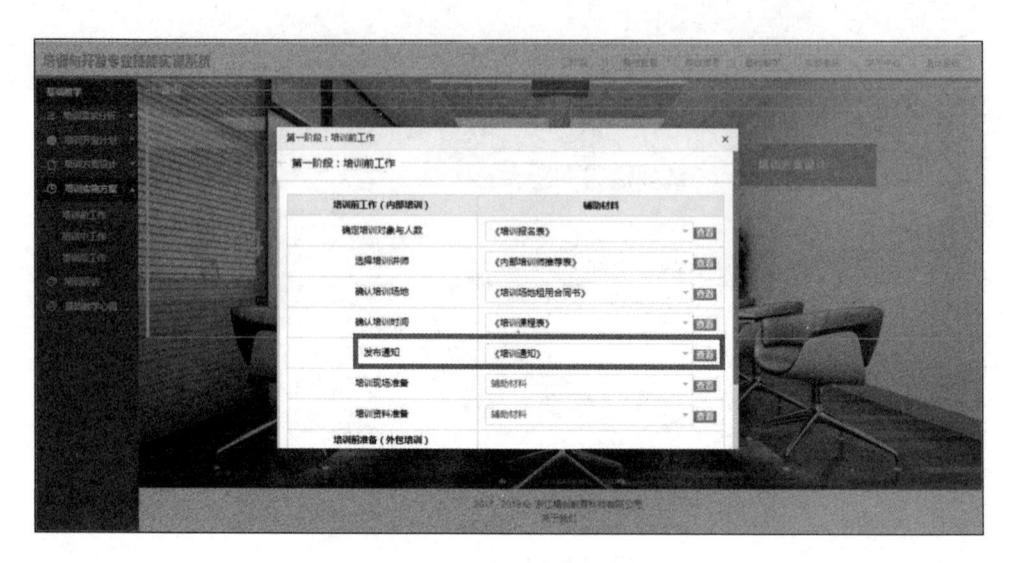

图 5—15　发布通知界面

图 5—16　培训通知示例

(6)准备培训现场

下达培训通知之后,就要着手开始准备培训实施所需的场地、教室以及相关设备(如图 5—17 所示)。为了保证准备工作到位,可以将之列成培训现场准备确认单,以备核查。培训现场准备确认单包含培训基础信息、场地安排、教室安排、设备准备等明细项(如图 5—18 所示)。

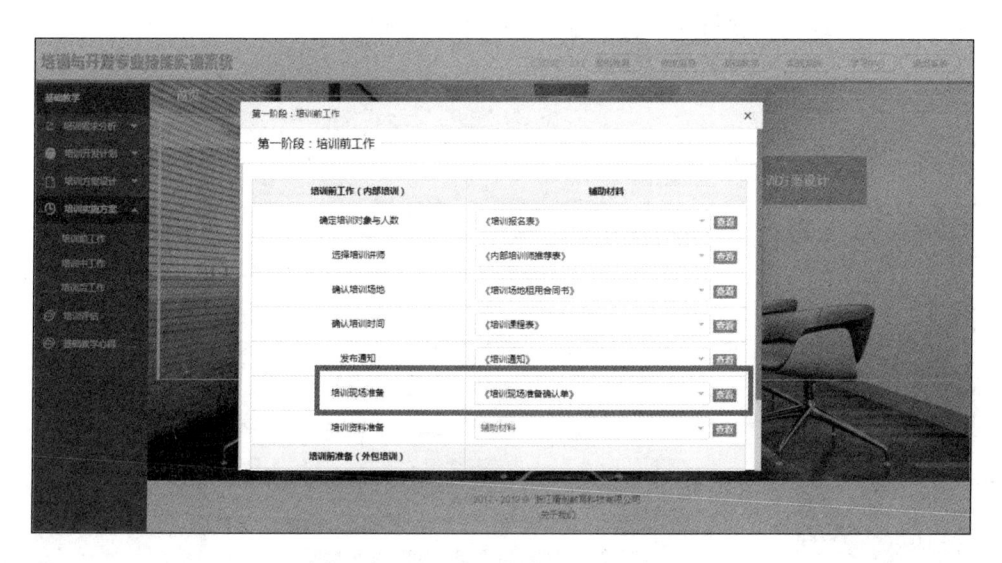

图 5—17 培训现场准备选择界面

图 5—18 培训现场准备确认单示例

(7)准备培训资料

培训现场准备到位后,还需要准备培训资料,包括教材与相关资料等(如图 5—19

所示),可以借助培训教材与资料准备确认单加以完成(如图 5-20 所示)。

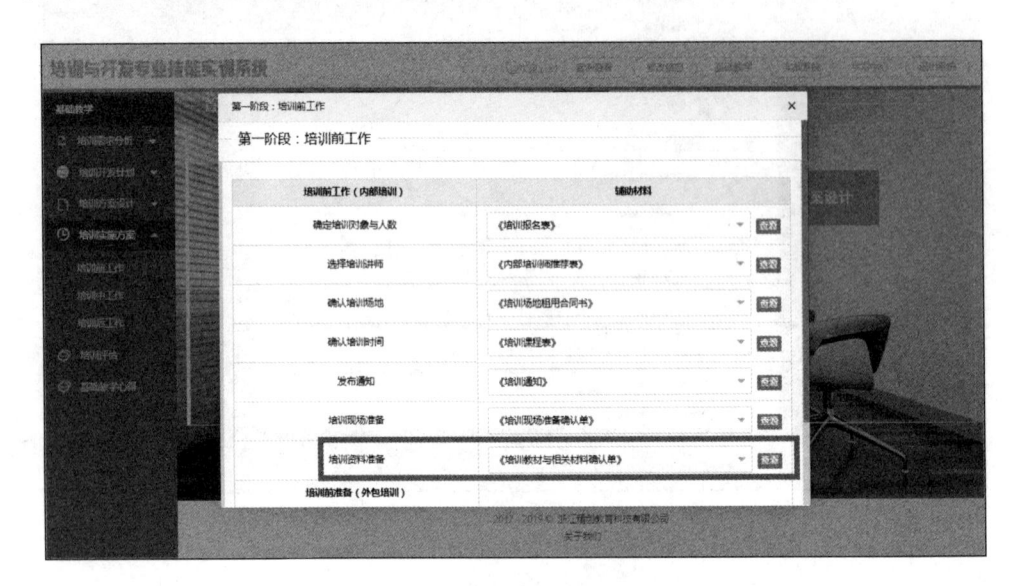

图 5-19　培训资料准备选择界面

\multicolumn{4}{c	}{培训教材与资料准备确认单}
课程名称			
日期			
地点			
讲师			
学院人数			
\multirow{4}{*}{教材}	预读材料	有	发放时间
		无	
	课前调查问卷	有	发放时间
		无	
	学员培训手册	准备完毕	
	课程内容与培训大纲		
\multirow{8}{*}{相关资料}	学员笔记本和笔		
	学员名卡		
	学员签到表		
	培训评估表		
	学员证书		
	培训规则		
	花名册		
	培训过程记录单		
其他			
培训组织人签字			

图 5-20　培训教材与资料准备确认单示例

2.培训前工作(外包培训)的操作步骤

(1)确定培训对象与人数

培训组织部门选择了外包培训后,同样需要确定参与本次外包培训的参训对象与人数,同时需要申请学员填写员工外派培训申请表等辅助材料(如图5-21所示)。员工外派培训申请表一般包括申请人基本信息、培训基本信息、各级职能部门的审批意见等内容(如图5-22所示)。

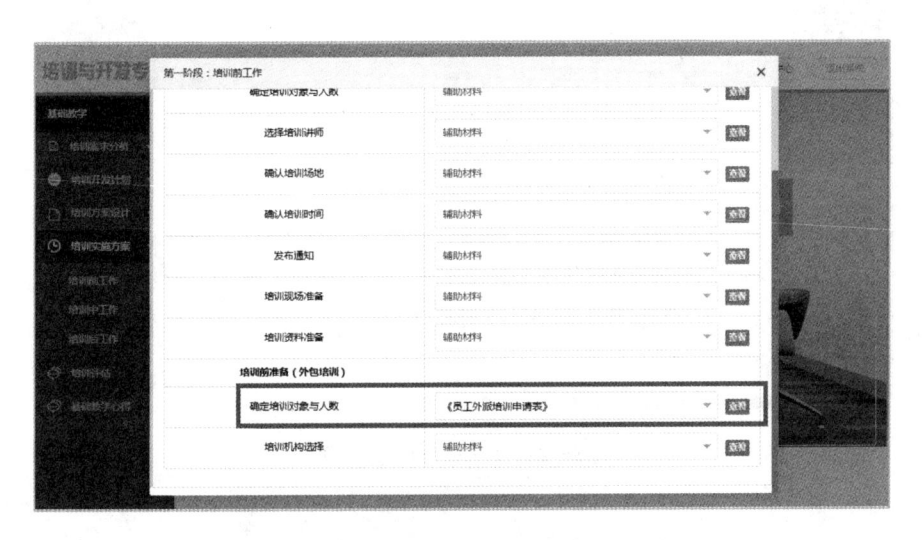

图5-21 确定培训对象与人数(外包培训)界面

图5-22 员工外派培训申请表示例

(2) 选择培训机构

培训组织部门确定了培训对象与人数后,需要评估和筛选多家意向中的外包培训机构(如图 5-23 所示)。点击"培训服务机构调查表",收集培训机构基本信息(如图 5-24 所示)。

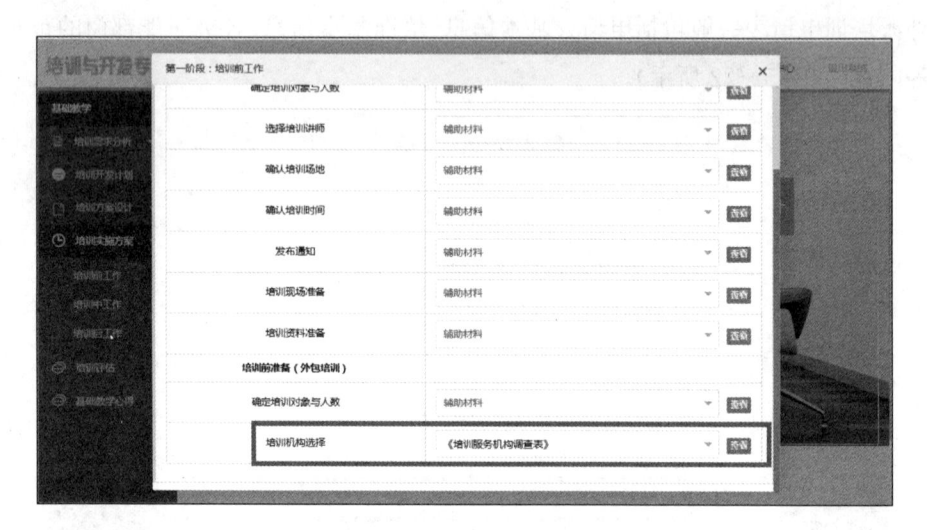

图 5-23 培训机构选择界面

培训服务机构调查表			
培训机构名称		成立时间	
法定代表人		机构性质	
员工人数		培训师人数	
注册资金		业务联系人	
业务范围			
主要培训对象			
机构收入来源			
年营业收入			
年陪训人员总数			
取得相关资质情况			
合作过的知名企业			
主要的培训设备与设施情况			
主要采用的培训技术			
机构主要的培训课程			
机构自行研发的培训课程			
备注			

图 5-24 培训服务机构调查表示例

确定合作机构之后还分别需要跟培训公司和参训学员签订培训服务协议(如图5—25、图5—26所示)。

培训服务协议书（与培训公司）

甲方：__________

乙方：__________（培训服务机构）

乙方应甲方培训需求，决定为甲方提供　　项目培训服务，为确保甲、乙双方顺利完成培训项目，根据相关法律法规的规定，双方本着平等自愿的原则，经双方协商一致订立如下协议：

一、培训项目说明

乙方安排培训师为甲方提供培训服务，乙方培训师必须认真备课，为甲方学员提供专业化、具有针对性和实用性的培训活动。甲方负责提供培训场地和培训设备、器材等；乙方负责具体实施培训组织管理。

培训项目细节内容如下：

(1)培训课程名称。(2)培训对象。(3)授课时间。(4)授课地点。(5)讲师介绍。

甲方权利与义务

(1)甲方负责落实培训筹备与组织管理工作，并指定培训负责人员，其具体工作内容如下：

①对参加培训人员进行组织与管理。

②落实培训时间与场地。

③准备参加培训人员名单，以及培训所需设备、材料等。

培训乙方做好培训需求调查工作，并协助乙方培训师做好培训现场秩序管理工作。

甲方对培训师及培训课程的宣传应以乙方提供的资料为准，不得夸大宣传。

(4)指导、安排和督促培训工作的实施，并及时就培训过程中出现的问题与乙方进行沟通。

(5)承担乙方的培训费用。

(6)甲方必须为得到的乙方培训师资料和课程资料保密。

三、乙方权利与义务

(1)乙方在合同签署后，需要向甲方提供准确、详细的培训师资料。

(2)培训过程中，乙方需派出专业人员协助甲方进行培训材料准备以及培训现场准备工作。

(3)乙方向甲方提供的课程资料应包括Word版本与PPT讲义版本两种。

(4)乙方负责提供专业的培训调查问卷。

(5)乙方提供的培训课程应该具有自主知识产权，如果提供的培训课程产生产权纠纷，则乙方需承担赔付责任以及甲方的误工、名誉损失。

四、服务费用

本次培训服务总费用为人民币　　万元；其中，合同起订后，甲方先期支付20%费用；培训正式启动后，甲方向乙方支付剩余30%费用。

合同变更、终止及赔付

(1)甲方应在约定时间向乙方支付相应的费用，逾期一日，按未支付费用金额的1%向乙方支付违约金。

(2)甲方若将乙方的培训课程向第三方泄露，则需向乙方支付　　万元的经济赔偿；乙方若将甲方企业经营情况向第三方泄露，则需向甲方支付　　万元的经济赔偿。

(3)如因意外情况导致培训无法继续时，乙方应与甲方及时沟通解决。

(4)如因乙方原因导致培训无法继续执行，乙方应向甲方返还双倍的培训费用；如因甲方原因导致培训无法继续执行，甲方应全额向乙方支付剩余的培训费用。

(5)一方违反此约定，另一方有向其追偿相应损失的权利。

六、本协议未尽事宜，以国家法规和甲方规章制度和文件、惯例为准。如发生任何争议，甲、乙双方应友好协商解决，协商不成，以司法程序在甲方所在地解决。

七、本协议双方签字盖章后生效，一式两份，双方各执一份。

甲方（签章）：　　　　乙方（签章）：

日期：　　　　日期：

相关说明					
编制人员		审核人员		批准人员	
编制日期		审核日期		批准日期	

图5—25　培训服务协议书(与培训公司)示例

培训服务协议（与员工）

甲方:__________

乙方:__________

鉴于乙方为甲方员工，甲乙双方之间存在合法的劳动关系，甲方为公司业务发展需要派乙方参加有关培训并承担所需全部或部分费用，乙方同意接受甲方委派参加培训并按照本协议要求承担有关义务和责任：

甲、乙双方签署以下协议以共同遵守。

1、培训项目

（1）乙方将参加的培训项目名称为：

（2）乙方参加上述培训的时间为　年　月　日至　年　月　日，共　时间。

（3）培训项目的详细情况见附件：

（如预计到多个培训，或者是因累计需要签署培训，需要将所有的培训项目和时间列出）。

2、培训费用

（1）乙方参加培训需要支出的费用总计为______元（人民币））。

（2）甲方为乙方参加培训所支出的费用为______元（人民币），其余______元（人民币）费用由乙方自行承担。

（3）甲方支付的上述费用包括：乙方应支付给培训机构的费用，计______元（人民币）。乙方从所在城市至培训地点的交通费用，计为______元（人民币），若乙方需在工作地点以外的城市参加培训，则包括培训期间的生活费用（包括伙食、住宿、交通、通讯及其他必要费用），计______元（人民币）。

（4）甲方支付上述费用的方式为：__________（预借费用并报销、甲方管理、其他）

3、甲方义务

（1）培训期间，甲方每月按__________标准支付乙方的工资，并负责与培训主办方协调解决乙方在培训时遇到的困难和问题。

（2）按照约定，及时支付培训费用。

4、乙方义务

（1）培训期间，认真、努力掌握相应的技术和相关业务知识，达到甲方规定的扬培训目标，并通过有关的测试和考核。

（2）培训期间，保持良好的公司形象，遵守培训纪律，严守公司秘密。

（3）按期完成培训总结，定期向公司汇报学习情况。

（4）培训结束后，乙方在甲方的服务期限为____年____月____日至____年____月____日。若该服务期限大于劳动合同中的服务期限，则自动延长劳动合同中的服务期限，直至培训服务期满。

5、违约责任

（1）培训期间，如乙方严重违反培训纪律，甲方即可终止其培训并将乙方调回，乙方同意全额补偿甲方为乙方参加培训所支出的培训费用，共计______元（人民币）。

（2）在培训期间，擅自脱离培训队伍或期满未返回，甲方对其产生的一切后果概不负责，乙方同意为此向甲方支付赔偿金折合______元人民币。乙方并同意放弃在甲方的一切权益。

（3）培训后乙方在甲方不足要求服务年限而要自动离职的，须按如下额度赔偿甲方为乙方所支出的培训费用：

离职时间	赔偿金额（单位：人民币）
年　月　日之前	
年　月　日之前	
年　月　日之前	

（4）若乙方违反以上任何条款，甲方将按照国家有关法律法规对乙方在甲方的人事档案进行冻结、对占用甲方户口指标人员申请将其户口退回原籍。

（5）甲方提出解除劳动合同的，乙方无需赔偿培训费用。

6、不可抗力

因不可抗力原因（合作方原因、国家有关政策变动、外交等）使培训不能按计划完的，甲乙方互不承担责任。

7、其他本协议一式三份，甲方执两份，乙方执一份。本协议自签字之日起生效。

甲方：（盖章）　　　　乙方：（签字）

日期：　　　　日期：

图5—26　培训服务协议书(与员工)示例

（二）培训中工作训练

1. 培训签到管理

培训组织部门通过上个环节确定的培训对象与人数，制作受训人员花名册和受训人员签名表，并要求参训学员在培训过程中按时签到，以实现培训考勤的实时跟踪和记录（如图5－27所示）。

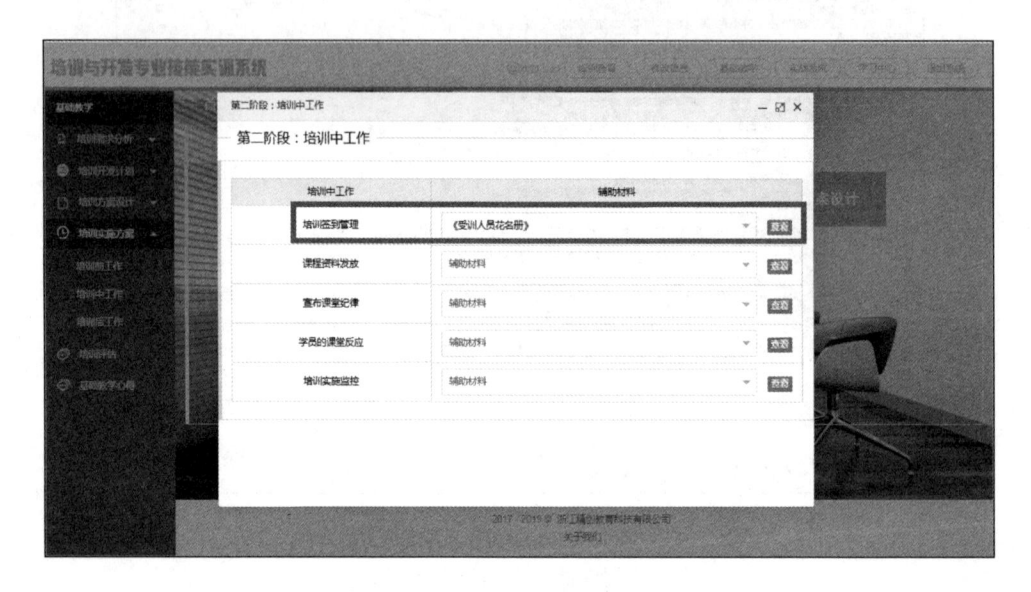

图5－27　培训签到管理选择界面

受训人员花名册记录了参训员工的工号、姓名、所属部门、职务、参与的培训项目等基本信息（如图5－28所示）。受训人员签名表是一份详细展示了培训基本信息（包括培训项目、培训时间、培训讲师、培训地点、项目负责人等）和参与培训的员工出勤情况（包括工号、姓名、部门、签到、考核结果等）的记录表（如图5－29所示）。

受训人员花名册					
工号	姓名	所属部门	职务	培训项目	备注

图5－28　受训人员花名册示例

培训签到表				
培训项目				
培训时间				
培训讲师				
培训地点				
项目负责人				
序号	工号	姓名	部门	签到	考核结果
1					
2					
3					
4					
5					
考勤符号如下：出勤：√　请假△　缺勤×				
相关说明：				

图 5-29　受训人员签到表示例

2. 课程资料发放

培训组织部门可以事前将参训学员需要接触到的学习内容整理成课程学习手册，在学员现场签到的同时发放，以便学员能提前了解所学的内容（如图 5-30 所示）。培训课程手册包含了培训名称、培训时间、培训讲师、培训内容等信息（如图 5-31 所示）。

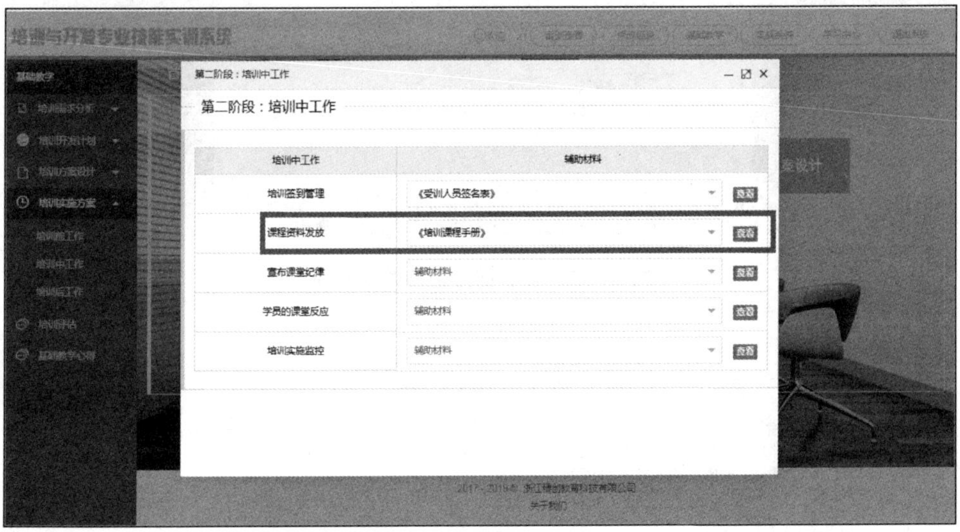

图 5-30　课程资料发放选择界面

图 5-31　培训课程手册示例

3. 宣布课堂纪律

为了保证培训效果,营造良好的学习氛围,培训组织部门应在培训开课前以口头或书面的形式宣布课堂纪律(如图 5-32 所示),对学员在出勤、学习态度、学习行为、言行举止等方面提出相应的要求,形成受训人员应遵守的行为规范(如图 5-33 所示)。

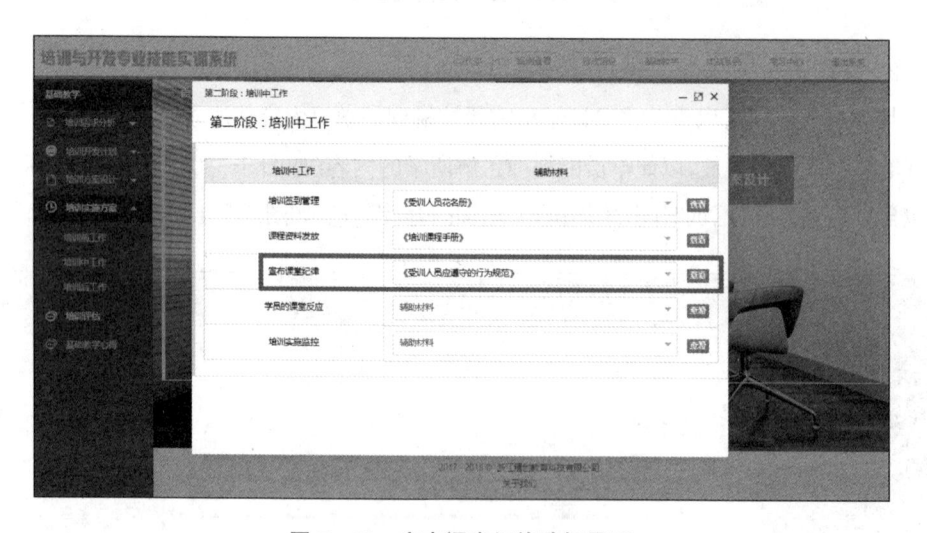

图 5-32　宣布课堂纪律选择界面

图 5-33　受训人员应遵守的行为规范示例

4. 学员的课堂反应

培训组织部门应完整、翔实记录每个参训人员的学习过程、学习结果,包括从新员工入职培训开始,到后续的在职培训、脱产培训,将每一次的培训参与情况记录在册,有助于反映员工在知识、技能、能力方面的提升情况,帮助员工更好地了解自身与岗位要求之间是否存在差距,同时也可以作为员工绩效考核、加薪晋升的主要参考依据(如图 5-34 所示)。

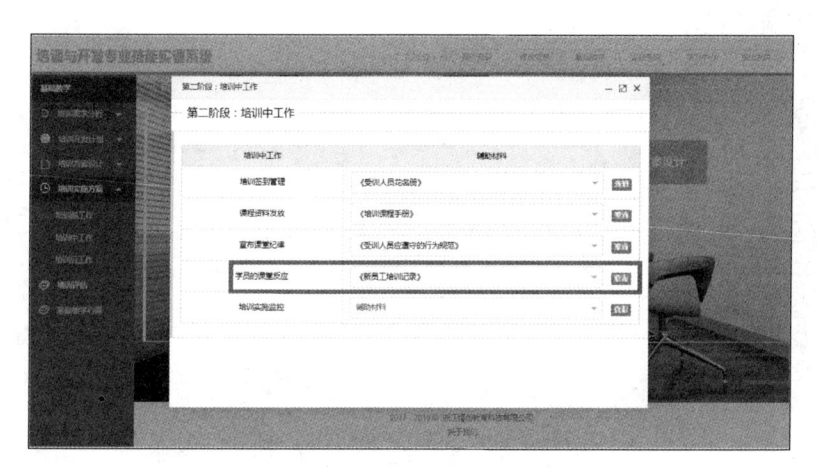

图 5-34　学员课堂反应选择界面

新员工培训记录表用于记录和反映新员工从入职开始到入职一个月后的时期内,参与了哪些培训、是否能将培训内容学以致用、运用的效果如何、直接上级的评价意见等内容(如图 5-35 所示)。

图 5-35　新员工培训记录表示例

5. 培训实施监控

培训组织部门应及时记录和评估培训项目的实施情况,以保证培训目标和培训计划得以有效实现,同时比较培训项目实施过程与培训计划,发现其中存在的问题,分析原因,必要时及时采取有效的纠正措施(如图 5－36 所示)。

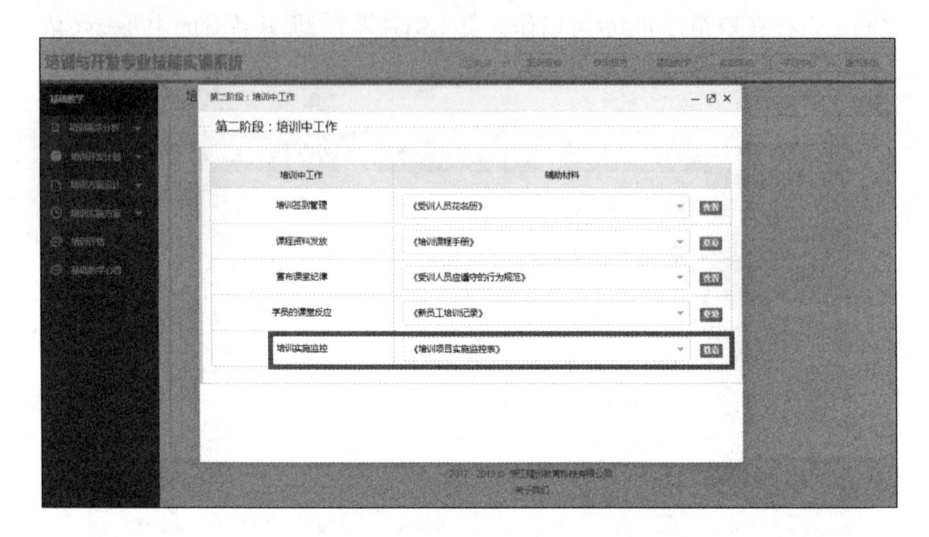

图 5－36　培训实施监控选择界面

系统中给出的培训项目实施监控表是对外包培训项目进行记录和评估时使用的表格。该表格中记录了外包项目的基本信息、具体内容、培训成果以及受训者现场反应,并简要评估培训开展情况(如图 5－37 所示)。

培训项目实施监控表			
外包项目名称		外包机构	
项目启动时间		项目结束时间	
受训人数		培训师人数	
外包项目具体内容			
主要培训对象			
培训计划执行情况			
培训阶段成果			
预期未来成果			
受训者现场反应			
培训讲师讲课水平与合同约定是否相符			
培训课程安排是否与培训计划一致			
培训条件是否达到要求			
培训课程独创性如何			
备注			

图 5－37　培训项目实施监控表示例

(三)培训后工作训练

1. 培训评估问卷调查

培训组织部门围绕培训课程实施情况,设计若干培训评估调查问卷,向参训学员实施调查,收集学员对本次培训课程的意见和建议(如图5－38所示)。常规的培训评估调查问卷包含学员反馈登记表、培训课程评估表、培训讲师评估表、培训过程评估表、培训效果评估表、培训外包效果评估表。

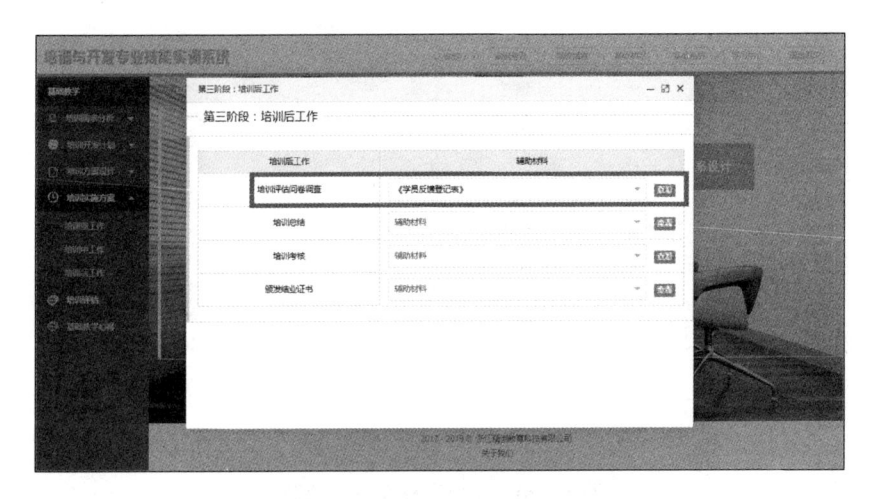

图5－38 培训评估问卷调查选择界面

学员反馈登记表可以了解参训学员对整个培训项目的总体评价,包括培训项目的基本信息,学员对培训课程、培训安排、培训师、培训时间等安排的满意程度,对培训的其他意见或建议等(如图5－39所示)。

图5－39 学员反馈登记表示例

培训课程评估表可以详细了解参训学员对培训讲师、培训组织与安排、授课方式等方面的意见或建议(如图5-40所示)。

培训课程评估表				
培训地点		培训时间		
培训课程		培训讲师		
讲师部分				
讲师仪态	严肃	微笑	有亲和力	
语言表达	空乏	尚可	生动有力	
主题掌控	跑题	尚可抓住主题	主题突出	
组织部分				
时间安排	不合理	尚可	非常合理	
组织安排	准备不足	尚可	准备充分	
地点安排	不合适	尚可	非常合适	
课程讲授方式				
专业程度	不专业	尚可	非常专业	
内容安排	重点不清	尚可	重点非常突出	
课时安排	过长或过短	适中	非常合适	
讲课效果	不理想	尚可	非常理想	
授课方法	欠佳	尚可	非常新颖	
评分标准	1分	3分	5分	
对本次培训目的了解程度				
本培训对你工作有哪些帮助				
其他评价或建议				

图5-40 培训课程评估表示例

培训讲师评估表可以了解参训学员对授课讲师的个人形象、授课表现、课程讲义等方面的满意程度(如图5-41所示)。

培训讲师评估表						
项目	评估指标	评估标准				
个人形象	礼貌礼仪/精神面貌	5	4	3	2	1
	仪表仪容	5	4	3	2	1
	气质修养	5	4	3	2	1
	个人亲和力	5	4	3	2	1
授课表现	充分掌握项目目标	5	4	3	2	1
	具备足够专业知识	5	4	3	2	1
	准备充分、技巧娴熟	5	4	3	2	1
	教授内容有组织、有计划	5	4	3	2	1
	语言清晰、易懂、无地方口音	5	4	3	2	1
	各个模块过渡自然	5	4	3	2	1
	讲解问题时,重点突出	5	4	3	2	1
	具有案例分析能力,且能够调动学员的主动性	5	4	3	2	1
	培训中能够引入新的理论和思想	5	4	3	2	1
	能够采纳学员提出的不同意见	5	4	3	2	1
	能够运用于学员的互动完成培训项目	5	4	3	2	1
讲义评估	讲义条理清晰	5	4	3	2	1
	讲义内容理论联系实际	5	4	3	2	1
	讲义内容以听讲者理解为主	5	4	3	2	1
	讲义中穿插适当的案例讲解	5	4	3	2	1
	讲义PPT制作具有一定的专业水准	5	4	3	2	1
合计						
评定分值						
综合评定						

图5-41 培训讲师评估表示例

培训过程评估表可以了解参训学员对培训设计、培训实施、培训管理、培训效果方面的满意程度(如图 5—42 所示)。

培训过程评估表						
评估内容	评估指标	评估等级				
		很满意	满意	较满意	一般	不满意
培训设计	培训目标					
	课程设置					
	师资选择					
培训实施	培训内容					
	培训水平					
	培训条件					
培训管理	学员管理					
	服务质量					
培训效果	对个人工作的帮助					
	满意度					
合计						
意见建议						

图 5—42 培训过程评估表示例

培训效果评估表可以了解参训学员对培训现场、培训讲师及服务等方面的评价或意见(如图 5—43 所示)。

培训效果评估表			
培训项目名称		培训时间	
培训组织部门		培训讲师	
填表人		所属部门	
请您将最接近您的感受填入下表中各项			
一、现场感受评估			
1.您对本次培训课程的总体设计是否满意(内容实用性、课程结构、授课方法等): □十分满意 □满意 □一般 □需改进 □不满意			
2.您对本次培训所采取的培训方式(案例分析、讨论、练习等)的评价是: □十分满意 □满意 □一般 □需改进 □不满意			
3.您对本次培训的整体评价: □十分满意 □满意 □一般 □需改进 □不满意			
您对本次培训的学习效果是否满意: □十分满意 □满意 □一般 □需改进 □不满意			
二、对讲师及服务的评价			
1.本次培训师的评价: □十分满意 □满意 □一般 □需改进 □不满意			
2.您对本次培训服务的评价是: □十分满意 □满意 □一般 □需改进 □不满意			
最喜欢本次培训的哪些内容?			
你最不喜欢本次培训的哪些内容?			
其他评价或建议:			

图 5—43 培训效果评估表示例

培训外包效果评估表是对外包培训项目的整体评估,包括外包项目基本信息、外包项目具体内容、培训成果、受训学员的满意度、培训安排等内容(如图5－44所示)。

培训外包效果评估表			
外包项目名称		外包机构	
项目启动时间		项目结束时间	
外包费用		已付费用	
受训人数		培训师人数	
外包项目具体内容			
主要培训对象			
培训成果			
受训者对培训满意度平均值			
培训讲师授课水平评估			
培训课程评估			
培训时间安排是否合理			
培训条件是否达到要求			
培训成本与收益评估			
培训效果综合评估			
备注			

图5－44 培训外包效果评估表示例

2. 培训总结

培训结束后,培训组织部门要及时总结整个培训项目的组织与实施情况,不断完善现有的培训工作,提高培训项目的质量(如图5－45所示)。

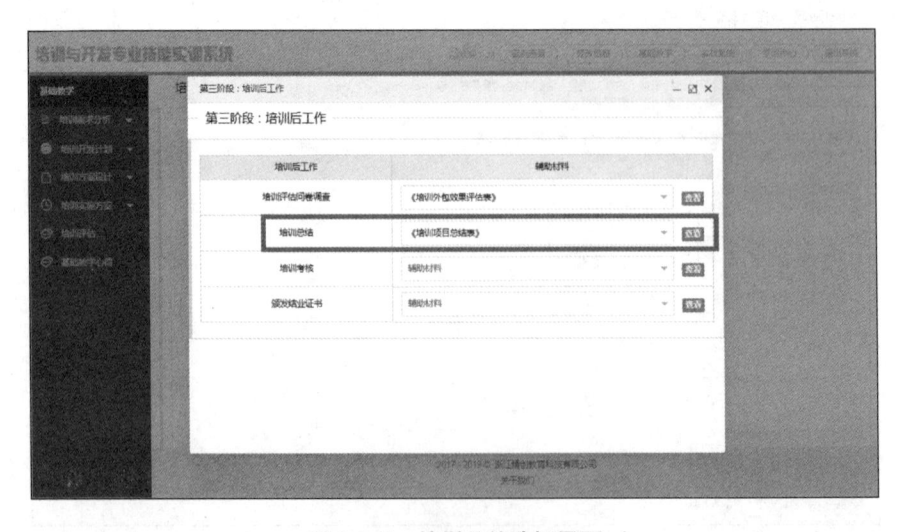

图5－45 培训总结选择界面

培训项目总结表主要是总结培训计划与实际之间的差异、满意度、培训成果、各项成本支出等内容(如图 5－46 所示)。

培训项目总结表			
培训项目名称			
内容大纲			
培训地点		培训讲师	
项目	举办日期	培训时数	参加人员
计划			
实际			
满意度反馈			
培训成果			
授课费	预算金额	实际金额	异常说明
交通费			
食宿费			
杂费			
合计			
学员意见			
讲师意见			
人力资源意见			

图 5－46　培训项目总结表示例

员工外派培训总结考核表主要是评价合作的培训服务机构所提供的培训服务水平和服务质量,同时对培训是否解决了现存的问题、是否产生了预期效果进行总结(如图 5－47 所示)。

员工外派培训总结考核表						
姓名		员工编号			所在部门	
派出部门		岗位			培训项目	
培训机构		培训时间			费用预算	
是否取得证书		对培训公司的评价			讲师姓名与单位	
联系方式						
内容与培训介绍的符合性	5	4	3		2	1
内容实用性	5	4	3		2	1
教材深浅度	5	4	3		2	1
教材详细程度	5	4	3		2	1
讲师呈现水平	5	4	3		2	1
讲师专业精深度	5	4	3		2	1
讲师敬业精神、职业态度	5	4	3		2	1
综合评价						
课程简述						
培训总结	另外附纸或者使用电子文件。总结内容需要包括参加培训前需要解决的问题;这些问题是否得到解决;如已经解决,解决的思路和方法;如未解决,是因为什么原因。其他收获。					
时间		地点			培训形式	
对象		人数			时数	

图 5－47　员工外派培训总结考核表示例

3. 培训考核

培训结束后,培训组织部门需要检验参训学员的学习成果,考核学员对所学知识的掌握程度,并对学员的学习态度、参与程度、学以致用情况进行考评(如图5-48所示)。

图5-48 培训考核选择界面

新员工入职培训考试试卷用以测试参训学员对企业文化、相关规章制度、行为规范的理解与掌握程度(如图5-49所示)。

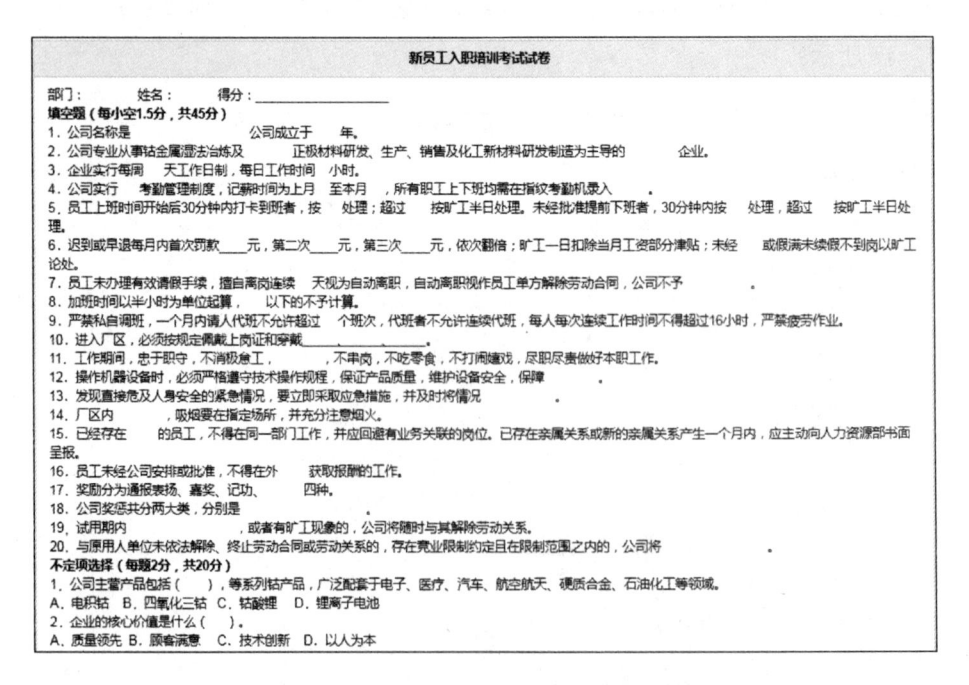

图5-49-1 新员工入职培训考试试卷示例

```
3、公司可随时与新进员工解除劳动关系的情况包括哪些（    ）。
  A、不能胜任公司安排的工作和规定的岗位职责的；
  B、与原用人单位未依法解除、终止劳动合同或劳动关系的；
  C、试用期内请假超过3天的；
  D、所提供证件内容有虚假的。
4、职工因故不能按时出勤（    ）。
  A、需本人办理，特殊情况可委托他人至人力资源部办理请假手续；
  B、需电话请假；
  C、可先休假待上班后补办请假手续；
  D、可直接跟部门主管口头请假。
5、考勤管理规定，一个月内累计旷工（    ），公司可以直接解除劳动合同。
  A、5天    B、7天    C、3天    D、10天
6、法定假日中请午节是指哪一天（    ）。
  A、5月5日  B、农历五月十五  C、农历五月初五  D、5月15日
7、《中华人民共和国安全生产法》中的安全生产管理坚持（    ）方针。
  A、安全生产，人人有责  B、安全第一，预防为主
  C、生产第一，安全第二  D、预防为主，防消结合
8、使用灭火器时人员应站在（    ）。
  A、上风    B、下风    C、折中位置    D、不一定位置
9、安全管理中所提到的三不伤害是指（    ）。
  A、不伤害自己  B、不伤害别人  C、不被别人伤害
10、进入公司二道门必须佩戴（    ）。
  A、安全帽    B、防毒口罩    C、劳保鞋    D、防尘口罩
三、判断题（对的在括号内打√，错的在括号内打×，每题2分，共10分）
1、职工不能胜任工作，经过培训或调整工作岗位，仍不能胜任工作的，可以解除劳动合同。（    ）
2、员工转正后辞职，需提前三十天以书面形式通知所属部门及人力资源部；如果员工违反国家有关法规解除劳动合同给公司造成损失的，应当承担赔偿责任。（    ）
3、员工上下班确因特殊情况未能打卡者，经部门主管跟人力资源部说明原因，即可视为正常出勤，否则按旷工处理。（    ）
4、上班期间，因公因私外出经部门负责人同意后方可外出。（    ）
5、因工作需要安排的加班，加班工时的计算以获批准的《加班申请单》并结合指纹考勤记录及部门经理签字的手工考勤确认为准。（    ）
四、问答题（每题5分，共25分）
1、您认为作为职工必须遵守的基本工作守则和职业道德有哪些？
2、在生产工作过程中您认为如何有效避免安全事故的发生？
3、谈谈您对企业的印象，结合聘用岗位，谈谈您将如何做好工作？
4、公司负责人在巡岗过程中，发现当班员工在睡觉，你觉得该员工应该受到怎样的处罚？
5、您认为职工出现哪些行为，企业可以解除劳动合同？
```

图 5－49－2　新员工入职培训考试试卷示例

新员工培训考核分别包括了培训组织部门与用人部门对参训学员的考评，培训组织部门侧重评价学员的出勤情况、学习态度、参与情况等，用人部门侧重评价学员培训结束之后回到工作岗位上将培训所学运用在日常工作中的情况（如图 5－50 所示）。

新员工培训考核				
被考核人		所属部门		
类别	项目	分值	评分标准	得分
综合考评	出勤情况	12	12 9 6 3 0	
	学习态度	12	12 9 6 3 0	
	培训记录情况	12	12 9 6 3 0	
	培训现场听课情况	12	12 9 6 3 0	
	培训成绩	12	12 9 6 3 0	
	合计	60		
部门考评	所属部门负责人评分	10	10 8 6 4 2 0	
	绩效考核制度认知程度	10	10 8 6 4 2 0	
	公司规章制度与企业文化认知程度	10	10 8 6 4 2 0	
	业务知识熟悉程度	10	10 8 6 4 2 0	
	合计	40		
	总计			
考核人		考评日期		

图 5－50　新员工培训考核示例

4. 颁发结业证书

培训结束后,培训组织部门需要为通过培训结课考试的学员颁发结业证书(如图5-51所示)。培训证书一般包含标题、姓名、课程名称、时间、地点、成绩、落款等内容,并加盖公章(如图5-52所示)。

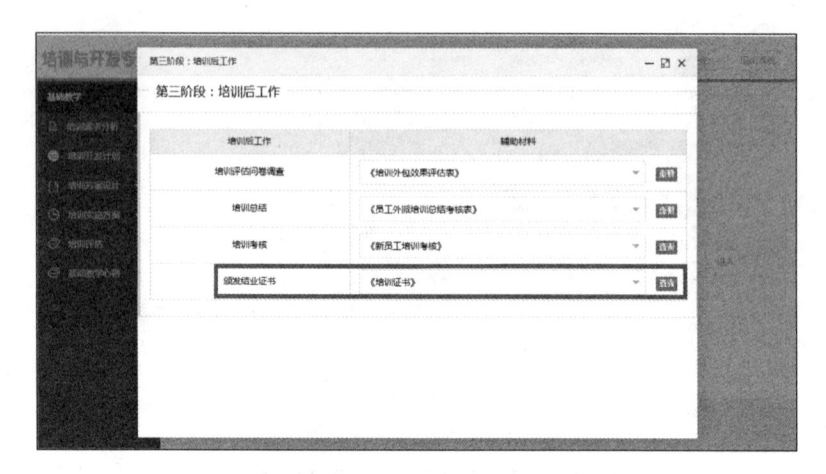

图 5-51　颁发结业证书选择界面

图 5-52　培训证书示例

自测题　　　　　讨论题　　　　　案例拓展阅读

第六章　培训效果评估

培训评估是员工培训的最后一个环节,是对培训项目在多大程度上实现了预期目标所进行的评价。在培训与开发专业技能实训系统里,培训评估包括确定培训评估层次、评估内容、评估方法、评估时间和评估主体五个方面。每个部分又包含若干内容。本章的实训将结合系统里这五个部分的操作具体阐述。

一、知识储备

（一）培训效果评估的内涵和意义

培训的主要目的是确保组织中的成员拥有能够满足当前和未来工作所需要的技术或能力。组织之所以需要认真、系统评估人力资源培训项目,是因为希望通过系统地收集有关培训的描述性和评判性信息,在判断该培训项目的价值以及持续地改进各种培训活动时,做出更明智的决策。

有关培训效果评估的概念曾经有许多学者做过阐述,综合各位学者的见解,培训效果评估指收集企业和受训者从培训当中获得的收益情况以衡量培训是否有效的过程。

组织评估所开展的培训项目的意义主要体现在以下几个方面：

(1)评估可以让管理者以及组织内部的其他成员相信培训工作是有价值的。如果培训专员不能用确凿的证据证明他们对组织所做的贡献,那么在将来编制预算的时候,培训经费就可能被削减。

(2)评估可以判断某培训项目是否实现了预期的目标,及时发现培训项目的优缺点,必要时进行调整。

(3)计算培训项目的成本—收益率,为管理者的决策提供数据支持。

(4)区分出从某培训项目中收获最大或最小的学员,从而有针对性地确定未来的受训人选,并为将来培训项目的市场推广积累有利的资料。

总之,评估是培训流程中的关键组成部分。只有通过评估,大家才能了解某个培训项目是否达到了预期的目标,并通过培训项目的改进来提高员工个人以及组织的整体绩效。

（二）培训效果评估的内容

培训评估的内容主要包括技能评估、培训成果评估、培训方法评估、培训讲师评估、培训内容评估、培训形式评估、培训运用评估、培训组织评估、态度评估、知识评估等。在明确各层次的评估目的后,进而选择合适的评估内容。

培训效果评估的内容体现在对培训过程的全程评估。全程评估可以分为三个阶段,即培训前评估、培训中评估和培训后评估。

1. 培训前的评估内容

培训前评估的内容有:

(1)培训需求的整体评估。

(2)受训者知识、技能和工作态度评估。

(3)受训者工作成效及行为评估。

(4)培训计划评估。

2. 培训中的评估内容

培训中评估的内容有:

(1)培训活动参与状况监测:目标群体的确认,培训项目的覆盖效率,受训者参与热情和持久性。

(2)培训内容监测:培训内容的构成或成分,培训强度,提供的培训量,培训的频率,培训的时间安排。

(3)培训进度与中间效果监测评估:培训组织准备工作评估,受训者参与培训情况评估,培训内容和形式评估,培训讲师和培训工作者评估,现代培训设施应用评估。

(4)培训环境监测评估。

(5)培训机构及其培训讲师监测评估:培训机构的规模和结构特征,培训机构的内部分工状况,培训机构服务网点分布状况,培训机构的领导体制,培训机构的沟通和协调机制,培训讲师的素质和能力,培训讲师工作安排,培训讲师的工作态度。

3. 培训后的评估内容

培训后评估的内容有:

(1)培训目标达成情况评估。

(2)培训效果综合评估。

(3)培训工作者的工作绩效评估。

(三)培训效果评估的成果

为了评估培训项目,必须明确根据什么来判断项目是否有效,即确定培训效果评估的成果和标准。培训效果评估的成果可以划分为以下五种类型:

1. 认知成果

认知成果可用来衡量受训者对培训项目中强调的原理、事实、技术、程序或过程等的熟悉程度。认知成果用于衡量受训者从培训中学到了什么,一般应用笔试评估认知成果。

2.技能成果

技能成果用来评估培训后技能和行为方式达到的水平,它包括技能的获得与学习及技能在工作中的应用两个方面。

3.情感成果

情感成果包括态度和动机在内的成果。

4.绩效成果

绩效成果用来衡量公司由培训所取得的在绩效方面的成果。

5.投资回报率

投资回报率指培训的货币收益和培训成本的比较。培训成本包括直接和间接成本;货币收益指公司从培训计划中获得的用货币衡量的价值。

(四)培训效果评估的标准和层次

1.培训效果评估标准

培训效果评估的标准通常由评估内容、具体指标等构成。

制定标准的具体步骤:第一步,分解评估目标;第二步,拟定出具体标准;第三步,组织有关人员讨论、审议、征求意见,加以确定;第四步,试行与修订。

在确定标准时必须把握一定的原则:评估标准的各个部分应构成一个整体,各标准之间要相互衔接、协调,有一定的统一性与关联性。

2.培训效果评估层次

培训效果可以从不同层次评估,包括反应评估、学习评估、行为评估和结果评估,不同层次的评估内容、方法、时间以及主体都会有所不同(如表6-1所示)。

表6-1　　　　　　　　　　培训效果评估层次比较

层次	评估内容	评估方法	评估时间	评估主体
反应评估	学员对培训课程、培训师和培训组织的满意度	问卷调查 访谈 座谈	课程结束	培训机构
学习评估	学员对培训内容、技巧的掌握程度	提问 笔试 口试 模拟练习与评估 角色扮演 演讲 心得体会 发表文章	课程结束 课程进行	培训机构

续表

层次	评估内容	评估方法	评估时间	评估主体
行为评估	学员培训后的行为	问卷调查 访谈 观察 绩效评估 管理能力评估 任务项目 360度评估	3个月或 半年后	学员的 直接主管
结果评估	培训对公司业绩的影响	个人与组织绩效指标 生产率 缺勤率 离职率 成本—收益分析 市场调查 360度满意度调查	半年或 1年后	学员的 所在组织

反应层面的评估目的是考察参训学员对培训活动的满意度,大多数情况下是通过问卷调查的方式收集参训学员对培训讲师、培训内容、培训方式和方法、培训条件和环境以及培训管理方面的主观感受。

学习层面的评估目的是考察参训学员从培训中学到了哪些知识、技能和态度以及掌握程度如何,也就是评估参训学员从培训中收获了什么。

行为层面的评估目的是了解参训学员是否将培训中学到的东西运用在了平时工作中,也就是评估参训学员是否因培训而改变了行为。

结果层面的评估目的是考察培训给组织带来了什么变化,产生了怎样的效果和影响,也就是评估培训是否改善了组织绩效。

(五)培训效果评估方法

1. 培训效果评估的定性分析方法

(1)定性评估法的定义

定性评估法指评估者在调查研究、了解实际情况的基础之上,根据自己的经验和相关标准对培训效果做出评价。

以定性方法评估只是对培训项目的实施效果做出方向性的判断,也就是说主要是"好"与"坏"的判断,由于其不能得到数量化结论,故不能准确表述培训效果达到的程度。

(2)定性评估法的优点和缺点

定性评估法的优点在于综合性较强、需要的数据资料少、可以考虑到很多因素、评估过程中评估者可以充分发挥自己的经验等,因此定性方法简单、易行,尤其在培训中有些因素不能量化时,定性评估就比较适合。如评估员工工作态度的变化,要想全部量化成一系列的指标几乎是不可能的。

但定性评估法的一大缺点在于其评估结果受评估者的主观因素、理论水平和实践经验影响较大。不同评估者可能由于工作岗位不同、工作经历不同、掌握的信息不同、理论水平和实践经验的差异以及对问题的主观看法不同,往往会对同一问题做出不同的判断。

(3)定性评估的具体方法

定性评估法有很多种,如讨论、观察、比较、问卷调查等方法都是定性评估法的范畴。

①讨论法

将受训者召集到一起,开一次讨论会。会议上,让每一个受训者告诉你他学会了什么,他是如何把所学到的知识应用到工作中去的,以及他进一步需要什么样的帮助等,从中获取关于培训效果的信息。

讨论会不要在培训一结束就举行,在培训结束一段时间以后举行可能更为合适,比如一个月后。这时,培训的效果基本上体现出来了,过早的评估可能很难得到有效的信息。

②观察法

观察法指评估者在培训结束以后亲自到受训者所在的工作岗位上,通过仔细观察,记录培训对象在工作中的业绩与培训前的进行比较,以此来衡量培训对受训者所起到的效果。

这种方法由于要花很多时间,并不能大范围使用,一般只是针对一些投资大、培训效果对企业发展影响较大的项目。

③比较法

比较法是一种相对评估法,包括纵向比较评估和横向比较评估两个方面。纵向比较评估是将评估对象放在自身的发展过程中,进行历史和现实的比较,看其发展的相对位置是进步了还是退步了,其效果是增强了还是削弱了。

横向比较评估是首先在评估对象中选择好培训组,接着选择对比组,然后分别测定,这两个测定结果应该是相似的,即工作表现、工作绩效以及个性特征(包括性别、年龄、教育水平、在职年限以及技能水平)相似。接着对培训组进行培训,而在同一时期对比组照常工作而不培训,最后在同一时间内分别评估培训组和对比组,以此来判定培训是否达到了效果。

此外,比较法中还有一种达度评估方法,就是在评估对象之外,确定一个客观的标准,评价时,将评估对象与客观标准比较,衡量评估对象达到客观标准的程度,并依照其程度分出高低等级来决定取舍。

④问卷调查法

问卷调查法即以书面的形式拟订若干问题请有关人员填写、回答。对一些评估指标可以通过问卷的方式直接向评估对象了解,有时还把答案按一定标准折合成分数。这种方法也是目前企业培训活动中运用非常普遍的方法。这种方法运用的关键在于设计出一份优秀的问卷。一份优秀的问卷应该与培训目标紧密相连,并且与培训内容有关,问卷内容应包括培训的一些主要因素,如培训师、培训场地、培训教材等主要环节。

为了重点评估不同对象或者培训活动的某一特定阶段,评估者可以专门就某一对象或培训活动的某一特定阶段设计问卷,以便及时获得有关信息,如专门评估受训者,或专门评估培训师,或专门评估课程、教材。此外,评估者也可专门就某一对象在培训活动的不同阶段的表现设计问卷进行评估。问卷评估的内容或范围可多可少、可大可小,但问卷上的每一问题都应有一定的深意。总之,问卷设计是否得当,往往是这一方法能否成功运用的根本。

评估问卷没有统一的格式,问题也不固定。评估者可以根据评估目的、评估要求和评估重点自行设计。

2. 培训效果评估的定量分析方法

培训效果评估的指标包括受训者在工作中行为的改进和企业在培训中获得的成果。行为改进主要是软性指标,如工作习惯、沟通技能、对企业文化的认同感、自我管理能力等。这类指标无法收集直接数据,通常是问卷调查的结果或主管的观察印象。评估时可将指标划分为几个等级,如优、良、中、合格、不合格,然后给每一级一个描述,并与收集到的效果信息比较得出一个等级(水平)结果。企业在培训中所获得的成果主要是硬性指标,如时间节省、生产率提高、产量增加、废品减少、质量改进、成本节约、利润增加等。下面分别介绍几种定量分析方法:

(1)成本—收益分析

通过成本—收益分析计算出培训的投资回报率(IR),是培训效果评估的一种常见的定量分析方法。企业全部培训成本可分为两大类,即直接成本和间接成本(如表6—2所示)。

表6—2 培训成本构成

成本分类	内部培训成本	外包培训成本
直接成本	1. 培训讲师费(内请或外聘) 2. 培训场地租赁费(如果培训地点在企业内部,此项费用可免) 3. 培训设备、相关培训辅助材料费用 4. 培训教材费和资料费 5. 培训课程制作费用 6. 为参加培训所支出的交通费、餐费、住宿费及其他费用	1. 外包项目合同约定费用 2. 培训设备、相关培训辅助材料费用 3. 为参加培训所支出的交通费、餐费、住宿费及其他费用 4. 选择培训机构时所发生的费用,包括估价、询价、比价、议价费用,通信联络费用、事务用品费用

续表

成本分类	内部培训成本	外包培训成本
间接成本	1. 培训项目构想所花费的所有费用,包括工资支出、资料费支出及其他费用 2. 培训学员工资福利等 3. 参加培训而减少的日常所在岗位工作造成的机会成本 4. 培训管理人员及办事人员工资、交通费、通信费等 5. 一般培训设备的折旧和保养费用	1. 培训学员、辅助培训人员工资等 2. 培训管理、监督费用 3. 其他相关费用

大部分培训带来的效益体现在以下五个方面:

①缩短工时。通过培训,企业可以用更少的人力完成工作,减少时间的浪费,提高工作效率。

②高效使用物料,提高员工工作计划能力和工作质量水平,减少存货等。

③高效使用设备,降低故障率,减少维修费用,减少停机损失等。

④降低员工流失率,从而降低招聘成本、培训成本、职位空缺损失等。

⑤减少事故的发生,降低事故的损失和处理事故的费用。

考虑到培训效果发挥的年限,我们可以用更一般的表达式来计算培训收益:

$$TE = (E - E_i) \times TS \times T - C$$

其中:TE 为培训收益;

E 为培训前每个受训者一年产出的效益;

E 为培训后每个受训者一年产出的效益;

TS 为参加培训的人数;

T 为培训效益可持续的年限;

C 为培训成本。

培训的投资回报率是指用于培训的每单位投资所获取的收益,也可以作为衡量培训成果的指标。当然,投资回报率和培训效果是成正比的。我们可以用下列公式表示培训的投资回报率:

$$IR = TE - C \times 100\%$$

其中:IR 为投资回报率;

TE 为培训收益;

C 为培训成本。

在运用成本—收益分析法评估培训效果时,要注意以下五个问题:

①只有具有可比性的培训项目才能相互比较,比较的口径和单位应一致。

②真实反映培训工作的质量。

③考虑培训项目的机会成本。

④计算培训项目的投资回收期,要考虑该项目对其他项目带来的收益。

⑤评估的依据只能是培训对公司生产经营实际起作用的费用和收益。

(2)等级加权分析

当培训效果的评估指标由多个指标组成时,需要给评估对象建立指标体系,确定各项指标的权重,如每个指标分为 5 级,由多名评估人员评估,然后根据统计结果分析。指标体系的总权重为 100%(即 1),如某个指标按其重要程度被赋权 15%(即 0.15)。将培训效果的评价指标加权量化,获得评价结果以后,就可以与培训前的相应评价指标对比分析,以此评估培训效果。

(3)评估的可信度

按照上面介绍的定量分析方法,对受训者培训前后各测评一次,便可评估出培训的效果。由于企业的工作是多方面的,工作业绩是多维度的,评估人员的素质(成熟度、统计能力、品德等)也有高有低,因此培训活动是多因多果的。有的经营结果可能不是由于培训而是其他因素(如采用新设备)产生的;有的行为结果是培训产生的,但却难以衡量,如受训者的良好表现可促使其他员工努力学习以改善工作的这种辐射反应。为了让评估的结果更让人信服,真正对管理者、决策者有借鉴意义,评估结果的可信度可采取前测—后测评估方案、后测—对照组评估方案和前测—后测—对照组评估方案,特别是前测—后测—对照组评估方案,能有效提高评估结果的可信度。

为了确保培训评估的有效性和全面性,评估人员还要注意几个问题:时刻牢记培训目的和评估的基本要求,不能把"全员参与、气氛热烈、领导重视、投资量大、教师有名气、媒体有报道"这些表象的信息当作培训的成果来收集;评估方案设计要科学、合理,操作方便,经济性好;评估要认真对待,但也不是走向另一个极端,把评估变成科学研究,进行非常复杂的分析,分析的结果也让人难以弄懂,导致成本高、收效低;评估要坚持实事求是、客观、公正,这样的结果才能推动培训项目趋向实用、有效,帮助企业实现经营战略。除此之外,要注意评估方法的科学性和评估人员的素质。企业应尽量避免让培训组织者自己评估或评估人员与被评估对象间存在个人恩怨、权力斗争等情况。

培训评估方法主要包括案例讨论、笔试法、访谈法、行为观察法、角色模拟、实地操作、问卷调查法、学习心得、专家评估等。在明确反应层、学习层、行为层和结果层各自的评估目的、评估内容后,选择合适的评估方法。例如,反应层侧重了解参训学员对培训方法、培训讲师、培训内容、培训形式、培训组织等若干方面的总体满意程度,评估方法以问卷调查法为主;学习层侧重了解参训学员在知识、技能和态度方面的获得程度,评估方法以案例讨论、笔试法、角色模拟、实地操作、学习心得等为主。

(六)培训评估时间

培训评估时间一般选择在培训结束后半年到 1 年、培训结束后 3 到 6 个月、培训结束时、培训进行中或培训结束时。在明确反应层、学习层、行为层和结果层各自的评估目的、评估内容、评估方法后,选择合适的评估时间。例如,反应层侧重了解参训学员对培训项目的整体满意程度,评估方法以问卷调查法为主,评估时间最好是选择培训结束时;学习层侧重了解参训学员是否学有所获以及掌握的程度,评估方法以案例讨论、笔试法、行为观察法等方法为主,评估时间最好是选择培训进行中或培训结束时。

(七)培训评估主体

培训评估主体包括单位部门直线经理、人力资源部、公司领导和培训组织单位等。在明确反应层、学习层、行为层和结果层各自的评估目的、评估内容、评估方法、评估时间后,选择合适的评估主体。例如,反应层侧重了解参训学员对培训项目的整体满意程度,评估方法以问卷调查法为主,评估主体建议以培训组织单位为主;学习层侧重了解参训学员是否学有所获以及掌握的程度,评估方法以案例讨论、笔试法、行为观察法等方法为主,评估主体同样也建议以培训组织单位为主。

二、实战训练

进入"基础教学"主界面后,点击正上方的"案例查看"(如图 6—1 所示),阅读系统提供的案例背景资料。

图 6—1 基础教学主界面

学习完案例背景资料之后,点击左边主菜单中的"培训评估",即可看到培训评估的内容(如图6—2所示)。学生需要根据案例内容并结合柯克帕特里克的四级评估法,为多个评估层次选择培训评估的相关内容。

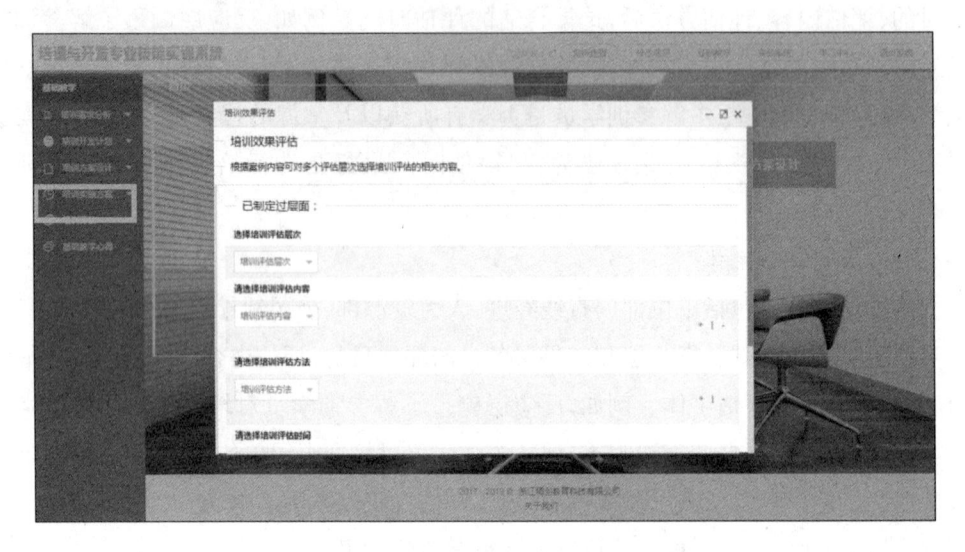

图6—2 培训评估选择界面

(一)选择培训评估层次训练

明确了各层次的评估目的之后,在"培训效果评估"界面中,从左侧"选择培训评估层次"的下拉菜单中先后选择"反应层评估""学习层评估""行为层评估"和"结果层评估"(如图6—3所示),确定了相应的评估层次之后,选择相应的评估内容、评估方法、评估时间和评估主体。

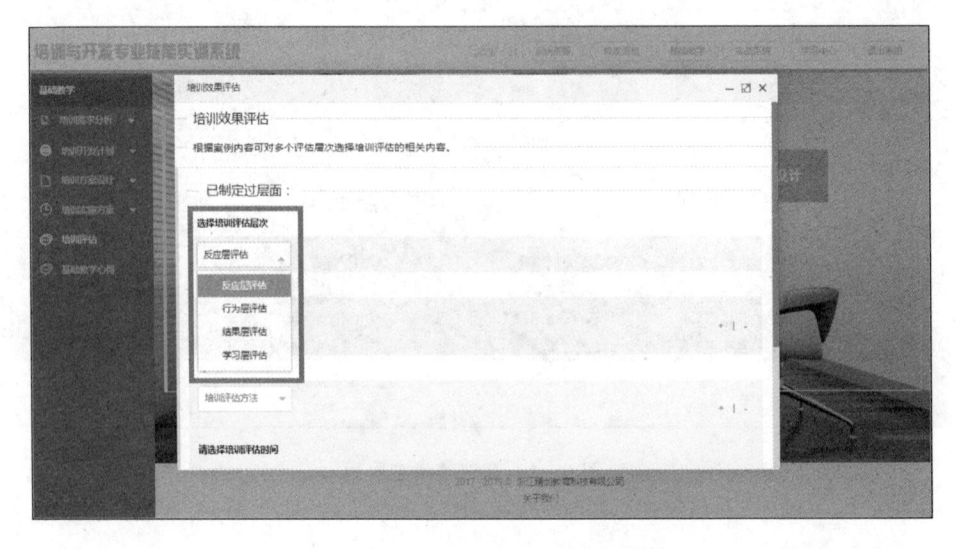

图6—3 选择培训评估层次操作界面

(二)选择培训评估内容训练

在"选择培训评估内容"一栏里,系统给出了技能评估、培训成果、培训方法评估、培训讲师评估、培训内容评估、培训形式评估、培训运用、培训组织评估、态度评估、知识评估 10 个选项(如图 6—4 所示)。学生需要根据系统提供的案例背景资料,明确反应层、学习层、行为层和结果层各自的评估目的,进而选择合适的评估内容。如果认为评估的内容不止一项,则可以通过右侧的"+"符号来增加选项的个数,还可以通过"-"符号将不合适的选项删掉(如图 6—5 所示)。

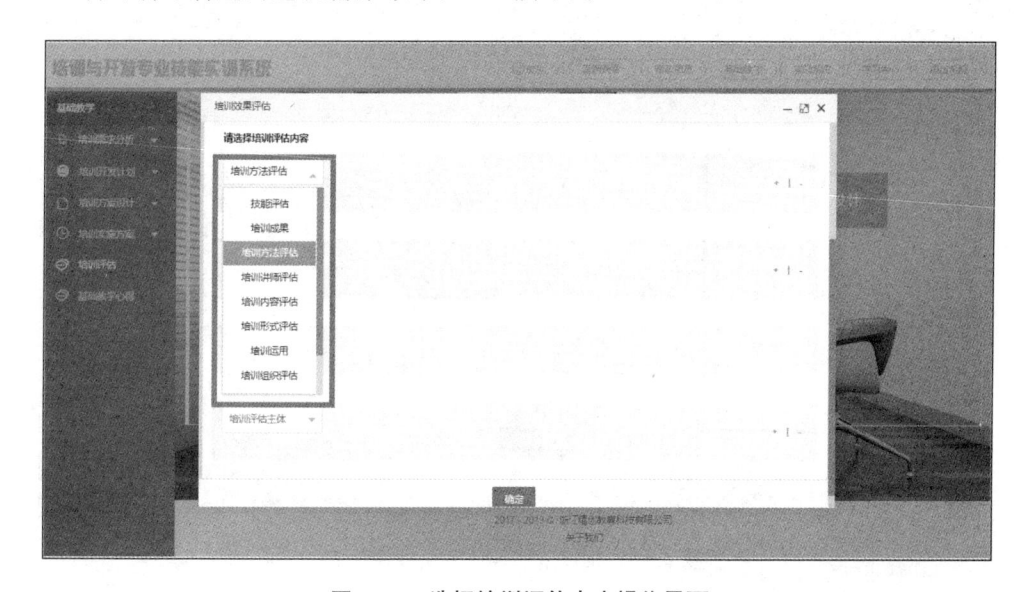

图 6—4　选择培训评估内容操作界面

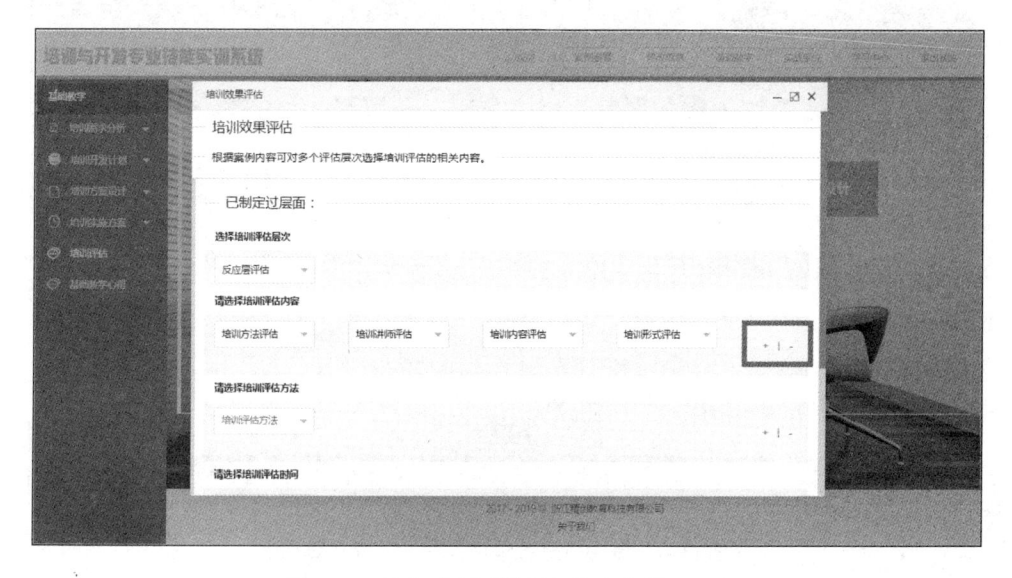

图 6—5　增加或删减培训评估内容操作界面

(三)选择培训评估方法训练

在"选择培训评估方法"一栏里,系统给出了360满意度调查、案例讨论、笔试法、访谈法、行为观察法、角色模拟、实地操作、问卷调查法、学习心得、专家评估10个选项(如图6-6所示)。学生需要根据系统提供的案例背景资料选择合适的评估方法。

如果认为评估的方法不止一项,则可以通过右侧的"+"符号来增加选项的个数,还可以通过"-"符号将不合适的选项删掉(如图6-7所示)。

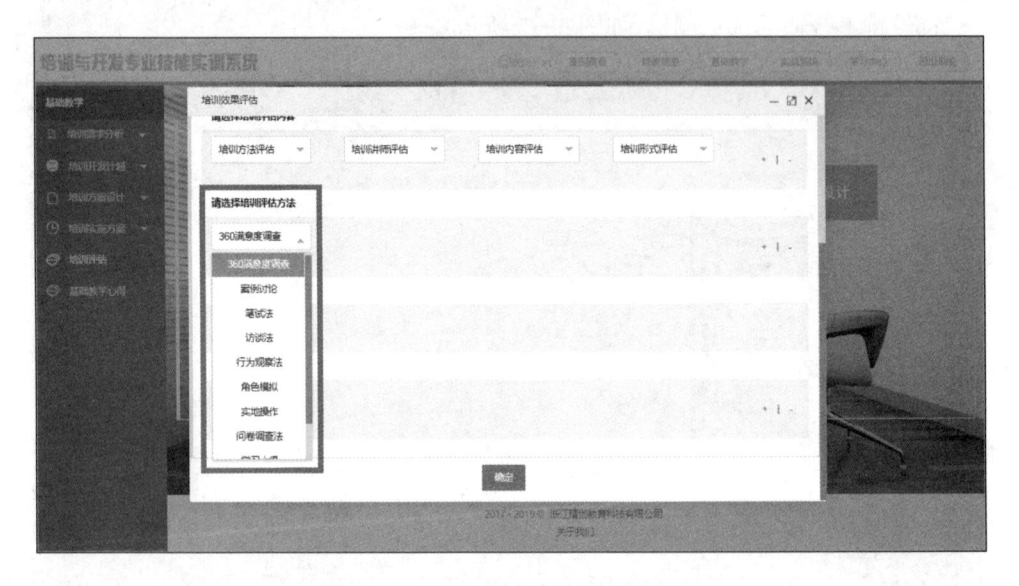

图6-6 选择培训评估方法操作界面

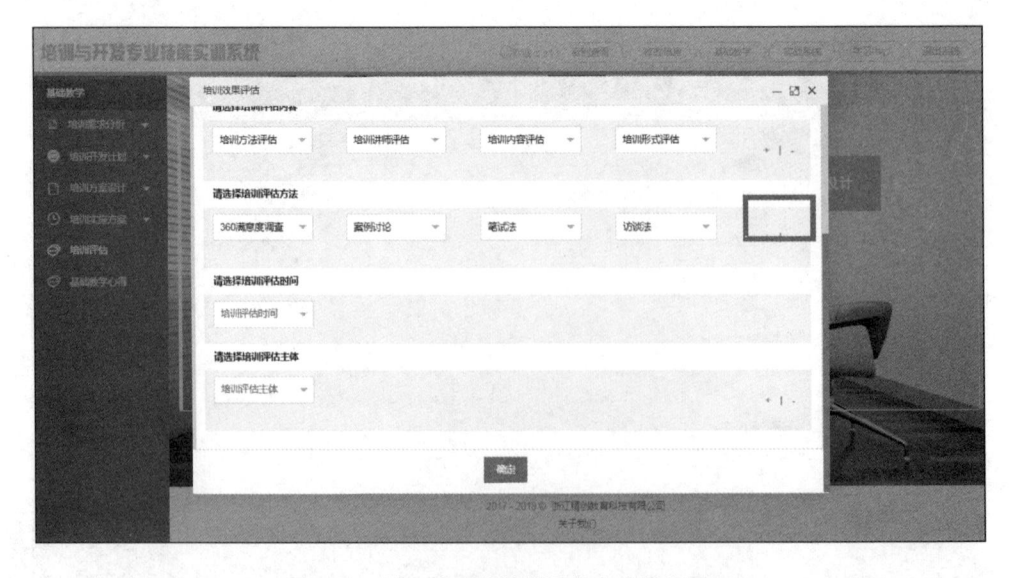

图6-7 增加或删减培训评估方法操作界面

(四)选择培训评估时间训练

在"选择培训评估时间"一栏里,系统给出了培训结束后半年到1年、培训结束后3到6个月、培训结束时、培训进行中或培训结束时4个选项(如图6-8所示)。学生需要根据系统提供的案例背景资料选择合适的评估时间。

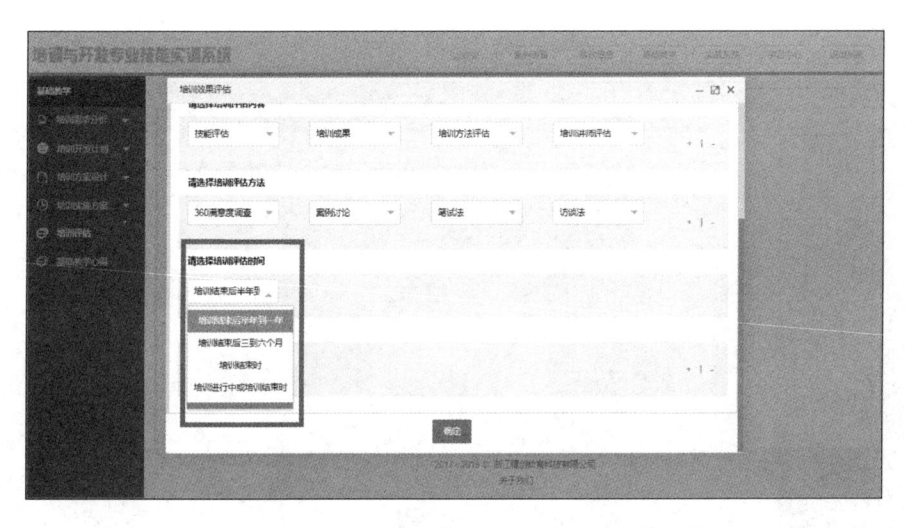

图6-8 选择培训评估时间操作界面

(五)选择培训评估主体训练

在"选择培训评估主体"一栏里,系统给出了部门直线经理、人力资源部、公司领导、培训组织单位等选项(如图6-9所示)。学生需要根据系统提供的案例背景资料选择合适的评估主体。

图6-9 选择培训评估主体操作界面

每选择一个评估层次,都相应需要完成评估内容、评估方法、评估时间和评估主体的选择,然后点击下方的"确定"按钮,就会出现"填写完成"的提示界面(如图 6—10 所示)。点击"确定"后,系统会自动跳到"培训效果评估查看解析"界面,展示学生上一步操作选择的答案(如图 6—11 所示)。四个评估层次全部填写完毕后,呈现的效果如图 6—12 所示。

图 6—10　选择培训评估主体操作界面

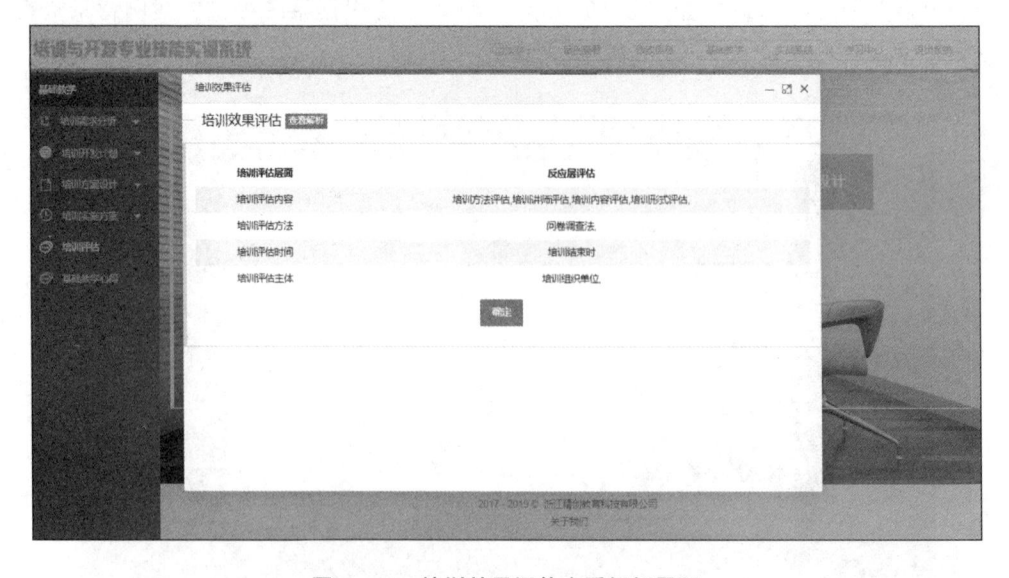

图 6—11　培训效果评估查看解析界面

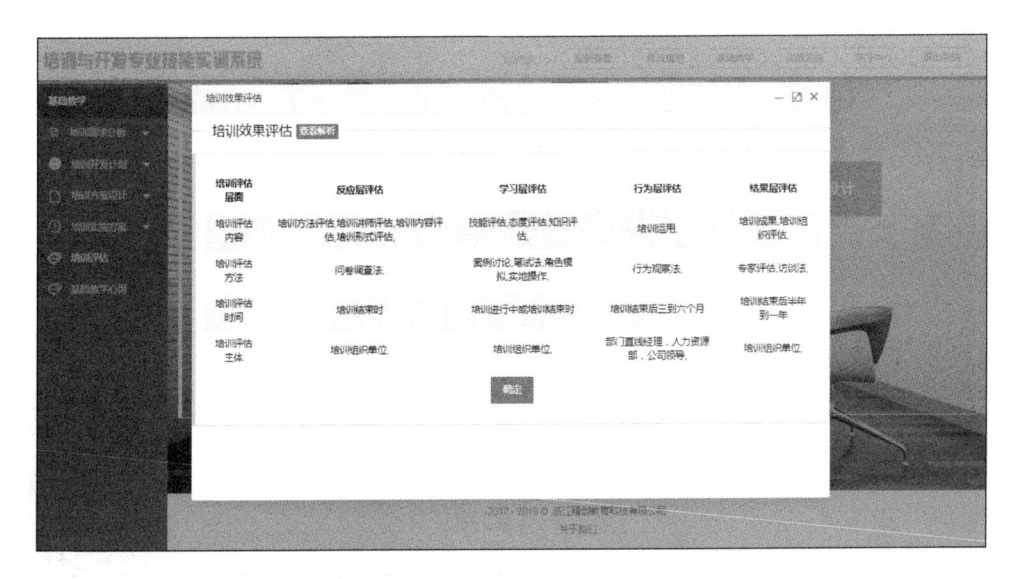

图 6—12　培训评估环节完成界面

自测量　　　　讨论题　　　　案例拓展阅读

第七章 培训与开发实战

一、当期开始

点击"当期开始",进入初创期第一年的企业培训(如图 7—1、图 7—2 所示)。

图 7—1 当年开始按钮界面

图 7—2 当年开始界面

二、需求调查

点击"需求调查",在弹出的窗口中选择需求调查的方法,点击"确定"可保存当前数据并进行下一步（如图 7-3 所示）。

图 7-3　需求调查界面

三、需求分析

点击"需求分析"，在弹出的窗口中查看不同调查方式了解到的各部门经理、员工对不同培训类型的期望值排名，点击"确定"可保存当前数据并进行下一步（如图 7-4 所示）。

编号	技能培训(在岗)	技能培训(脱产)	转岗培训(在岗)	转岗培训(脱产)
1	A001	3	1	2	4
2	A002	2	1	3	4
3	A003	2	3	1	4
4	A004	1	2	4	3
5	A005	2	3	4	1
6	A006	1	2	4	3
7	B007	2	4	1	3
8	B008	2	1	3	4
9	B009	1	2	4	3

图 7-4　需求分析界面

四、费用预算

点击"费用预算",在弹出的窗口中填写本期培训费用的总预算,点击"确定"可保存当前数据并进行下一步(如图7-5所示)。

图7-5 费用预算界面

五、申请费用

点击"申请费用",在弹出的窗口中填写本期培训申请的总费用,点击"确定"可保存当前数据并进行下一步(如图7-6所示)。

图7-6 申请费用界面

六、制定计划

点击"制定计划",在弹出的窗口中选择当期不同员工的培训方式,点击"确定"可保存当前数据,点击"放弃"将会放弃当期培训计划。由于每个员工因情况可选择多种培训方式,因此制定计划按钮将点亮多次(如图7-7所示)。

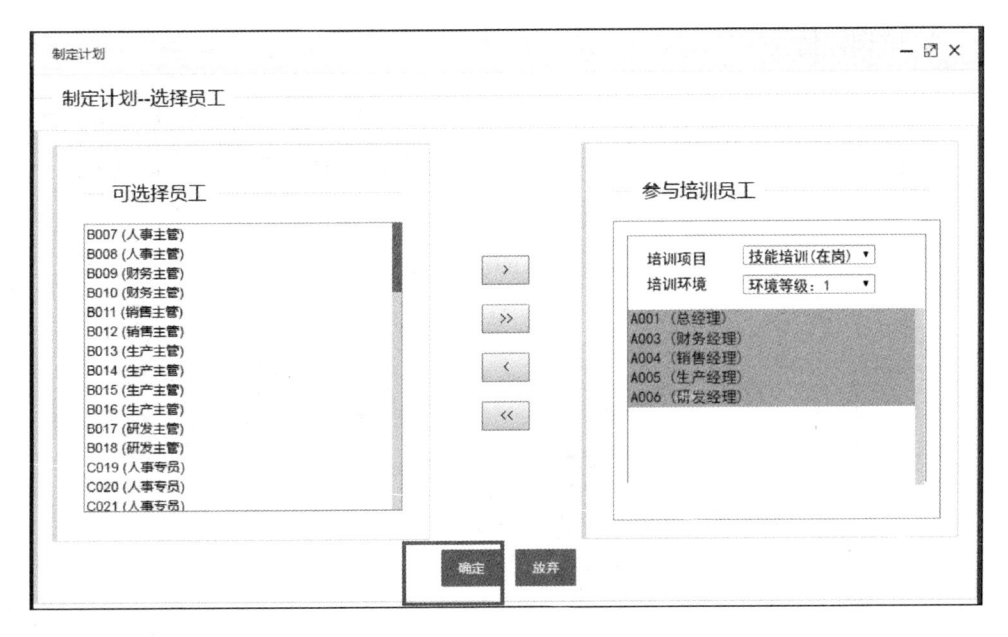

图 7-7 制定计划界面

七、实施培训

点击"实施培训",在弹出的窗口中查看并支付员工培训的费用,点击"确认支付"可保存当前数据并进行下一步(如图 7-8 所示)。

序号	员工编号	培训项目	聘请费用
1	C023	技能培训(在岗)	30000
2	C024	技能培训(在岗)	30000
3	C025	技能培训(在岗)	30000
4	C026	技能培训(在岗)	30000
5	C027	技能培训(在岗)	30000

图 7-8 支付费用界面

八、培训评估

点击"培训评估",在弹出的窗口中查看当期员工培训将给企业带来的效益增加值分析以及员工对培训的满意度,点击"确定"可保存当前数据并进行下一步(如图7-9所示)。

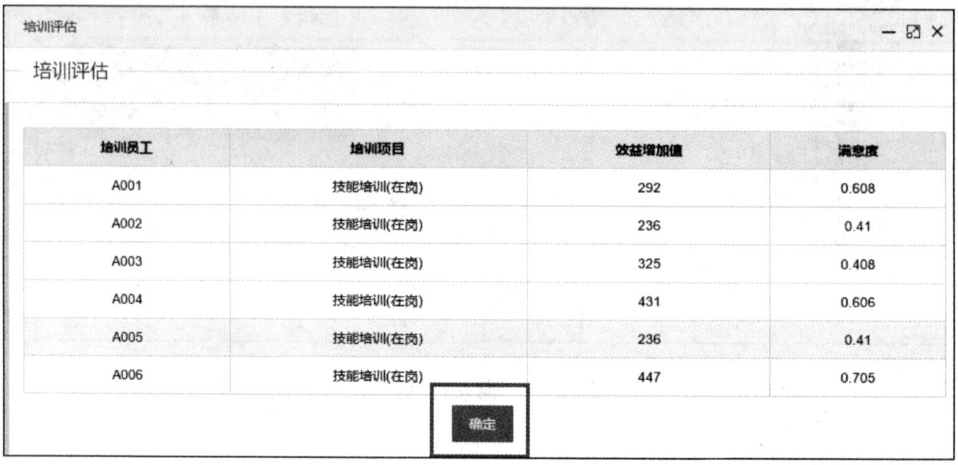

培训员工	培训项目	效益增加值	满意度
A001	技能培训(在岗)	292	0.608
A002	技能培训(在岗)	236	0.41
A003	技能培训(在岗)	325	0.408
A004	技能培训(在岗)	431	0.606
A005	技能培训(在岗)	236	0.41
A006	技能培训(在岗)	447	0.705

图7-9 培训评估界面

九、发放薪酬

点击"发放薪酬",在弹出的窗口中查看当年为企业员工发放薪酬的总费用,点击"确定"可保存当前数据并进行下一步(如图7-10所示)。

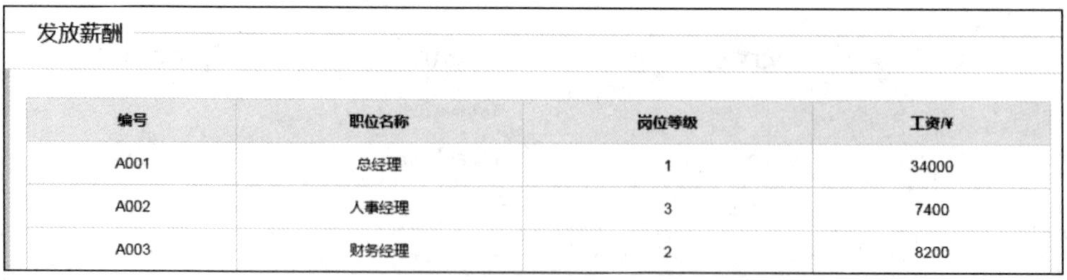

编号	职位名称	岗位等级	工资/¥
A001	总经理	1	34000
A002	人事经理	3	7400
A003	财务经理	2	8200

图7-10 发放薪酬界面

十、人员流失

点击"人员流失",在弹出的窗口中查看当期企业内人员流失情况,点击"确定"可保存当前数据并进行下一步(如图7-11所示)。

人员流失

人员流失	编号	员工名称	岗位等级	工资	效益
1	C065	研发专员	9	4700	5271
2	C039	销售专员	9	4300	5486
3	C025	财务专员	7	4600	5594
4	B013	生产主管	5	5600	8054
5	C030	财务专员	9	4200	5000
6	C040	销售专员	9	4300	5479
7	C062	研发专员	8	4900	5741
8	C033	销售专员	8	4500	5589
9	C058	生产专员	10	3800	5062
10	B011	销售主管	4	6500	7781

图 7—11　人员流失界面

十一、年末经费

点击"年末经费",在弹出的窗口中等待市场所有企业都结束当年培训之后可查看企业年末净利润和分数,点击"确定"可保存当前数据并可进行下一年培训(如图 7—12 所示)。

排名	用户名	净利润(元)	分数
1	ss1	86172.0	86227
2	ss2	86172.0	86227

图 7—12　年末经费界面

十二、上年收益

从第二年开始,可以点击"上年收益",在弹出的窗口中查看上一年度企业的效益值,点击"确定"可保存当前数据并可进行下一步(如图 7—13 所示)。

图 7-13 上年收益界面

十三、人员流入

从第二年开始,可以点击"人员流入",在弹出的窗口中选择希望流入的人员,点击"确定"可保存当前数据并可进行下一步。鼠标划过人员名单可以显示人员具体情况(如图 7-14 所示)。

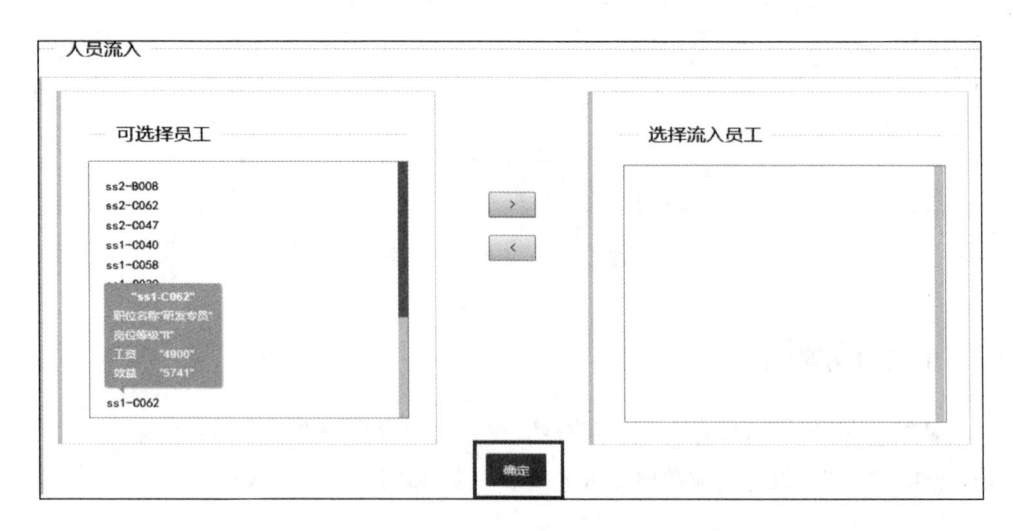

图 7-14 人员流入界面

十四、新员工培训

在选择人员流入之后,可以点击"新员工培训"对新流入员工进行培训,点击"确定"可保存当前数据并可进行下一步(如图 7—15 所示)。

新员工培训

序号	编号	职位名称	岗位等级	工资(元)	效益(元)
1	ss2-C042	生产专员	7	4400	5870
1	ss1-C058	生产专员	10	3800	5062
1	ss2-C065	研发专员	9	4700	5271

确定

图 7—15 新员工培训界面

十五、人员晋升

点击"人员晋升",在弹出的界面中可查看现阶段企业内可晋升和转岗的员工,选择想要晋升的人员并确定晋升等级,自由选择转岗的岗位和类型。点击"确定"或"放弃"可保存当前数据并可进行下一步(如图 7—16、图 7—17 所示)。

人员晋升

现岗位名称	编号	现岗位等级	晋升岗位
人事主管	B007	4	3
生产主管	B013	4	请晋升
生产主管	B016	4	请晋升
研发主管	B017	4	请晋升
生产专员	C044	7	请晋升
生产专员	C043	7	请晋升
生产专员	C045	7	请晋升

图 7—16 人员晋升界面

图 7—17 人员转岗界面

十六、晋升培训

完成人员晋升与转岗之后,点击"晋升培训",在弹窗中可以查看晋升转岗后人员的效益增加值。点击"确定"可保存当前数据并可进行下一步(如图 7—18 所示)。

编号	职位名称	等级	工资(元)	效益(元)		职位名称	岗位等级	工资(元)	效益(元)
B007	人事主管	4	6200	8487	培训后	人事经理	3	7400	9216
C043	生产专员	7	4400	6446	培训后	生产主管	6	5200	6744

图 7—18 晋升培训界面

十七、应急

针对操作过程中企业可能出现的培训经费不足、总经费不足、企业破产等情况,可以点击以下应急项操作(如图 7—19 所示)。

图 7-19　应急项按钮

点击"紧急经费"按钮,在弹框中填写紧急经费的申请金额,点击"确定"保存当前数据,进行下一步操作(如图 7-20 所示)。

图 7-20　紧急经费按钮

点击"申请融资"按钮,在弹框中填写融资的申请金额,点击"确定"保存当前数据,进行下一步操作(如图 7-21 所示)。

图 7-21　申请融资按钮

点击"项目终止"按钮,在弹框中选择是否进行项目终止操作,点击"确定"保存当前数据,进行下一步操作(如图7—22所示)。

图7—22　项目终止按钮

自测题　　　　　讨论题　　　　　案例拓展阅读

第八章　职业生涯发展

职业生涯规划是指个人与组织相结合,在对一个人职业生涯的主客观条件进行测定、分析、总结的基础上,对自己的兴趣、爱好、能力、特点进行综合分析与权衡,结合时代特点,根据自己的职业倾向,确定其最佳的职业奋斗目标,并为实现这一目标做出行之有效的安排。

职业测评主要通过 GATB 测评、MBTI 职业性格测试题、霍兰德自我探索测试、霍兰德职业兴趣测量表、Allport 价值观测验、卡特尔十六种人格因素测验,全面系统评价学生的素质,从而为学生推荐合适的职业。

职业探索是对你喜欢或要从事的职业进行理论分析和实际调研的过程,目的是对目标职业有充分的了解,并在明确和职业的差距中制定求职策略,从而有效地规划大学生活。

一、知识储备

(一)职业生涯发展概述

1. 职业生涯发展相关概念

(1)职业生涯发展

职业生涯发展一般也称为职业开发,是指为了确保员工个人职业规划与组织职业管理的目标一致性,实现个人与组织需要的最佳结合。它包括职业规划与职业管理两个基本活动。在无边界和易变性职业生涯理念下,职业生涯发展不仅是组织的事情,而且是必须以员工个人为主导、组织协助,共同进行的活动。

(2)职业规划

职业规划是员工基于个人的性格、兴趣、能力和价值观掌控自身的职业生涯而采取的一项行动。它包括对自我性格、兴趣、技能、价值观等方面的澄清,明确自身的优势和不足,对工作世界进行评估分析,以确定职业生涯发展目标,并制订出一系列详细、具体、可操作的规划。

(3)职业管理

职业管理是指为实现组织目标和个人发展的有机结合,从组织角度计划、引导和控制员工所从事的职业的过程,是组织人力资源管理的一个非常重要的组成部分。

(4)职业生涯

职业生涯是动态发展的过程。职业生涯是指与职业发展相关的人生阶段。职业生涯包含了一些重要因素,但要注意的是,仅凭这些因素来考察客观事件,并不能提供对个人职业生涯全面、丰富的理解。同样,完全依靠主观感受和价值观,也不能对某一职业生涯的复杂性做出公正评判。因此,主观成分和客观成分都是必不可少的。个人改变客观环境或者调整自己对形势的主观看法(如改变期望),就是在进行职业生涯管理。

(5)职业生涯规划

职业生涯规划也称职业生涯设计,是指个人结合自身实际情况以及机遇和制约因素,逐步确立职业目标,选择职业发展路径,制订学习、培训和实践的计划,并及时回顾、修正的过程。

根据职业生涯发展的意义,将职业生涯规划分为个人职业生涯规划和组织职业生涯规划两类。个人职业生涯规划,是指员工围绕个人实际,结合组织发展目标,在人力资源管理部门和所在部门领导共同指导其开展职业生涯设计,服务于员工个人成长,实现职业成功。组织职业生涯规划着眼于组织发展,充分调动员工的积极性,提升员工的工作绩效,为组织发展发挥每个员工的作用,最终实现员工和组织的共同发展,实现双赢。

2.职业生涯发展的意义

职业生涯发展无论是对组织发展还是对员工成长均有非常重要的意义,主要体现在以下两个方面。

(1)引领员工职业发展

职业生涯发展对员工来说最为重要的就是可以借助组织力量,从专业、可操作、有效性的角度,了解自身的优劣势,培养必要的职业技能,树立起长期的职业规划意识并能够按照规划付诸实践,为员工最终取得职业生涯成功奠定坚实的基础。

(2)确保组织人力资源供给

员工是组织发展最宝贵的资源,做好员工职业开发,有助于为组织培养具有较高忠诚度、较强专业技术能力的员工队伍,为组织发展提供必要的人才储备。这也是目前很多上市公司高度重视员工职业生涯发展的主要原因。

(二)职业生涯发展的相关理论

西方学者基于不同视角提出了多种职业生涯管理理论。本章主要从职业选择理论、职业生涯发展阶段理论和超组织职业生涯管理理论三方面来阐述职业生涯管理理论。

1. 职业选择理论

职业选择理论注重从个人角度研究个人的职业行为,重视个人的需要、能力、兴趣和人格等内在因素在职业选择与职业发展中的作用。

(1) 弗鲁姆的择业动机理论

美国心理学家维克多·H.弗鲁姆(Victor H. Vroom)通过对个体择业行为的研究,认为个体行为动机的强度取决于效价的大小和期望值的高低,动机强度与效价及期望值成正比。1964年,他在《工作与激励》一书中提出了解释员工行为激发程度的期望理论,并建立了期望理论计算公式:

$$F = V \times E$$

其中,F 为动机强度,是指积极性的激发程度,表明个体为达到一定目标而努力的程度;V 为效价,是指个体对一定目标重要性的主观评价;E 为期望值,是指个体对实现目标可能性大小的评估,即目标实现概率。效价越大,期望值越高,员工行为动机越强烈,即为实现一定目标,他将付出极大努力。如果效价为零甚至为负,就表明目标实现对个人毫无意义,甚至带来负效应。因此在这种情况下,即使目标实现的可能性较大,个人不会产生追逐目标的动机,不会表现出积极性,也不会为此付出任何努力。

(2) 霍兰德的职业性向理论

美国心理学家约翰·霍兰德(John Holland)在指导和帮助员工认识职业发展需求和目标时,认为职业性向是决定择业者选择职业的关键因素。霍兰德认为存在六种不同的职业性向,分别是现实型、调研型、社会型、艺术型、企业型和常规型,他归纳并制作了个体素质类型与适宜职业的选择匹配表(如表8-1所示)。

表 8-1　　　　　　　　　　　素质类型与职业匹配表

职业性向	素质类型特点	适宜职业(匹配)
现实型	擅长操作技能或具体劳动性的工作,社交能力差,不适宜社会性强的职业	技术型职业或技能型职业
调研型	聪慧、理性,善于抽象思维,能够独立地分析,完成固定任务,缺乏领导能力	科研人员和工程类型职业
社会型	善于交往、言谈、合作、教导别人,关心社会问题,合作、沟通能力强	社会工作者或教育工作者
艺术型	想象丰富,有创意,感性而不重实际,理想主义者,缺乏事务性工作能力	艺术类职业(包括音乐、文学、设计方面)
企业型	精力充沛,爱冒险,事业心强,善于从事领导及管理性强的工作	政府官员、企业领导、营销管理人员
常规型	谨慎,稳重,性格保守,做事条理清晰、系统性强	文秘、行政助理、办公室人员

霍兰德认为,六种职业性向并非完全独立,人格特征相近或有交叉的择业者也可选择另一性向的职业,也能做到"人—职业"的匹配。同时,在人格类型与工作类型匹配的情况下,员工对工作会有较高的满意度,职业流动会更小。

2. 职业生涯发展阶段理论

职业生涯发展阶段是指员工职业生涯过程中具有各种不同特征的不同时期。每个人的职业生涯都要经过几个阶段,了解不同职业阶段的特点,一方面是个人进行有效职业生涯管理的首要条件,另一方面有利于组织对员工进行有针对性的指导并促进员工进行自我职业生涯管理。

许多学者都提出了职业生涯发展阶段理论的观点,他们将一个人可能经历的主要职业生涯发展过程划分为若干阶段,每一阶段都有相应的阶段特征及发展重点。具有代表性的理论有舒伯和格林豪斯的理论。

(1) 舒伯的发展阶段理论

美国职业管理专家唐纳德·E.舒伯(Donald E. Super)以年龄大小为划分阶段的标准,分为成长、探索、确立、维持和衰退五个阶段。其中,成长阶段(0～14岁),个体逐渐建立自我的概念,个体已经形成了一定的兴趣和能力,并开始思考未来可选择的职业;探索阶段(15～24岁)需经历尝试期、过渡期、试验和初步承诺期;确立阶段(25～44岁)是职业生涯的核心部分,在此期间人们选择适合自己的职业并在此职业中获得自己的职业生涯高峰,并往往会重新思考个人的职业规划是否符合预期;维持阶段(45～64岁),个人在职业发展阶段的任务是承认自我的局限并接受新的挑战,寻找新的职业生涯路径;衰退阶段(65岁以后),个体接受逐渐失去权力和责任的现实。

总体上看,舒伯的理论考虑到个人发展的年龄,并将职业发展分为各个子阶段分析,考虑到了职业人的心理和个性、价值理念等因素,对职业生涯管理提供了一定的理论支撑。

(2) 格林豪斯的发展阶段理论

美国心理学博士格林豪斯(Greenhaus)研究了人生不同年龄段职业发展的主要任务,将职业生涯发展划分为五个阶段。其中,职业准备阶段(0～18岁),主要任务是发展职业想象力,培养职业兴趣与能力,评估和选择职业,接受职业教育与培训,选择个人职业的最初方向;进入组织阶段(18～25岁),主要任务是在劳动力市场获得一份工作,获取足量信息,尽量选择一种合适的、较为满意的职业;职业生涯初期(25～40岁),主要任务是学习职业技术,逐步适应职业,以获得组织正式成员资格,为未来职业生涯成功做好准备;职业生涯中期(40～55岁),主要任务是选定职业,努力工作,力争有所成就,强化或改变自己的职业理想;职业生涯后期(55岁至退休),主要任务是继续保持已有的职业成就,维护自尊,准备退休。

舒伯与格林豪斯的职业生涯发展阶段理论均以年龄为标志划分职业生涯发展的不同阶段,属于传统的观点。随着理论研究的不断深入,现在有学者认为职业生涯阶段不能简单地以年龄为依据,在定义职业生涯阶段的时候,要根据与职业特点密切相关的职业年龄、工作行为、人际关系和心理问题来划分。

3. 超组织职业生涯理论

稳定的社会结构和组织结构使得传统职业生涯理念是以工作稳定、安全以及职务正常晋升作为基本准则的。现在由于组织外部环境的剧烈变化,信息技术的飞速发展,传统的组织结构由金字塔型向扁平型转变,员工的晋升空间变窄,晋升难度加大。扁平型组织结构使得企业与员工之间的长期雇佣关系出现了弹性化的趋势,以更加灵活的短期方式与员工达成雇佣协议,员工开始倾向于横向的工作变动和职业的变更。在这样的就业背景下,新型易变性职业生涯模式开始逐渐产生并替代了传统的生涯模式,于是"无边界职业生涯"和"易变性职业生涯"开始成为区别于传统职业生涯模式的新类型。

(1) 无边界职业生涯理论

1994年,迈克尔·B. 亚瑟(Michael B. Arthur)最早提出"无边界职业生涯"(boundaryless career)概念。通过对国内外研究的梳理,蒋翠珍和万金(2020)将无边界职业生涯定义为从事职业工作的人不再局限于在某一个特定的组织从事长期稳定的工作,而是在某一行业的不同组织或跨行业组织从事相同、近似或不同的职业岗位工作。

无边界职业生涯可以分为自愿无边界职业生涯和非自愿无边界职业生涯两类。前者是出于主观原因,个体为寻求更好的发展环境或者发展机会,跨越原来的职业边界寻找新的工作,具有主动性特点;后者是由于客观环境发生了变化,例如组织规模缩小、重组或裁员等,个体不得不重新寻找工作机会,具有被动性特点。不论是自愿无边界职业生涯还是非自愿无边界职业生涯,职业生涯的转换均是职业结构和职业环境因素影响的结果。

(2) 易变性职业生涯理论

道格拉斯·T. 霍尔(Douglas T. Hall)于1976年首次提出"易变性职业生涯"。蒋翠珍和万金(2020)综合国内外学者的观点,认为易变性职业生涯内涵是:不受到外在组织和特定职业生涯的约束,职业选择完全遵从内心的意愿,员工承担起自己职业生涯发展的主要责任;注重个体的心理成功感;鼓励个人不断学习,不断突破,最终能够达到自我实现。

(3) 易变性职业生涯与无边界职业生涯的区别

无边界职业生涯强调从事职业工作的人,不再局限于在某一个特定的组织从事长期的工作,而是在某一行业的不同组织或跨行业组织从事相同、近似或不同的职业岗位。无边界职业生涯主要关注个体对外部环境的适应性与灵活性,强调个体心理或物理职业生涯变动;而易变性职业生涯强调个体主动管理职业生涯,根据其核心价值做决策,判断职业成功的主要标准是心理成功,更关注个体生涯发展中的自我同一性认同。表8-2将三种职业生涯在不同维度上进行了对比。

表8-2　　　　　　　　　　　三种职业生涯对比

维度	传统职业生涯	无边界职业生涯	易变性职业生涯
雇佣关系	以忠诚交换工作安全	以绩效、灵活交换可雇佣性	遵从内心意愿选择职业
心理契约	关系型	交易型	交易型
职业生涯边界	一个或两个组织边界	多个组织边界	一个或多个组织边界
工作技能	与组织相关	可迁移性	可迁移性、不断更新
培训与学习	正式培训	在职培训	在职培训、持续学习
职业发展阶段	与年龄相关	与学习能力相关	自主选择
职业生涯目标	加薪和晋升等	可雇佣性的提升	心理成就感
职业成功标准	薪水、晋升、地位	心理意义上的成功感	心理意义上的成功感
职业生涯模式	线性的等级结构	跨边界性、短暂性	跨边界性、多样性
职业生涯管理责任	组织	个体	个体

(三)职业生涯发展管理

职业生涯发展管理主要包括职业生涯规划、职业生涯管理两个基本活动。因此,本节主要从这两方面来论述职业开发问题。

1.职业生涯规划

职业生涯规划首要解决的是职业选择问题。职业选择在个体职业生涯之中是基础、方向性问题。职业选择是人们基于对职业发展机会的认识和把握,在一定职业期间选择不同行业或职业的活动的方式。职业选择要将符合社会分工客观要求与社会成员主动选择相结合。

(1)职业选择

①行业决定职业

行业是依附于人民大众社会生活的具体需要内容而言的。比如房地产行业是满足人们遮风避雨需求的,传媒行业是满足人民获取信息需求的。

职业是就所从事的工作形式的相同性而言的。比如销售,无论是服装、家电、房地产、还是互联网等行业,都是有销售职业方向的。

为什么说行业决定职业呢?

首先，行业决定了从事的工作领域，属于内容范畴，而职业则属于形式范畴。内容的不同代表所走的职业道路不同，职业方向不同。内容决定形式，而不是形式决定内容。一个事物的内容更接近本质，形式只是表象的东西，从这个层面上说就是内容决定形式（即行业决定职业）。其次，行业的范围比职业广，各种新兴的行业衍生出了新的职业。比如先有航空服务行业，再有空姐职业；先有互联网行业，才出现网络工程师。

推动行业迅猛发展的力量是资本，资本投资到哪些领域，哪些领域就可能是有潜力的行业。当一家企业获得资本后，会购买设备和招聘人才，因此很多新兴行业会有各种招聘职位。这也就是所谓的行业决定职业。

要在战略上看清局势然后做出正确的选择，就必须了解行业波动的秘密。

②行业波动的秘密

行业发展存在周期性。任何一个行业都是由许多同类企业构成的群体，在充满高度竞争的现代经济中，行业发展状态制约着企业生存和发展的状态，行业发展是有生命周期的，确定自己所选择的行业本身所处的发展阶段、在国民经济中的地位，有效分析行业发展，有利于对行业的理解和把握，有利于职业的正确选择。

行业发展要经历初创、成长、成熟、衰退四个阶段。比如现阶段，人工智能就是初创阶段，移动互联网处在成熟稳定阶段，线下零售业则属于衰退阶段。

从多个组织体系竞争格局上看，行业内部也可以分为跑马圈地、自由竞争、春秋战国、寡头垄断四个时期（如图8-1所示）。

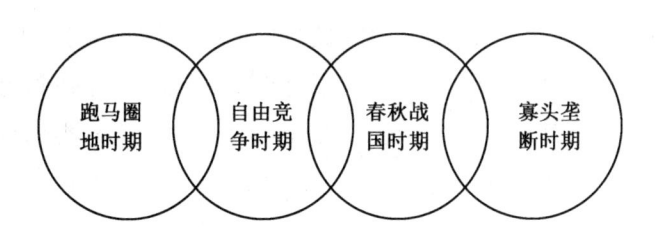

图8-1 行业竞争格局

每一个行业的发展过程基本上会经历这四个时期，但在同一个时间点上，不同的行业处于不同的时期，比如目前快消品行业就是典型的寡头垄断时期，各种连锁店就是春秋战国时期，家政服务行业是自由竞争时期，人工智能行业就是跑马圈地时期。

在进行职业选择的时候，要从历史中找未来。不同时期，不同行业波动千差万别。曲线向上，意味着这行业从初级阶段向成熟阶段迈进，这个过程中有非常多的社会资本和人员，所有资源都向这个行业聚集和靠拢。新的公司、新的组织体系不断出现在这个行业当中，职业成长机会快速增长。而曲线向下，意味着行业从自由竞争阶段向寡头垄断阶段迈进。公司在做整合,组织体系数量达到顶峰,小公司逐渐被淘汰,中型公司不断合并,最后形成行业巨头。任何行业发展都经过这三个阶段,首先是高速成长,然后进入平缓期,再往下就是寡头垄断。

个人在职业选择时首先一定要具备前瞻性和长远视角,把握时代趋势和行业趋势。其次,在进行职业选择的时候要注意两点:一方面,不同职业有不同的特点,对劳动者的要求也不同;另一方面,劳动者的工作能力和兴趣各不相同,对于不同职业具有不同适应程度。所以在进行职业选择时,不仅要考虑社会对职业需求的改变,还要考虑劳动者的能力兴趣变化。

(2)职业选择方法

①个人—职业匹配

帕森斯教授在其《选择职业》中首次系统地阐述了"人职匹配理论",其基本思想是:个体差异是普遍存在的,都有自己独特的人格特质;与之相对应,每一种职业也有自己独特的要求。个体的能力、性格、气质、兴趣与从事职业的工作性质和条件要求越接近,工作效率就越高,个体成功的概率也越大。个体进行职业决策时,要根据自己的个性特征来选择与之相对应的职业种类,要人职匹配。帕森斯的人职匹配理论把职业与人的匹配分为两种类型,即条件匹配和特质匹配。条件匹配是指职业所需技能和知识与掌握该种技能和知识的人之间要匹配。特质匹配是指某些职业需要具有一定特质的人来与之匹配,比如,科学家需要富有创造力。

②人格—职业匹配

美国著名职业指导专家霍兰德经过大量的职业咨询指导的实例积累,提出了具有广泛社会影响的"霍兰德六边形理论"。该理论的核心思想是,个体趋向于选择最能满足个人需要、获得职业满意的职业环境。理想的职业选择使人格类型与职业类型相互协调和匹配。为了直观地说明自己的思想,霍兰德设计了一个平面六边形(如图8-2所示)。

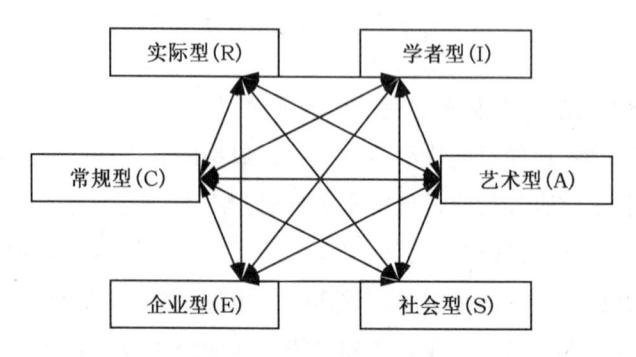

图8-2 霍兰德六边形模型

在图8-2中,六边形的六个角分别代表霍兰德所提出的六种类型。它们之间具有一定的内在联系,按照彼此间相似程度定位,相邻两个在特征上最相近,相关度最高。距离越远,差异越大,相关程度越低。每种类型与其他类型存在相近、中性和相斥三种关系。最为理想的职业选择就是个体能找到与其个性类型重合的职业类型。总之,个性类型与职业类型的相关程度越高,个体的职业适应性越好;相关程度越低,个体的职业适应性越差。因此,六边形模型有助于人们更好地理解和进行职业选择。

2. 职业(生涯)管理

美国人力资源管理学家埃德加·H. 施恩(Edgar H. Schein)认为,职业生涯管理是一生职业的发展历程。我国一些学者认为,职业生涯管理旨在帮助员工找到职业生涯发展与组织发展的结合点,并积极开发与管理员工的职业生涯。由于职业生涯管理的主体与目标不同,职业生涯管理包含自我职业生涯管理和组织职业生涯管理两重含义。

(1)个人导向型职业生涯管理模型

格林豪斯等人提出了个人导向型职业生涯管理模型。该模型包含8项活动:职业生涯调查、认识自己和环境、设定目标、制定战略、实施战略、接近目标、获得反馈和评价职业生涯。

①职业生涯调查

职业生涯调查的主要目的是收集与自己和环境有关的基本信息,包括自己的兴趣爱好、个人天赋、工作对于个人的重要性,以及组织内和组织外可供选择的其他工作,个人在组织内的整体发展状况等。

②认识自己和环境

认识自己和环境的目的是客观、全面地对自己做出评价并明确职业的机会,更清楚地认识自己的价值观、兴趣爱好以及在工作和非工作中的才能,也更加了解对工作的选择及相关要求、环境中存在的机遇和障碍。

③设定目标

职业生涯的目标是个体希望得到的最终结果,目标可以是具体的,也可以是概括的,但一定要切合实际。

④制定战略

职业生涯的战略制定应该包括具体的行动内容、实施方法、所需资源以及各项活动相应的时间安排表。

⑤实施战略

根据既定的战略计划行动内容和时间安排,执行实施战略活动要项。

⑥接近目标

只有制定了合理的职业生涯目标，才有助于职业生涯的发展并逐步接近目标。

⑦获得反馈

从外部环境中获得对个人职业生涯规划有用的反馈信息。

⑧评价职业生涯

总结上一阶段职业生涯，对下一阶段职业生涯做准备。

(2)职业发展通道的模式

组织在确定阶段总体发展规划后，即可根据人力资源发展需求，设计符合本组织特征的员工职业发展通道。

①职业发展通道的内涵

职业发展通道由一系列结构化的职位组成，是组织专门为员工设计的成长、晋升管理方案。它为组织内员工明确指出了努力发展方向及存在的各类机会。员工可以结合自身的实际情况进行职业规划，努力找到适合自己并且能够通过努力走得通的发展通道，逐渐找到合适的工作岗位。对于个体来说，职业发展通道就是一座灯塔，指引员工努力的方向；对于组织来说，职业发展通道就是一个指挥棒，凝聚力量，把优质人力资源朝着组织核心业务聚集，为实现组织目标而发挥杠杆的作用。

②职业发展通道的类型

职业发展通道的类型主要有技术型和管理型两大类。技术型通道的员工职业发展以各类专业技术职能为专业方向，管理型通道的员工职业发展以管理职位为发展目标。

③职业发展通道的模式

组织导向的职业发展通道模式主要有五种，具体内容如表8-3所示。

表8-3　　　　　　　　组织导向的职业发展通道模式

五种模式	具体内容
纵向发展模式	组织职业发展最为常见的一种，即员工在组织内部的职业阶梯上不断向上晋升。该模式是由垂直方向的一系列职业台阶所构成的，其中较高的阶梯与更大的职权、责任和更高的报酬联系在一起
横向发展模式	不是沿着职业阶梯向上晋升，而是在组织内部不同职能部门之间轮换，或者走职业专家的道路。轮换的情况可能持续较长时期，为将来的晋升打下基础，而职业专家路线可能成为该模式的最终选择
螺旋式发展模式	涉及跨专业和跨学科流动的螺旋式职业发展模式已经越来越普遍。该职业发展模式的开发，需要使员工明确自己的兴趣及在技能上的优势和劣势，并且组织为员工提供工作辅导、工作轮换、学习和培训等多种机会
传统发展模式	是员工在组织中从一个特定的职位到下一个职位纵向向上发展的路径，是一种基于过去的组织内员工的实际发展道路而制定的发展模式，该模式通常将员工限制于某一部门，与员工的工作年限有一定的联系

续表

五种模式	具体内容
行为发展模式	是一种建立在各个岗位行为需求分析基础上的职业发展通道设计,该模式要求组织首先进行工作分析来确定各个岗位上的职业行为需要,然后将相同的岗位定为一族,再以族为单位设计职业生涯

(3)职业发展管理的阶段

员工职业发展管理一般分为四个阶段。

①评价自我阶段

员工个人要确认自己的发展需要,了解改进现状的机会;组织帮助识别员工的职业性向、价值观以及竞争优势与劣势。

②审视现实阶段

员工个人审视自己的需要,在当前和未来条件下的现实性与合理性。组织根据绩效评价结果,就组织要求与个人表现之间的一致程度及组织对员工能力的期望,与员工沟通,以便对员工如何在组织中发挥好作用,并使自己得到锻炼和提高达成共识。

③设定目标阶段

员工选择合理的发展目标,明确实现个人职业目标的可能途径;组织确保员工目标具体、现实和有挑战性,并承诺提供帮助。

④计划行动阶段

员工制定实现职业发展目标的步骤和时间表;组织编制预算,及时提供实现目标所需要的资源。

(四)任职资格管理

1.任职资格管理概述

任职资格是在特定的工作领域内,根据员工任职标准对员工从事相应的工作活动所需要的能力证明,具体包括:为了完成工作并取得良好的工作绩效,任职者所需具备的知识、技能、能力以及个性特征要求。任职资格管理体系包括三方面的内容:一是员工职业发展通道,二是任职资格标准,三是任职资格标准认证。

(1)任职资格管理的相关概念

所谓"任职资格",即胜任(不是担任)—岗位的关键职责—所需的资格资质(即能力素质),也就是说,"任职资格"其实包括三部分:绩效标准、关键职责、能力素质。

任职资格标准由基本条件、关键能力和绩效贡献组成,是对职位的任职者能够达到胜任该职位所要求的经验、知识、技能及素质等。

任职资格标准认证是评价员工的能力已经达到了什么水平,但更重要的是通过任职资格认证,员工能清晰地认识到自己在知识、能力、行为表现等方面的优势与不足,以此确定自己改进的方向与重点,进而有针对性地学习与提高,包括任职资格等级评定和任职资格行为能力评价两个方面。

(2)任职资格管理的意义

任职资格管理对加强员工队伍建设、规划员工职业发展通道、规范任职资格标准及应用都有着积极的作用。

①组织层面

任职资格管理可将员工的任职能力与组织的战略目标相结合,便于掌握员工的能力状况及职业方向,及时指导员工职业生涯规划,帮助员工提高工作技能,提高组织的竞争力。

②业务部门层面

任职资格管理有助于加强人才队伍建设,可以在业务团队中选拔和培养人才,并最大限度地提高部门整体绩效。

③人力资源管理层面

任职资格管理是人力资源管理体系的基础,有助于规范公司的晋升管理,有效降低人才的流失率,提升组织人力资源管理效能,提高人力资源管理整体水平。

④员工层面

任职资格管理使员工感到发展有前景、努力有方向、提升有台阶、成长有支撑。员工明确了各个职级的任职资格要求后,就可根据职业发展目标规划绩效、学习、工作目标,并通过学习—认证—学习,不断提高任职能力。

(3)任职资格管理体系构建的过程

不同类别的员工所担任的工作内容不同,对员工能力的要求也不一样。任职资格体系是按职位类别建立的;同一类别高低不同的职位,对人员的能力要求也不相同。因此,任职资格管理体系由职业发展通道、任职资格等级标准和任职资格等级认证三部分组成。

职业发展通道和任职资格等级标准确定了组织需要什么类别的人员和人员应该具备什么样的能力。而任职资格标准认证的作用则在于根据组织对员工的能力要求,评价员工已经达到了哪个级别,再通过有针对性的培养措施持续提升员工的能力。组织建立任职资格管理体系应遵循以下过程:

第一步,职业发展通道设计(职位族梳理)。梳理组织需要哪些类别的员工,哪些员工有比较趋同的职业发展方向。在建立职位族的基础上,区分员工能力成长的阶段点,建立员工职业发展通道。

第二步,任职资格等级标准设计。为了衡量员工的能力,需要建立评价的标准。

第三步,任职资格等级标准认证。有了通道和任职资格标准,要评价员工的能力,还需要建立一套评价的流程和管理规范。

第四步,任职资格等级认证。前三个步骤完成后,任职资格体系已经建立。根据职业发展通道、任职资格标准和认证流程规范,对员工进行认证评估,确定员工能力的级别。

第五步,任职资格体系应用。任职资格体系的主要应用包括员工职业发展规划、人才梯队建设、竞聘上岗、进阶培训、以能定薪等多个方面。

2.员工职业发展通道设计

组织战略目标能否实现关键在于组织是否有足够的高质量人才。要满足这一需求,组织就要为员工构建好职业发展通道,为核心员工提供更大的职业发展空间,让有不同兴趣与个性的员工可以在组织内找到职业发展目标。

员工职业发展通道设计就是从梳理职位开始,依据组织未来战略以及业务发展对组织或业务系统的核心能力要求,划分职位族、职位类并且进行职位分层,形成员工的职业发展通道。

(1)职位分类

职位族,指工作性质和任职资格要求相近的一类职位。如技术族、管理族、专业族、操作族等。职位类,指在同一职位族中,根据工作性质和职责相似性的岗位划分。如专业序列可以划分为人力资源管理类、财务管理类、采购类和物流类等。职位,指需要由一名任职者来完成、具备一定任职资格要求的集合。三者之间的关系如图8-3所示,三者之间的区别如表8-4所示。

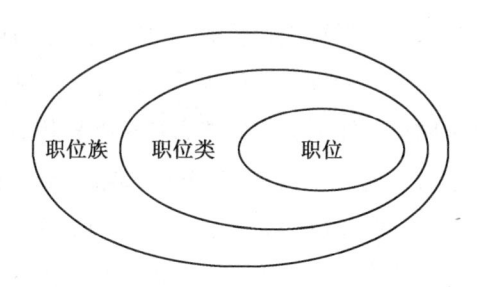

图8-3 职位、职位类、职位族关系图

表8-4 　　　　　　　　　　职位、职位类、职位族的区别

名　称	概　念
职位	需要由一名任职者来完成,具备一定任职资格要求的集合。职位强调的是以"事"为中心,不是承担该职位的"人"
职位类	是一组职位的集合。将相同职位分类归并而成,这些职位要求任职者需具备的任职资格种类相同或相关,承担的职责、绩效标准、薪酬要素等管控激励方式以及在组织中与其他职位的分类关系相同或相似

续表

名　称	概　念
职位族	是一组职位类的集合。对同类职位进行细分归并而成,这些职位分别承担相同业务板块功能与责任

(2)职位分层

要了解职位是如何分层的,必须先了解职级、职层及职位分层这三个概念。

职级是职位价值等级的简称,它与薪酬对应,也就是薪酬等级。职层是依据同一职位类的任职人员承担职责大小、所掌握的技能程度、要求的素质和行为标准的高低来划分的,体现的是同一职位类中从业人员的胜任能力的不同。职位类分层是将职位类中的所有职位按照任职者具备的资格条件以及承担职责大小的差异程度分层归并。

如果说职位类是员工职业发展通道,职层就是同一个职业通道里的不同发展阶梯(如表8—5所示)。

表8—5　　　　　　　　腾讯公司职位分层

类别	初做者	有经验者	骨干	专家	资深专家	权威
技术族	T1	T2	T3	T4	T5	T6
专业族	S1	S2	S3	S4	S5	S6
市场族	M1	M2	M3	M4	M5	M6
产品族	P1	P2	P3	P4	P5	P6

每个职位类到底划分多少个层级比较合适,需要考虑以下四方面因素。

第一,深入分析同一职业发展通道(职位类)人员成长的内在规律,描绘出这类人员的成长曲线。看看这个成长曲线里会出现能力特征差异相对明显的阶段有多少个,就可以分为多少层。通常对于管理人员而言,可以参照拉姆·查兰(Ram Charan)的领导力发展梯队理论,从员工到CEO需要完成六次关键转换(如表8—6所示)。同一职业发展通道(职位类)的专业技术人员成长也有着明显的内在规律,从大学毕业到成为内部专家可以划分为学习、应用、独当一面、创新与专家五个明显的阶段。

表8—6　　　　　　　　管理人员成长规律

关键转换	职　责	范　围
管理他人	制订工作计划;绩效评估与监督;人员招聘与选拔;奖励激励;建立人际关系	管理一个团队
管理经理	选拔和培养有能力的下属;适度授权;在下属部门内配置资源;协调与其他部门工作	负责一个包含几个团队的部门

续表

关键转换	职 责	范 围
管理职能	有效执行战略;经营业务;平衡业务要求与未来目标;关注部门内部而非部门外部;跨部门沟通协作	一个业务部门或业务机构
管理业务	制定本业务部门内战略;协调业务部门与职能部门,形成有机整体;经营业务;组建高素质团队	一个完整独立的业务单元,包含职能部门和业务部门
管理业务群	协调所属业务线与组织战略保持一致;管理新机会或新领域;帮助下属及其业务取得成功;管理和培养业务线总经理	包含多个业务单元或职能单元的业务线
管理集团	平衡长短期战略、实现可持续发展;设定发展集团或由多个业务线发展方向;关注人才和文化;执行到位	集团或由多个业务线构成的公司

第二,要有区分度,划分的级别过少过多都不行。级别太少容易导致认证后大部分员工落入某一两个等级,没有区分开。级别太多,一是公司可能找不到对应级别的标杆人员,任职资格标准可能写不出来;二是级与级之间的任职资格标准会有重叠,让评委很难认证。

第三,要参考业界最佳企业的做法,考虑企业人员规模大小等因素。

第四,先粗后细。

(3)构建职业发展通道

在职位分类的基础上,形成了员工的职业发展通道,再进行职位类分层,形成员工职业发展的阶梯,于是就构建了多条员工职业发展通道。员工可以走上管理岗位,承担更多管理责任来实现职位晋升;也可以走专业技术路线,通过在专业技术岗位上的经验和技能的提升,走专家道路。

①管理通道。在组织职位体系设立的基础上,确立各管理职位之间的晋升和替补关系,如人力资源部经理的职位可以由人力资源部下属主管晋升,也可以由业务部门经理平调过来。

②专业技术通道。专业技术路径适用于专业技术岗位,和职位体系设计相类似,对某一专业技术职位设立相应的任职资格标准,使员工和组织能够科学评估员工的能力差异。这种由低到高的能力层级设计,实际上为员工提供了一条新的职业发展通道。

任职资格管理就是要给组织中不同的职位建立相应的职业发展通道,开辟各类员工的发展方向。让各类员工看到自己的职业前景,避免出现优秀员工都想通过做管理人员来体现自身价值的现象,缓和企业管理职位稀缺与员工晋升需求之间的矛盾。

3.任职资格标准

(1)任职资格标准构成

任职资格标准包括基本素质、技能、工作经验、工作绩效等要素。基本素质包括知识、学历、道德等方面的基本条件,较容易衡量和考察。技能是核心条件,就是通常所讲的胜任力,内容复杂,不易衡量。工作经验和工作绩效指工作经历和成果等,比较直观,容易量化。而具体到不同岗位和层级,对上述要素的要求各有侧重。任职资格标准涵盖行为标准、项目经验、知识结构、绩效、成果、人才培养贡献、基本要求、能力素质八个方面。

因此,任职资格标准由基本条件、关键能力和绩效贡献三部分组成。

①基本条件

基本条件由现从事职位、专业经验与绩效要求等组成,是提出认证申报的前提条件,用于初步判断申请人是否可以申请某一级能力标准认证。其中,专业经验要求就是员工胜任该类别工作的最短时限(如表8—7所示)。在确定每个级别专业经验要求时,需要考虑组织目前这类别所有员工从业时间现状,专业工作本身的要求,同行业其他企业的做法三方面问题。

表8—7　　　　　　　　　某职位类专业经验要求

级　　别	最低专业经验要求
一级	从事本专业领域工作一年以上
二级	已获得该类或相关任职资格一级后,继续从事本专业领域工作一年以上
三级	已获得该类或相关任职资格二级后,继续从事本专业领域工作两年以上
四级	已获得该类或相关任职资格三级后,继续从事本专业领域工作两年以上
五级	已获得该类或相关任职资格四级后,继续从事本专业领域工作两年以上

绩效要求是衡量过程行为的结果,重点考查从事现任职位最近一年的绩效考核结果。对于申请任职资格级别晋升的员工,通常要求近期绩效在两次"良好"、两次"正常"以上。当然,在基本条件中还可以加上一些其他因素,如没有受过记过以上处分、没有出现重大客户投诉等。

各类任职资格标准在此基础上制定更为详细的专业经验要求。例如,关于与某类项目经验、承担某种角色的要求;完成某种任务的要求。

②关键能力

员工胜任每一个职位类不同任职资格等级的职位所必须具备的能力,包括知识、技能和能力素质三部分。关键能力设计分为五个步骤:

第一步,分析关键责任,总结出履行关键责任所需的能力。

第二步,分析在履行关键责任中面临的挑战,总结出其所需重点加强的能力。

第三步,通过行为事件访谈和战略文化研讨数据,总结所需要具备的重要能力,这也是能力模型构建的核心技术。

第四步,选取类似岗位,分析其需要具备的能力标准。

第五步,通过前面四步形成关键能力初稿,再经过各级管理层沟通研讨定稿。

③绩效贡献

绩效贡献是每一个职位类不同任职资格等级的职位应该承担的关键责任与对组织所做的专业贡献。其中,专业贡献是员工在专业上对组织的回馈,如担任导师、授课、输出案例等。关键责任是岗位在组织中所承担的关键职责和对组织的独特价值。通过关键责任认证,组织可以判断员工能否承担岗位所需履行的关键责任。

(2)任职资格标准认证

有了任职资格标准,接下来就要进行任职资格标准认证。任职资格标准认证一般常用"举证+述职答辩"的方法,具体分五步。

第一步,知识与基础技能测评。单位可以定期组织测评,比如每季度、每半年或每年进行一次考试。通过知识与基础技能测评是员工提出任职资格等级认证申请的前提。现代社会知识更新的速度非常快,产品开发、组织结构与业务流程的调整也很迅速,因此,任职资格标准对知识与基础技能的要求需要及时更新,对于新的要求要及时考评。知识与基础技能的测评结果要规定有效期。

第二步,认证申请。为了确保任职资格标准认证有序开展,避免员工盲目地申请与自身能力状况过于悬殊的级别,应该实行申请制。员工提出申请后直接上级应该审核。人力资源部门也应该根据申请人的基本条件(现从事专业经验、绩效、学分)判定员工是否具有认证的资格。

第三步,证据审核。关键能力、绩效贡献是员工提供本人真实有效的证据,由任职资格认证评委小组对证据进行集体鉴定。专家小组成员分别评议员工的每个证据,并给出该证据的评议结果。对于不合格的证据要说明理由。

第四步,述职答辩。对于一些高级人才,也就是任职资格等级达到高级别的认证,员工必须参加述职答辩,由专家组综合评估。

第五步,评审和反馈。如果员工任职资格认证结果通过评审,要将认证结果和认证评委的意见与建议一并反馈给员工。对于没有通过任职资格认证结果评审的员工,需要与员工沟通。如果是能力尚未达到标准要求的,参加公司下一次的评定;如果是评定程序不符合要求的,则要求认证评委小组重新评定。向员工反馈意见的时候,侧重针对关键能力与关键责任的各个单元提出修改意见。

4.任职资格管理在实践中的应用

(1)在薪酬体系中的应用

在职业发展通道中,每一职级都有对应的任职资格标准,不同职级对应的能力要求也具有差异性。随着职级增高,员工薪酬待遇也会相应增加,向员工明确了组织为能力付薪的导向。而不同通道上相同职级的职位,一般设定为职级相同则薪酬待遇相当,让不能走上管理岗位但技术方面有所作为的员工在薪酬上涨空间和同级管理岗位员工相同。员工在经过任职资格能力评定后,如果职级得到提升,则相应提升薪级,薪酬同步增长。

(2)在绩效管理中的应用

在绩效规划时,部门负责人根据各级的组织绩效目标,帮助员工根据任职资格要求,制定能力素质提升目标。在绩效实施过程中通过分析和提炼岗位的任职资格标准,设计符合组织发展和员工实际工作的KPI。在此基础上对员工工作业绩实施KPI考核,并将考核结果与岗位任职资格标准相比较,寻找两者的差距,并以此作为今后绩效改进的依据,不断提高员工的绩效水平。还可以将绩效考核结果作为员工职业生涯晋升的重要参考指标。

(3)在招聘管理体系中的应用

任职资格标准作为职位说明书的重要组成部分,对能胜任该职位的人员知识、技能、能力做了规范概述。在招聘员工时,可对应任职资格标准全面考核应聘者的能力。近年来的人力资源调查越来越多地显示,员工在考虑跳槽时,除薪酬外,职业发展也是一个重要的考虑要素。具有明确的职业发展体系的组织,在招聘过程中向应聘者展现清晰的未来职业发展规划,无疑是吸引人才的一个重要筹码。

(4)在培训管理体系中的应用

新员工入职时,组织就要考察员工的性格、兴趣和能力,积极帮助员工进行职业生涯规划,制定职业发展目标。在日常开展工作的过程中,建立导师制,与员工频繁沟通交流,帮助员工开发职业技能,指导员工学习更新行业前沿知识,不断扩展新的工作经验,为晋升职级做好准备。

构建基于任职资格管理的员工职业发展体系是促进人力资源管理高质量发展的重要抓手,这一工作并非一日之功,不能一蹴而就,而是一个渐进式的过程,需要组织外部条件的客观允许和内部政策的大力支持。可行的实施策略是先在条件较好的部门或下属单位中试点测试,通过局部探索积累经验,从而以点带面,推广到全企业,促进整个组织人力资源管理体系的改革提升。

(五)基于任职资格体系的职业发展规划

1.任职资格与职业发展的关系

(1)职业发展的本质就是能力发展

任职资格体系主要由职业发展通道、任职资格标准及资格等级认证、任职资格应用三部分组成。职业发展规划是员工对职业发展路径选择行动的一个过程,而员工任职资格体系就是将员工的职业发展和组织对人才能力水平要求结合在一起的桥梁,是促进员工职业发展与组织共同成长的有效手段。任职资格体系与员工职业发展之间的对应关系建立以后,就会让员工们清晰地认识到任职资格体系不仅是组织对员工能力的评估体系,也是员工的职业发展体系。任职资格体系与员工职业发展的关系如表8-8所示。

表8-8　　　　　　　　员工职业发展与任职资格体系的关系

员工职业发展	任职资格体系
职业发展路径选择	职业发展通道
职业发展水平评估	任职资格标准
	任职资格认证
职业技能的持续提升	任职资格的应用(培养计划、梯队建设等)
对员工职业发展的激励	任职资格的应用(能力薪酬、人才选拔等)

(2)组织助力于员工职业发展

在任职资格体系的推行过程中,员工可以根据组织的职业发展通道规划个人的发展路径并依据该通道的任职资格标准不断提升自己的任职资格水平。与此同时,组织中的各级管理者也要担负起帮助员工职业发展,实现其职业理想的责任,在管理类任职资格标准中,就明确了对各级管理者培养下属的要求和评价标准。这样,关注员工的职业发展就和管理者自身的职业发展结合在一起。如此,任职资格体系的推行和应用,就可为组织员工的职业发展奠定良好的基础和保障。

2.职业发展规划的实施要点

(1)职业发展规划中主管和员工个人的责任

①主管的责任:指出下属未来所需要的技能;指导和支持下属个人职业发展;制定灵活的发展目标;激励职业发展的努力。

②员工个人的责任:与主管讨论个人职业发展;自己制定职业发展目标;自己制订职业发展计划与实施方案;与主管讨论确认。

(2)培养计划——不断提升自己的能力

职业发展最重要的是员工职业能力的发展。对于组织中员工的能力培养,必须通过制订员工能力提升方案并加以实施,以达到满足组织对人才的需求,实现员工能力的提升。

以美国某著名企业的实践为例,公司各主管每年除了与员工签订个人绩效目标计划(或个人绩效承诺书)之外,还会根据员工任职资格达标情况,与员工沟通,一起制订相应的能力提升计划。

(3)评估检查——确定发展的起点和已经达到的阶段性目标

基于任职资格体系设计的职业发展规划,员工在职业发展的道路上可以选择不同的发展通道,而每条通道中又有数个级别。员工参加任职资格标准认证后,就能清楚地认识到自己在知识、能力、行为表现等方面的优势与不足,明确下一步前进的方向,从而可以有针对性地学习与提高,以便达到相应级别任职资格标准,取得职业发展通道中的通行证。

与此同时,在任职资格管理过程中,组织有责任帮助员工发展职业技能,让员工不断认识自身各方面的能力及表现,清楚地知道组织对员工的能力要求,从而使员工职业发展规划的实施得到有效保障。

二、实战训练

(一)职业测评

点击"职业测评",进入职业测评界面,职业测评包括智商测试、能力测试、性格测试、心理测试、职业兴趣测评、职业价值观澄清、生涯发展、职业决策、自定义测评和评价中心十大模块(如图8—4所示)。

图8—4 学生端首页

1. 智商测试

点击"智商测试"进入测评页面，可对测试题进行"开始测评"和查看"测评报告"等操作。在名称栏输入测评名称可搜索，点击左上角箭头图标可展开和缩小左侧的导航栏（如图8－5所示）。

图8－5－1　智商测试

图8－5－2　智商测试

（1）瑞文标准智力测验

点击"瑞文标准智力测验"对应的"开始测评"，弹出友情提示页面，介绍测评的规则及注意事项，点击"确定"按钮进入测评，若不想参与测评，则点击"取消"按钮退出（如图8－6、图8－7所示）。

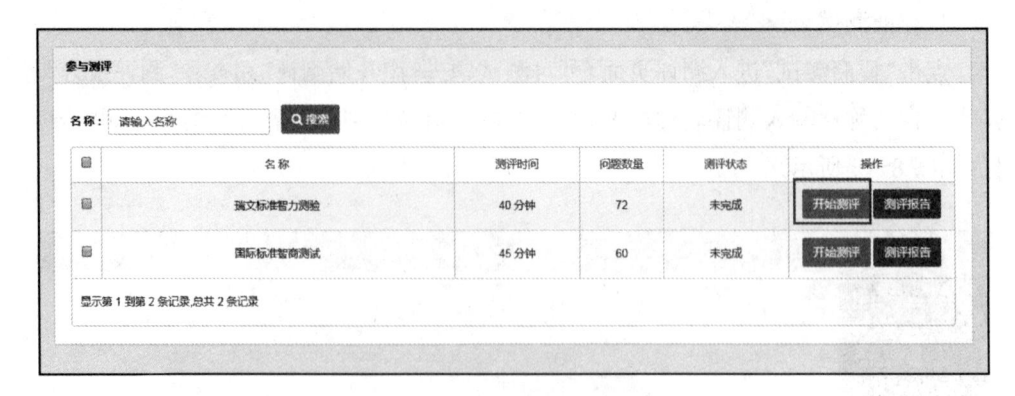

图 8-6 瑞文标准智力测验

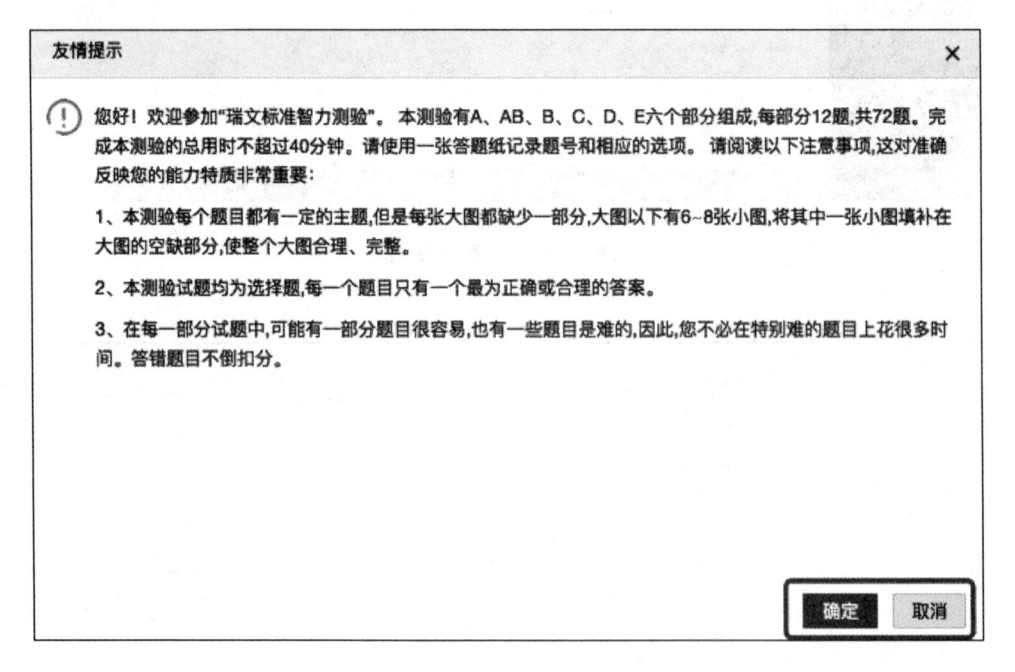

图 8-7 "瑞文标准智力测验"提示

进入测评页面后，可看到测评的名称、题目数量以及剩余时间，点击"返回列表"则退出测试，点击左上方的箭头图标可展开或缩小左侧的导航栏（如图 8-8 所示）。

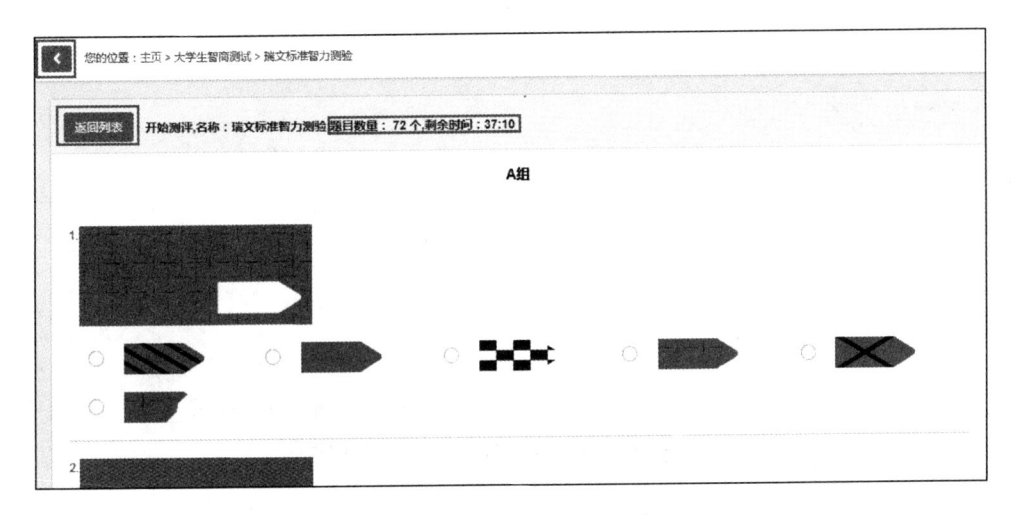

图 8-8 "瑞文标准智力测验"测试界面

开始测试,根据题目选择您认为正确的答案,当页题目做完后,点击"下一页"继续操作,或者点击"上一页"查看答案或者修改答案,需在规定时间内回答所有问题并点击"确定提交"。点击"返回列表"查看测评报告(如图 8-9 所示)。

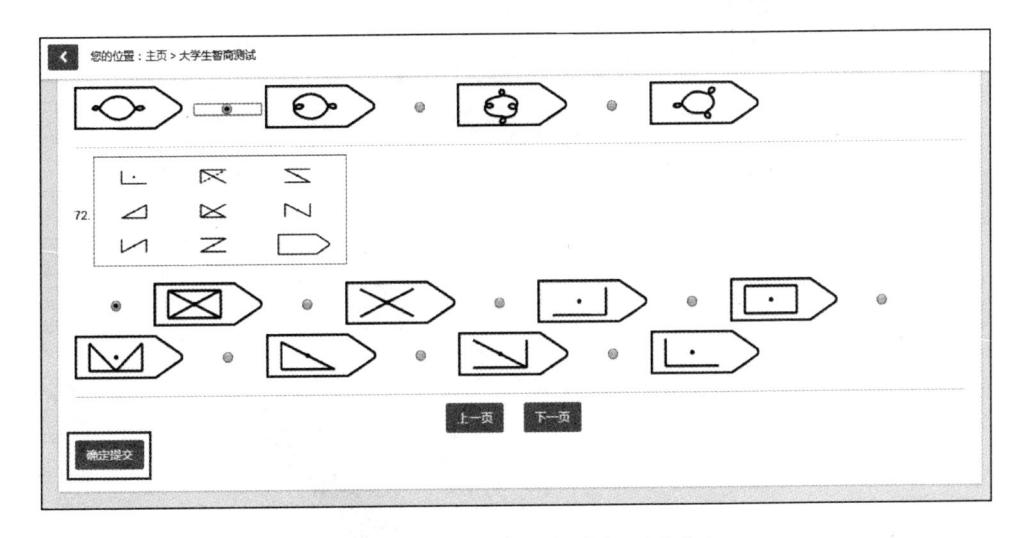

图 8-9 "瑞文标准智力测验"测试内容

点击"测评报告"(如图 8-10 所示),可查看测评结果(如图 8-11 所示)。

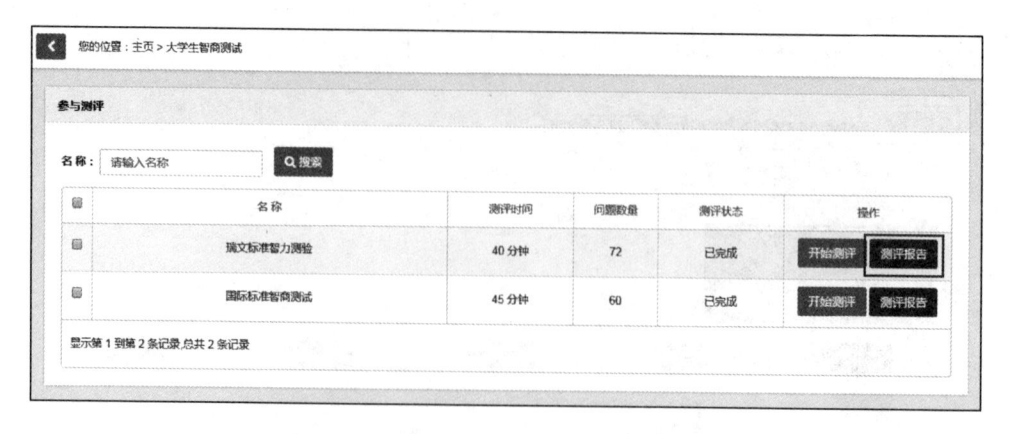

图 8-10 "瑞文标准智力测验"测评报告

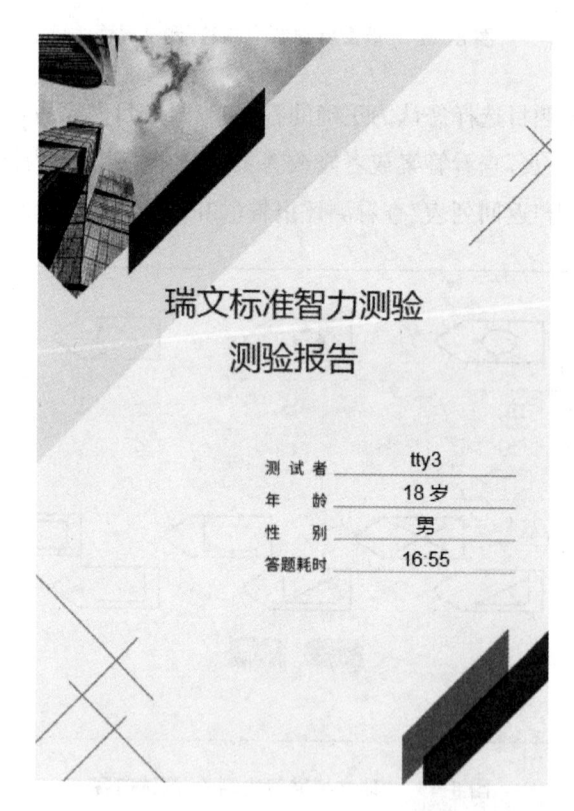

图 8-11 "瑞文标准智力测验"测评报告

(2)国际标准智商测试

点击"国际标准智商测试"对应的"开始测评",弹出友情提示页面,介绍测评的规则及注意事项,点击"确定"按钮进入测评,若不想参与测评,则点击"取消"按钮退出(如图 8-12 所示)。

图 8—12 国际标准智商测试

2. 能力测试

点击"能力测试",进入测评页面可对测试题进行"开始测评"和查看"测评报告"等操作。在名称栏输入测评名称可搜索,点击左上方的箭头图标可展开或缩小左侧的导航栏(如图 8—13 和图 8—14 所示)。

图 8—13 能力测试

图 8—14 大学生能力测试

(1)GATB 测评

点击 GATB 测评对应的"开始测评",弹出友情提示页面,介绍测评的规则及注意事项,点击"确定"按钮进入测评,若不想参与测评,则点击"取消"按钮退出(如图8－15 所示)。

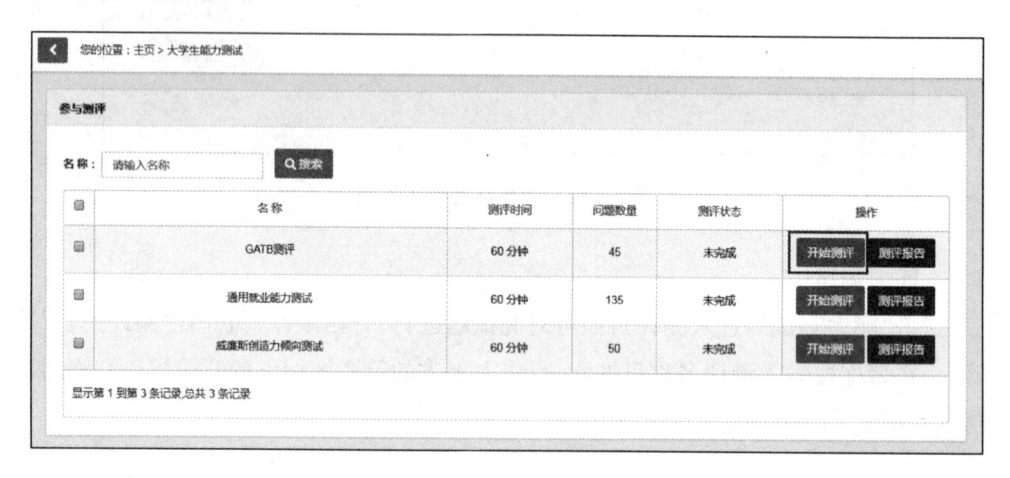

图 8－15　GATB 测评

(2)通用就业能力测试

点击通用就业能力测试对应的"开始测评",弹出友情提示页面,介绍测评的规则及注意事项,点击"确定"按钮进入测评,若不想参与测评,则点击"取消"按钮退出(如图 8－16 所示)。

图 8－16　通用就业能力测试

(3)威廉斯创造力倾向测试

点击威廉斯创造力倾向测试对应的"开始测评",弹出友情提示页面,介绍测评的规则及注意事项,点击"确定"按钮进入测评,若不想参与测评,则点击"取消"按钮退出(如图 8—17 所示)。

图 8—17 威廉斯创造力倾向测试

3.性格测试

点击性格测试,进入测评页面可对测试题进行"开始测评"和查看"测评报告"等操作。在名称栏输入测评名称可进行搜索,点击左上方的箭头图标可展开或缩小左侧的导航栏(如图 8—18 和图 8—19 所示)。

图 8—18 性格测试

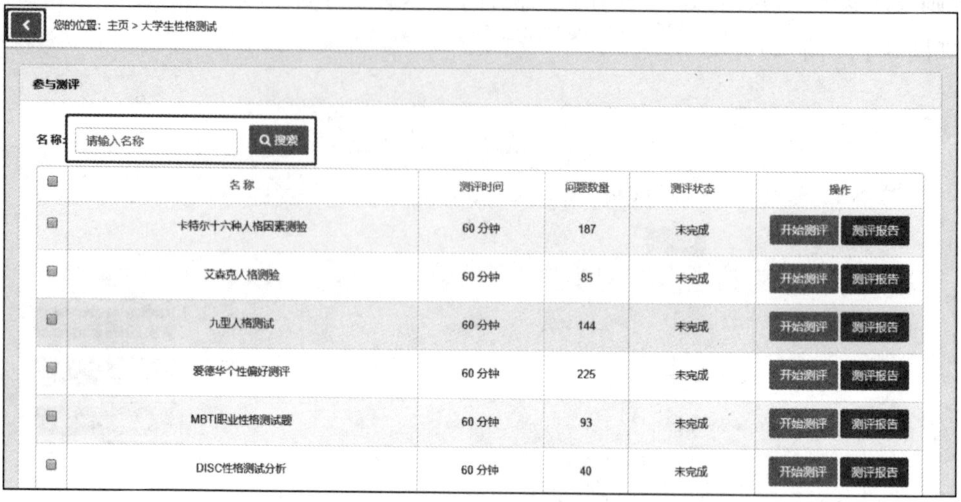

图 8—19　大学生性格测试

(1) 卡特尔十六种人格因素测验

点击卡特尔十六种人格因素测验对应的"开始测评",弹出友情提示页面,介绍测评的规则及注意事项,点击"确定"按钮进入测评,若不想参与测评,则点击"取消"按钮退出(如图 8—20 所示)。

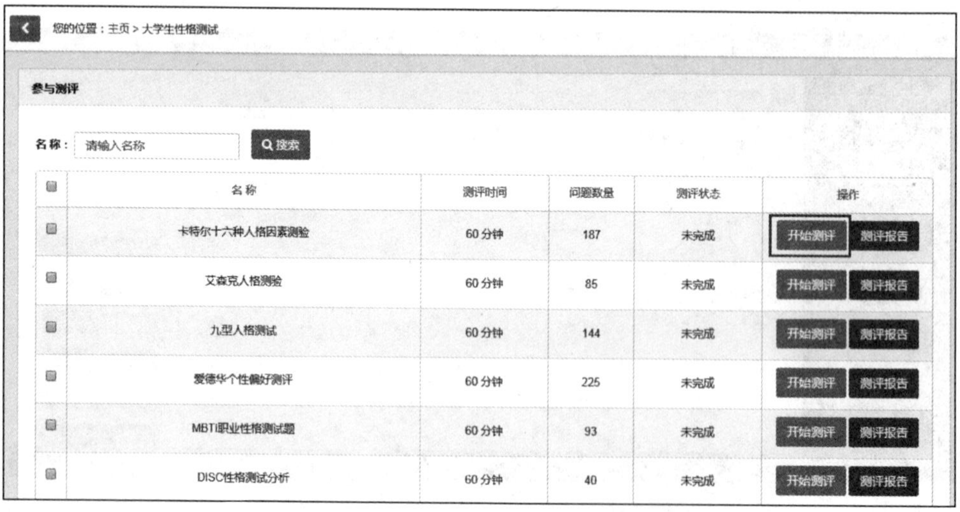

图 8—20　卡特尔十六种人格因素测验

(2) 艾森克人格测验

点击艾森克人格测验对应的"开始测评",弹出友情提示页面,介绍测评的规则及注意事项,点击"确定"按钮进入测评,若不想参与测评,则点击"取消"按钮退出(如图

8—21所示）。

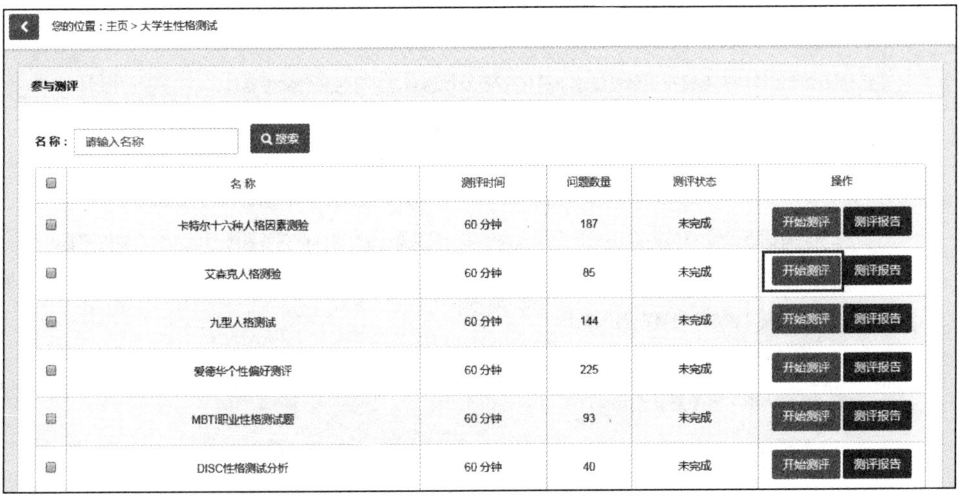

图 8—21　艾森克人格测验

（3）九型人格测试

点击九型人格测试对应的"开始测评"，弹出友情提示页面，介绍测评的规则及注意事项，点击"确定"按钮进入测评，若不想参与测评，则点击"取消"按钮退出（如图8—22和图8—23所示）。

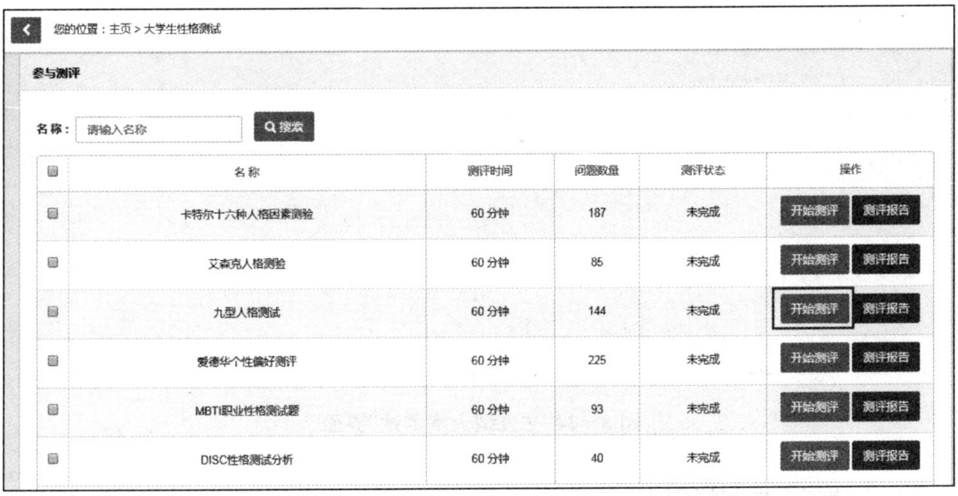

图 8—22　九型人格测试

进入测评页面后，可看到测评的名称、题目数量以及剩余时间，点击"返回列表"则退出测试，点击左上方的箭头图标可展开或缩小左侧的导航栏（如图8—24所示）。

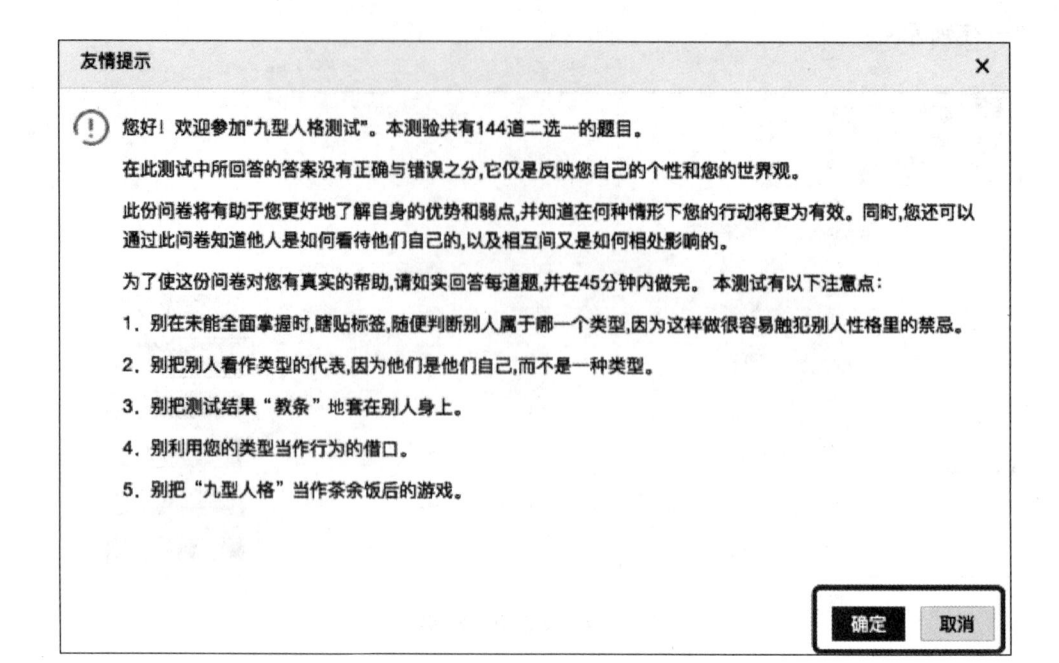

图 8—23 "九型人格测试"提示

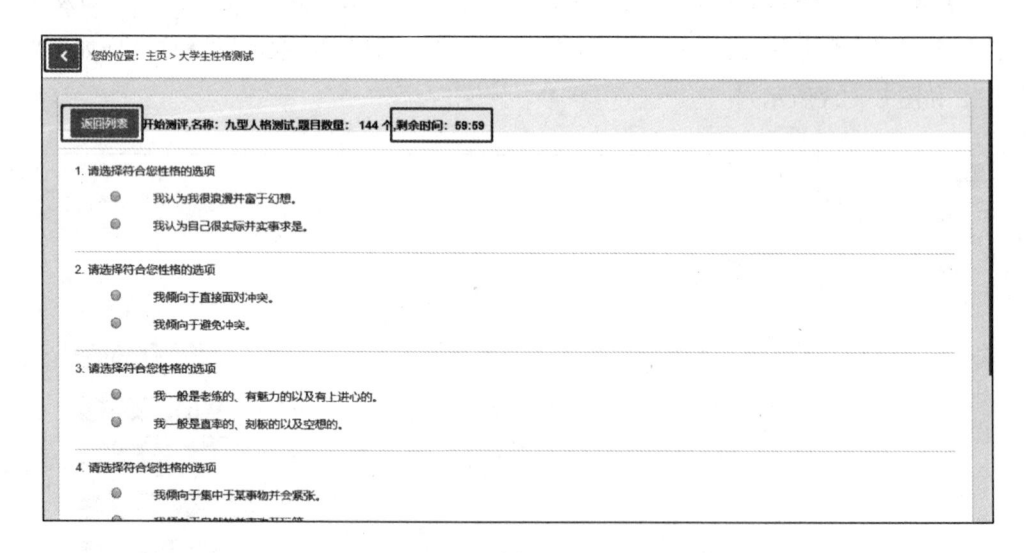

图 8—24 "九型人格测试"界面

(4) 爱德华个性偏好测评

点击爱德华个性偏好测评对应的"开始测评",弹出友情提示页面,介绍测评的规则及注意事项,点击"确定"按钮进入测评,若不想参与测评,则点击"取消"按钮退出(如图 8—25 所示)。

图 8—25　爱德华个性偏好测评

(5) MBTI 职业性格测试

点击 MBTI 职业性格测试对应的"开始测评",弹出友情提示页面,介绍测评的规则及注意事项,点击"确定"按钮进入测评,若不想参与测评则点击"取消"按钮退出测评(如图 8—26 所示)。

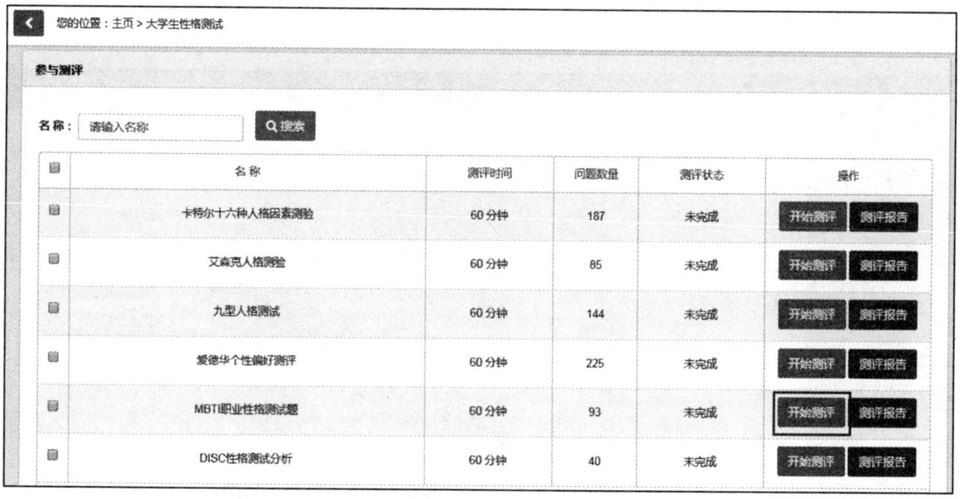

图 8—26　MBTI 职业性格测试

(6) DISC 性格测试

点击 DISC 性格测试分析对应的"开始测评",弹出友情提示页面,介绍测评的规则及注意事项,点击"确定"按钮进入测评,若不想参与测评,则点击"取消"按钮退出

(如图 8—27 所示)。

图 8—27　DISC 性格测试

4. 心理测试

点击心理测试,进入测评页面可对测试题进行"开始测评"和查看"测评报告"等操作。在名称栏输入测评名称可进行搜索,点击左上方的箭头图标可展开或缩小左侧的导航栏(如图 8—28 和图 8—29 所示)。

图 8—28　心理测试

(1)大学生 UPI 测量

点击大学生 UPI 测量对应的"开始测评",弹出友情提示页面,介绍测评的规则及注意事项,点击"确定"按钮进入测评,若不想参与测评,则点击"取消"按钮退出(如图

图 8-29 心理测试

8-30 所示)。

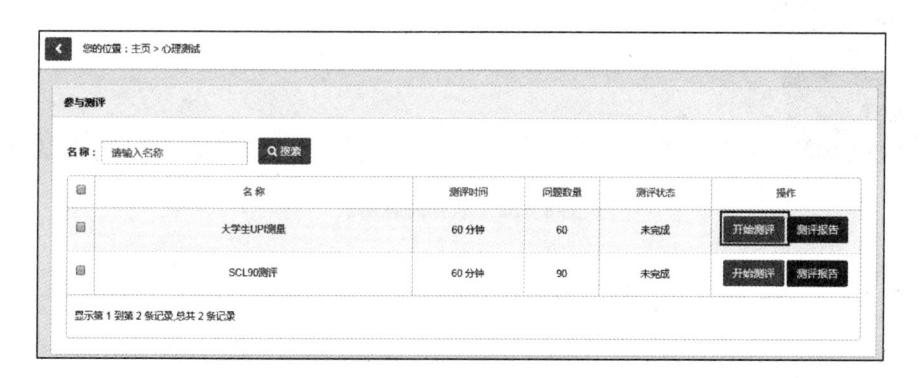

图 8-30 大学生 UPI 测量

(2)SCL90 测评

点击 SCL90 测评对应的"开始测评",弹出友情提示页面,介绍测评的规则及注意事项,点击"确定"按钮进入测评,若不想参与测评,则点击"取消"按钮退出(如图 8-31 所示)。

图 8-31 SCL90 测评

5. 职业兴趣测试

点击职业兴趣测试，进入测评页面可对测试题进行"开始测评"和查看"测评报告"等操作。在名称栏输入测评名称可进行搜索，点击左上方的箭头图标可展开或缩小左侧的导航栏（如图8－32和图8－33所示）。

图8－32　职业兴趣测试

图8－33　职业兴趣测试

(1) 霍兰德职业兴趣测量表

点击霍兰德职业兴趣测量表对应的"开始测评"，弹出友情提示页面，介绍测评的规则及注意事项，点击"确定"按钮进入测评，若不想参与测评，则点击"取消"按钮退出（如图8－34和图8－35所示）。

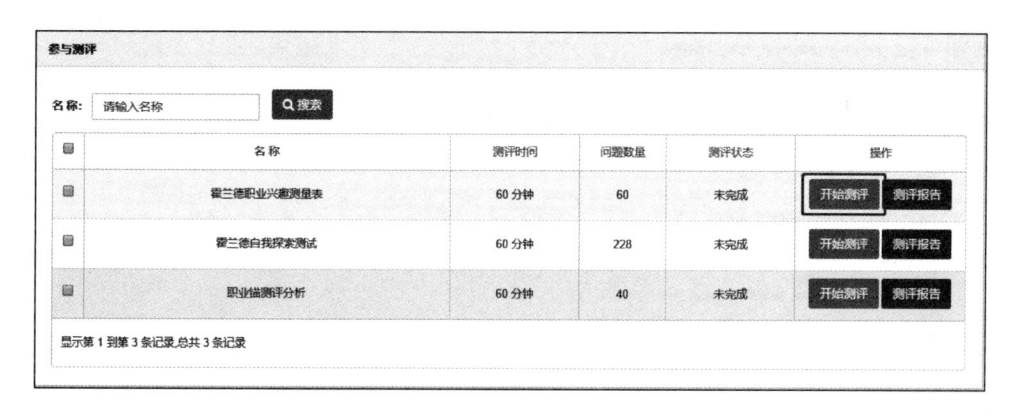

图 8—34　霍兰德职业兴趣测量表

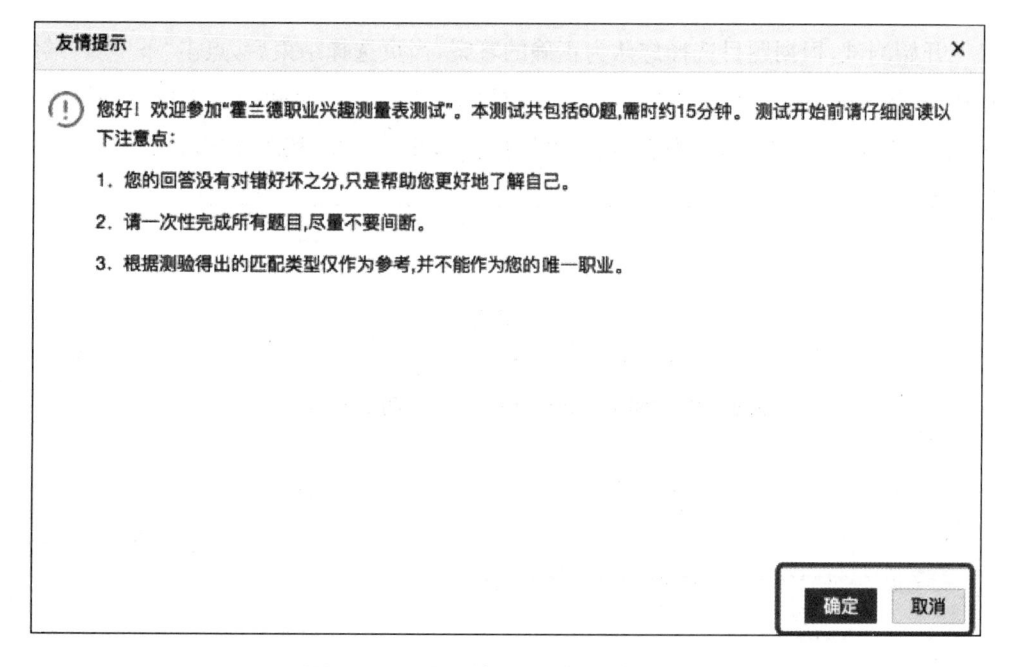

图 8—35　"霍兰德职业兴趣测量表"提示

进入测评页面后,可看到测评的名称、题目数量以及剩余时间,点击"返回列表"则退出测试,点击左上方的箭头图标可展开或缩小左侧的导航栏(如图 8—36 所示)。

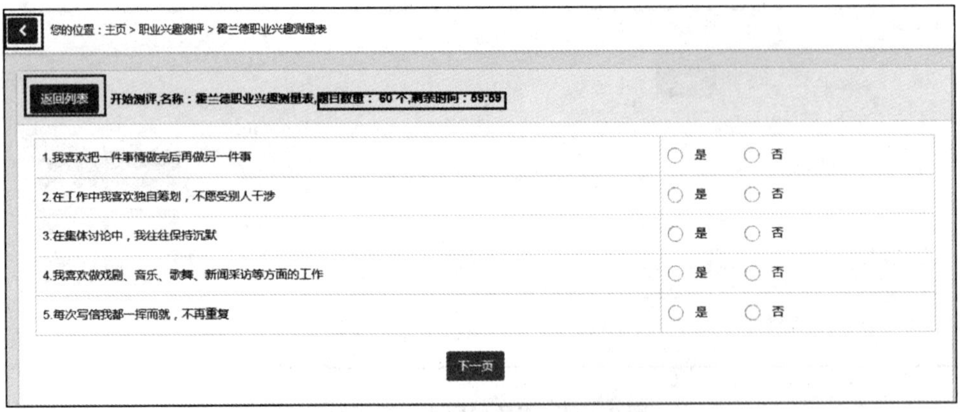

图 8-36 "霍兰德职业兴趣测量表"界面

开始测试,根据题目选择您认为正确的答案,当页选择结束后,点击"下一页"继续操作,或者点击"上一页"查看答案或者修改答案,需在规定时间内回答所有问题并点击"确定提交"。点击"返回列表"查看测评报告(如图 8-37 和图 8-38 所示)。

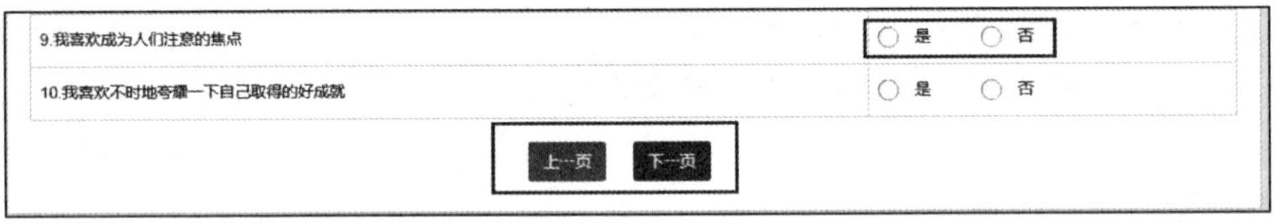

图 8-37 "霍兰德职业兴趣测量表"测试内容(部分)

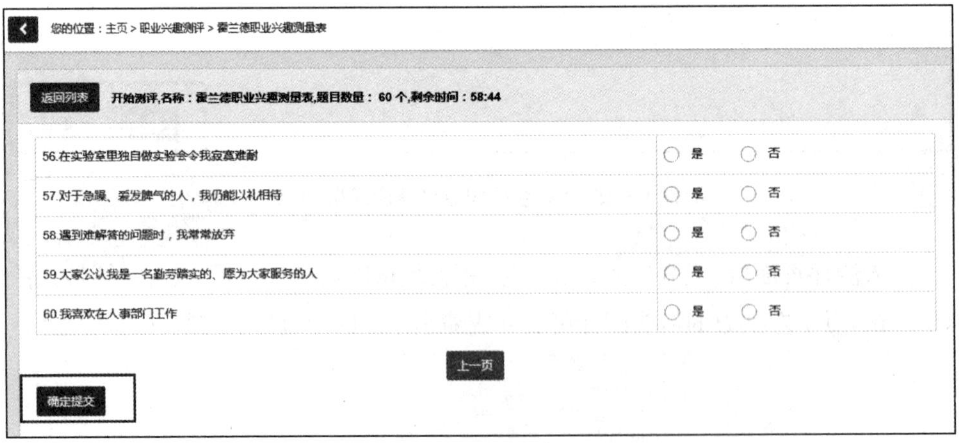

图 8-38 "霍兰德职业兴趣测量表"测试内容(部分)

点击"测评报告",可查看测评结果,测评报告由前言、测评结果、测评结果分析、指导意见及后记等部分组成(如图8-39所示)。

图8-39 "霍兰德职业兴趣测量表"测评报告

(2)霍兰德自我探索测试

点击霍兰德自我探索测试对应的"开始测评",弹出友情提示页面,介绍测评的规则及注意事项,点击"确定"按钮进入测评,若不想参与测评,则点击"取消"按钮退出(如图8-40和图8-41所示)。

图8-40 霍兰德自我探索测试

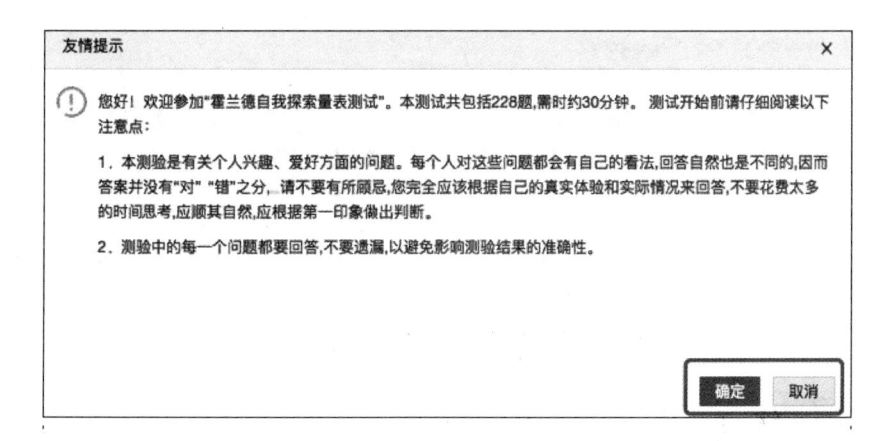

图8-41 "霍兰德自我探索测试"提示

进入测评页面后,可看到测评的名称、题目数量以及剩余时间,点击"返回列表"则退出测试,点击左上方的箭头图标可展开或缩小左侧的导航栏(如图8-42所示)。

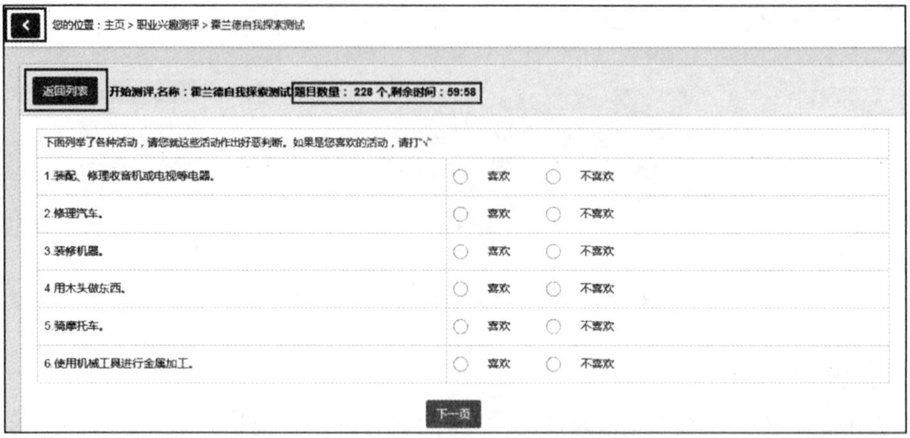

图8-42 "霍兰德自我探索测试"测试界面

开始测试,根据题目选择您认为正确的答案,当页题目做完后,点击"下一页"继续操作,或者点击"上一页"查看答案或者修改答案,需在规定时间内回答所有问题并点击"确定提交"。点击"返回列表"查看测评报告(如图8-43和图8-44所示)。

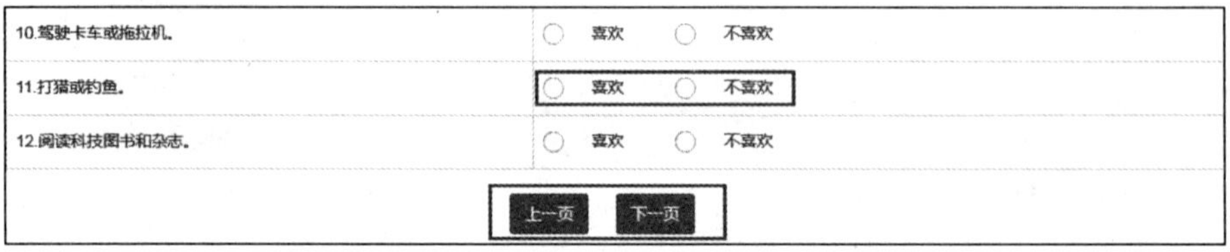

图8-43 "霍兰德自我探索测试"测试内容(部分)

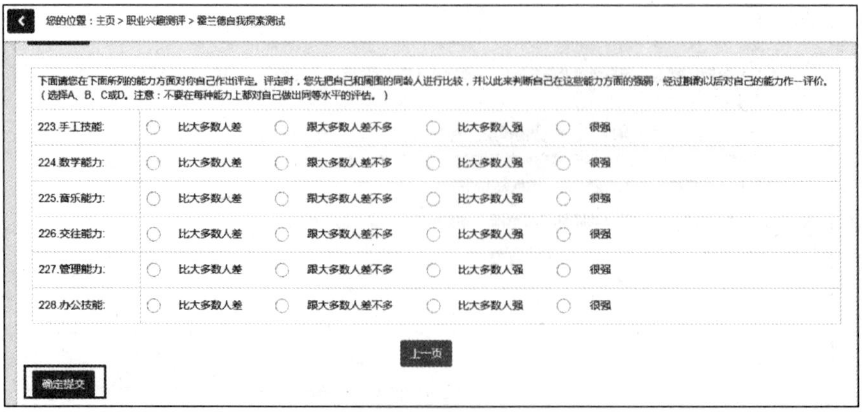

图8-44 "霍兰德自我探索测试"测试内容(部分)

点击"测评报告",可查看测评结果,测评报告由前言、测评结果、测评结果分析、指导意见及后记等部分组成(如图8－45所示)。

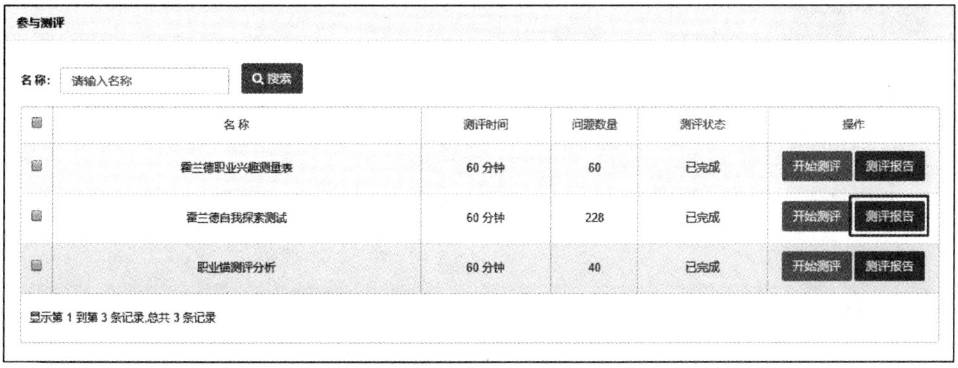

图 8－45　"霍兰德自我探索测试"测评报告

(3)职业锚测评

点击职业锚测评分析对应的"开始测评",弹出友情提示页面,介绍测评的规则及注意事项,点击"确定"按钮进入测评,若不想参与测评,则点击"取消"按钮退出(如图8－46所示)。

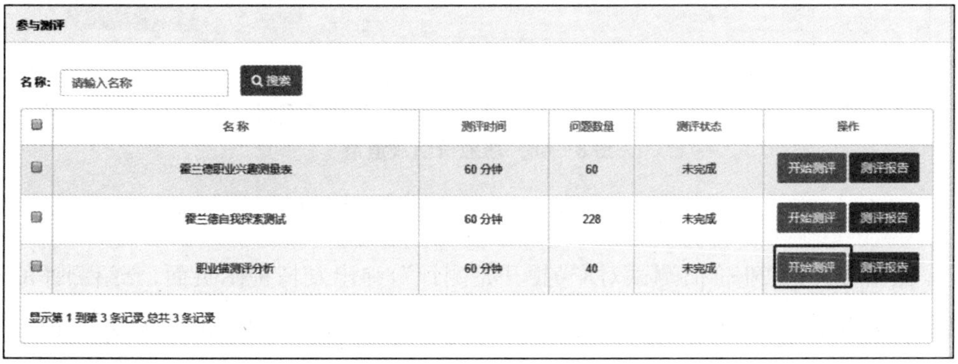

图 8－46　职业锚测评

6.职业价值观澄清

点击"职业价值观澄清",进入测评页面可对测试题进行"开始测评"和查看"测评报告"等操作。在名称栏输入测评名称可进行搜索,点击左上方的箭头图标可展开或缩小左侧的导航栏(如图8－47和图8－48所示)。

图 8—47　职业价值观澄清

图 8—48　职业价值观澄清

(1) WVI 职业价值测试

点击 WVI 职业价值测试对应的"开始测评",弹出友情提示页面,介绍测评的规则及注意事项,点击"确定"按钮进入测评,若不想参与测评,则点击"取消"按钮退出(如图 8—49 所示)。

图 8—49　WVI 职业价值测试

(2) Allport 价值观测验

点击 Allport 价值观测验对应的"开始测评",弹出友情提示页面,介绍测评的规则及注意事项,点击"确定"按钮进入测评,若不想参与测评,则点击"取消"按钮退出(如图 8-50 所示)。

图 8-50　"Allport 价值观测验"

7. 生涯发展

点击"生涯发展",进入测评页面可对测试题进行"开始测评"和查看"测评报告"等操作。在名称栏输入测评名称可进行搜索,点击左上方的箭头图标可展开或缩小左侧的导航栏(如图 8-51 和图 8-52 所示)。

图 8-51　生涯发展(未开始)

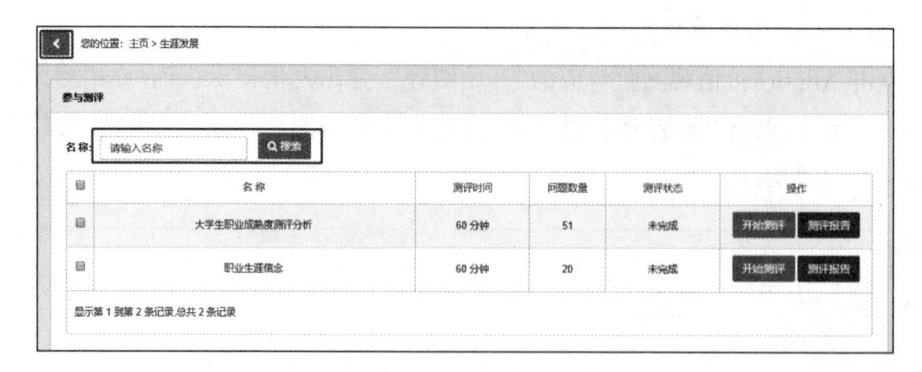

图 8—52　生涯发展（未完成）

(1)大学生职业成熟度测评

点击大学生职业成熟度测评分析对应的"开始测评"，弹出友情提示页面，介绍测评的规则及注意事项，点击"确定"按钮进入测评，若不想参与测评，则点击"取消"按钮退出(如图 8—53 所示)。

图 8—53　大学生职业成熟度测评分析

(2)职业生涯信念

点击职业生涯信念对应的"开始测评"，弹出友情提示页面，介绍测评的规则及注意事项，点击"确定"按钮进入测评，若不想参与测评，则点击"取消"按钮退出(如图 8—54 所示)。

图 8—54　职业生涯信念

8.职业决策

点击职业决策,进入测评页面可对测试题进行"开始测评"和查看"测评报告"等操作。在名称栏输入测评名称可搜索,点击左上方的箭头图标可展开或缩小左侧的导航栏(如图8-55和图8-56所示)。

图 8-55　职业决策(未开始)

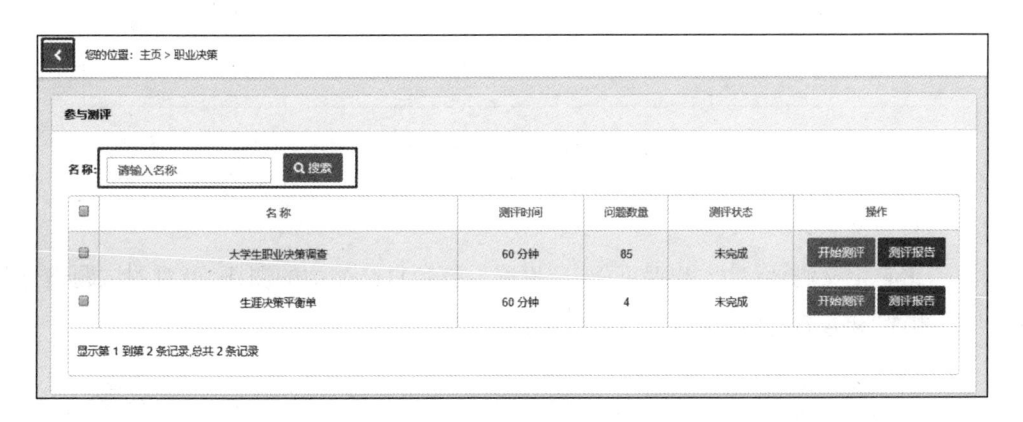

图 8-56　职业决策(未完成)

(1)大学生职业决策调查

点击大学生职业决策调查对应的"开始测评",弹出友情提示页面,介绍测评的规则及注意事项,点击"确定"按钮进入测评,若不想参与测评,则点击"取消"按钮退出(如图8-57所示)。

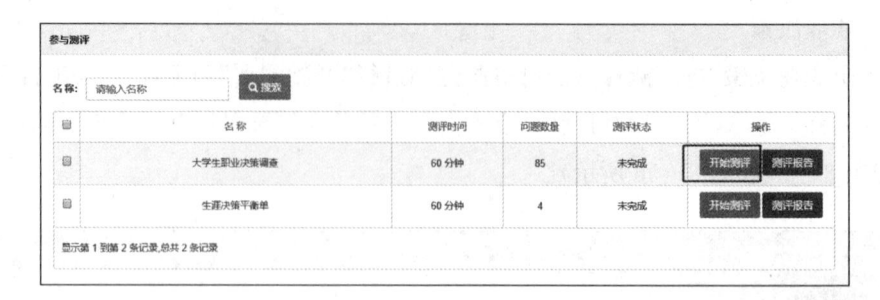

图8—57　大学生职业决策调查

(2)职业决策平衡单

点击职业决策平衡单对应的"开始测评",弹出友情提示页面,介绍测评的规则及注意事项,点击"确定"按钮进入测评,若不想参与测评,则点击"取消"按钮退出(如图8—58所示)。

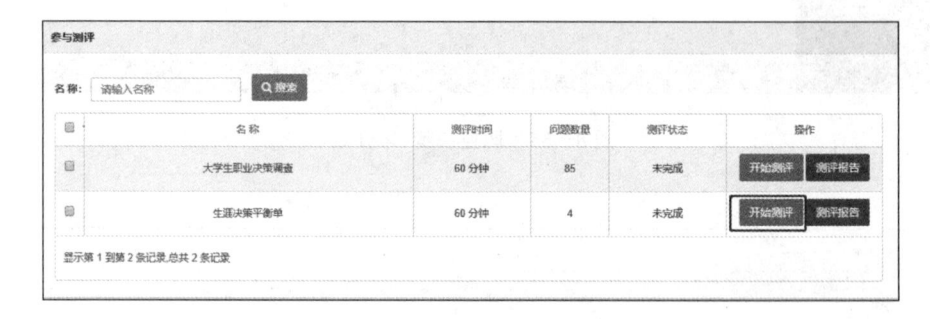

图8—58　职业决策平衡单

9. 自定义测评

点击自定义测评,进入测评页面,这里展示教师自己添加的测评,可对测试题进行"开始测评"和查看"测评报告"等操作(如图8—59所示)。

图8—59　自定义测评

10.评价中心

点击评价中心,可进行面试、角色扮演、公文筐测试、无领导小组讨论、案例分析等操作(如图8-60所示)。

图8-60　评价中心

(1)"面试"

点击"面试",进入面试模块,面试主要包括模拟面试和视频分析两部分(如图8-61所示)。

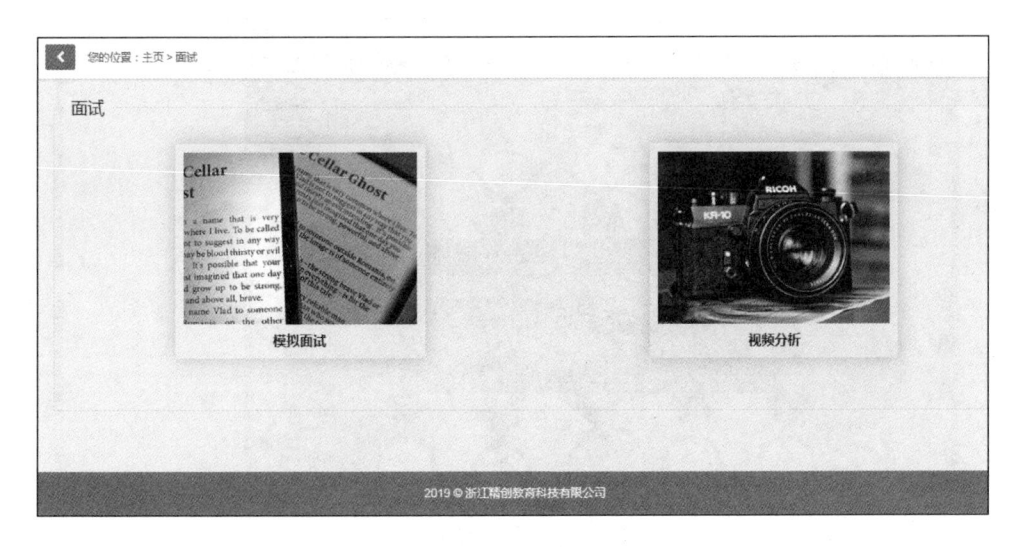

图8-61　面试

①"模拟面试"

点击"模拟面试",由小组组长选择面试的情境,小组点击进入(如图8-62所示)。

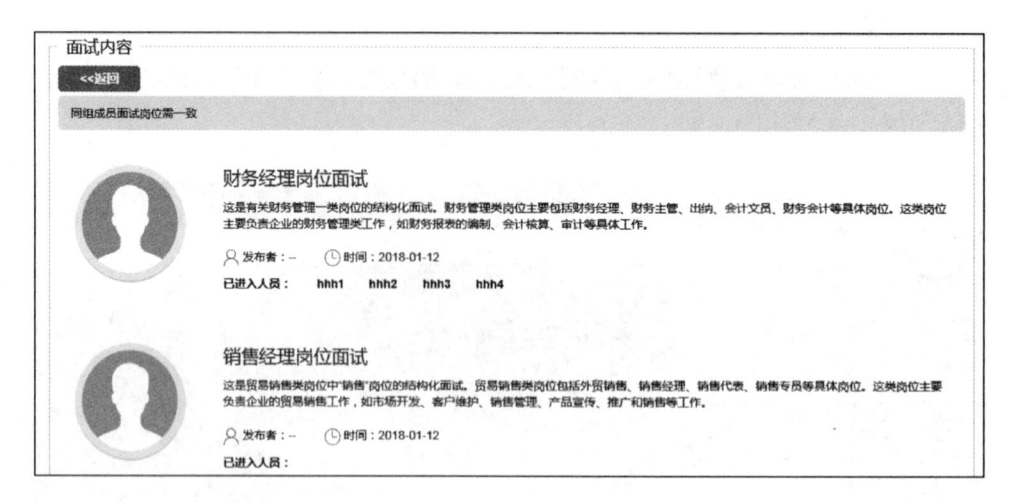

图 8-62 模拟面试

在模拟面试界面点击人物头像,选择考官或应聘者角色(如图 8-63 所示)。等小组内成员全部到齐之后,选择考官位置的学生可以点击"进入"按钮,在题目选择框中选择所需的问题,点击"提交",提交选题。同时选择评分表(如图 8-64、图 8-65 和图 8-66 所示)。

注:只有主考官可以提交问题,副考官只能查看选题,并通过右边"考官对话框"与主考官讨论选题。

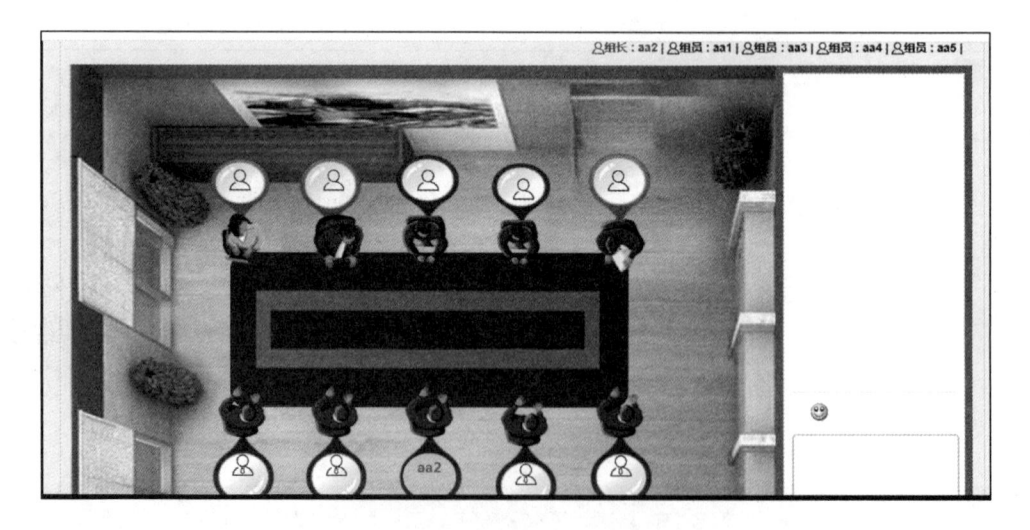

图 8-63 点击人物头像

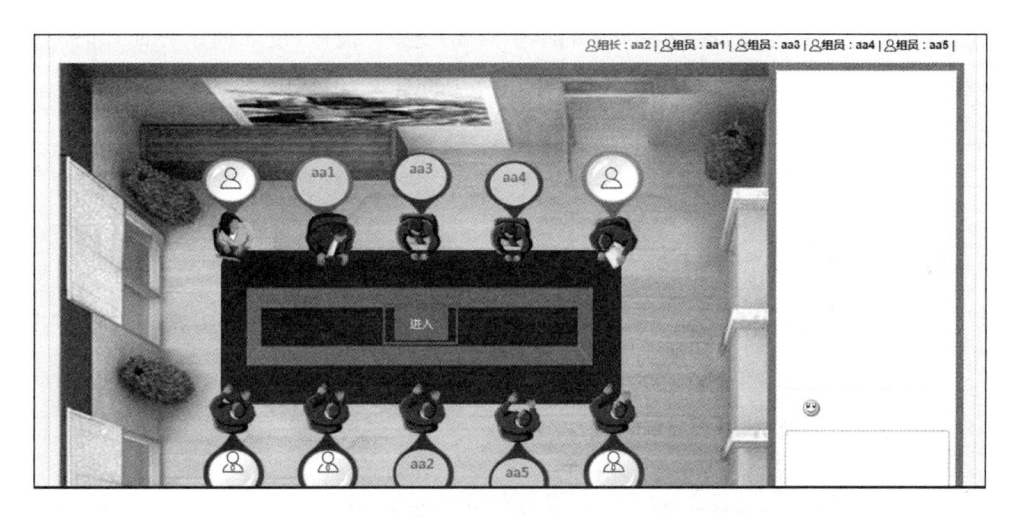

图 8-64 考官点击"进入"按钮

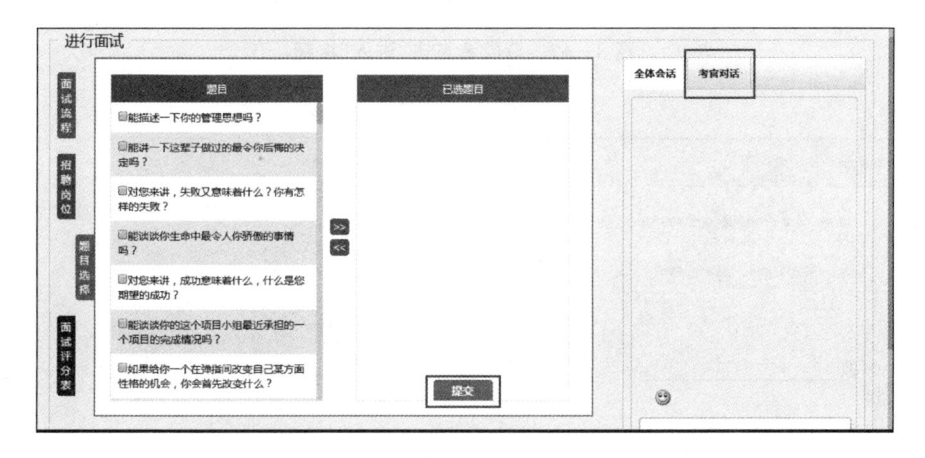

图 8-65 考官选题

图 8-66 选择评分表

考官选好题目之后,应聘者角色的学生点击"进入"按钮,进入面试界面,选择"查看题目",在右侧全体对话框中输入自己的回答(如图 8—67 和图 8—68 所示)。

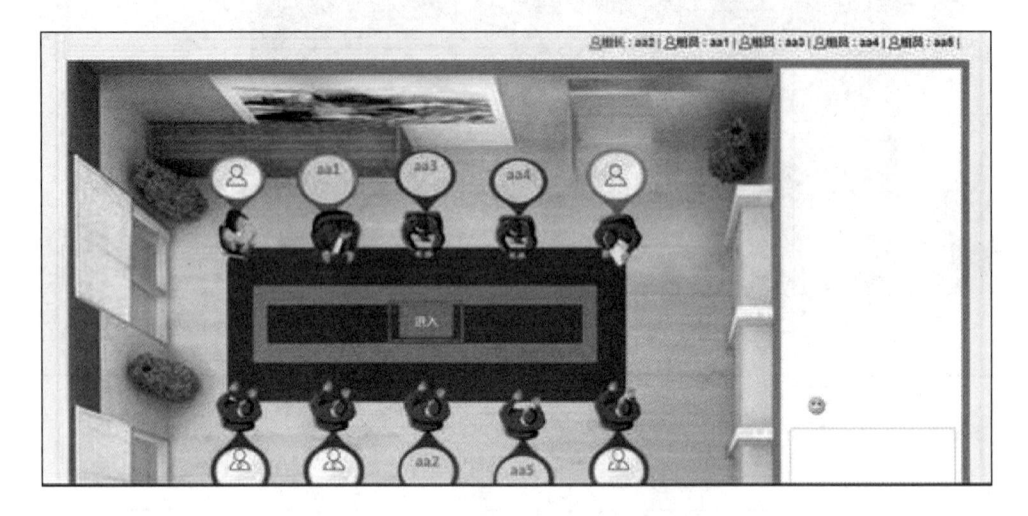

图 8—67　应聘者点击"进入"按钮

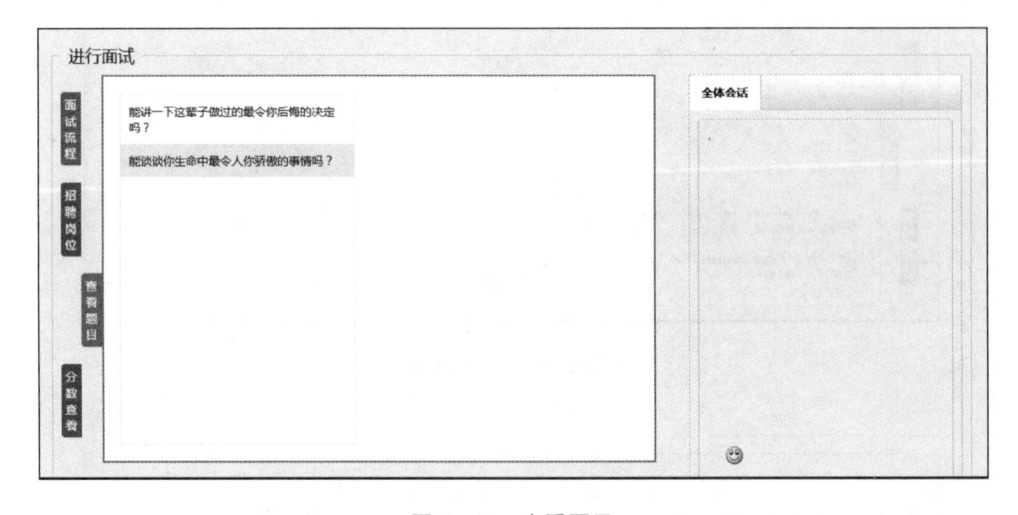

图 8—68　查看题目

当所有应聘者都答题完成后,考官角色的学生选择"打分"按钮,对每个应聘者的答题情况评分。评分结束后,点击"提交"按钮(如图 8—69 和图 8—70 所示)。

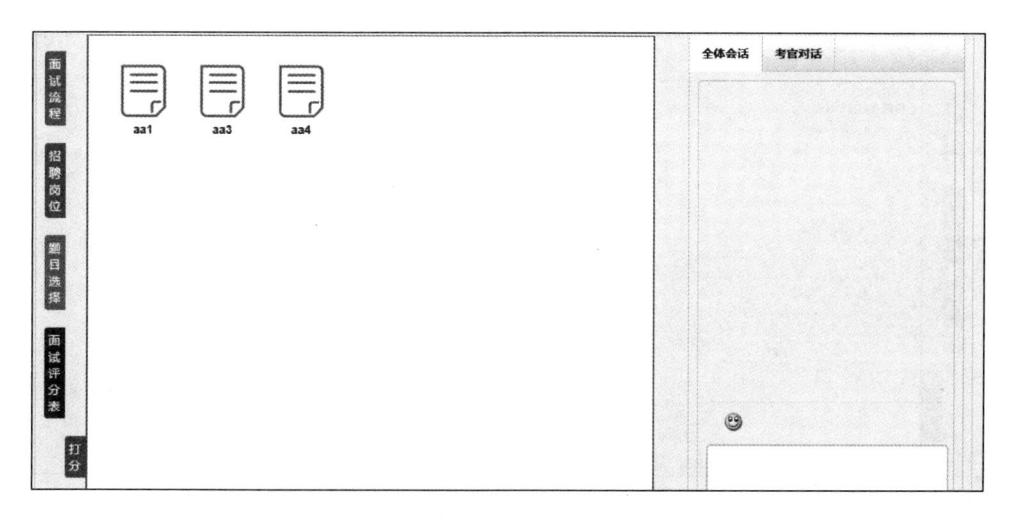

图 8-69　打分

图 8-70　提交结构化面试评分表

应聘者角色的学生可以在"分数查看"框中查看考官评分(如图 8-71 所示)。

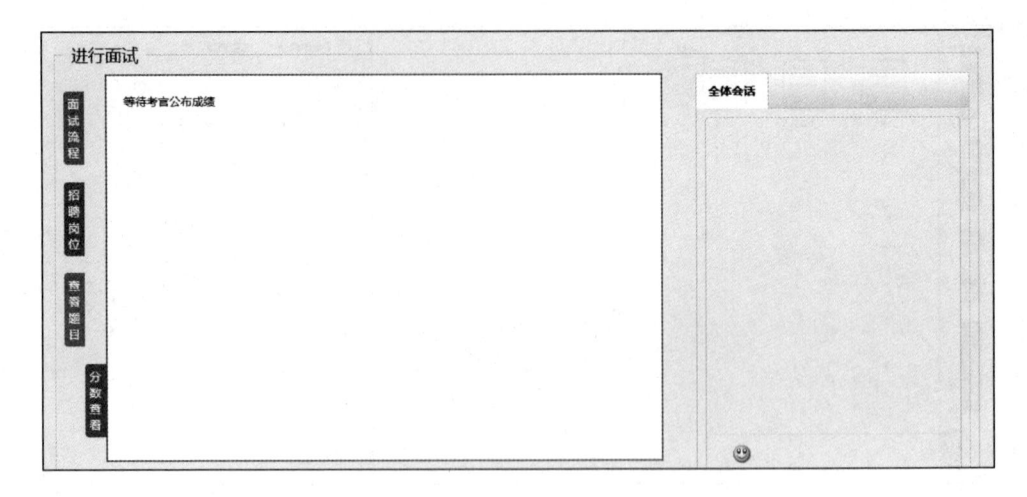

图 8—71 分数查看

②"视频分析"

点击"视频分析",在进入的界面选择想要观看的结构化面试视频,点击进入观看,并将视频中的要点和错误记录下来(如图 8—72 和图 8—73 所示)。

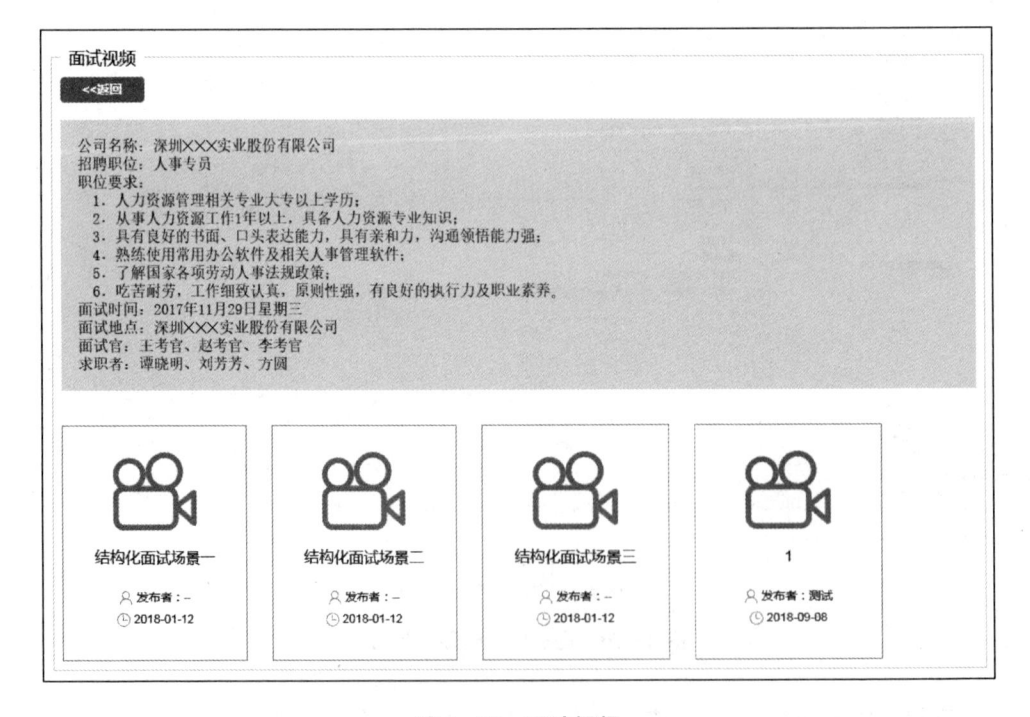

图 8—72 面试视频

图 8—73　面试评价

(2)"角色扮演"

点击"角色扮演",选择角色扮演的案例,点击进入(如图 8—74 所示)。

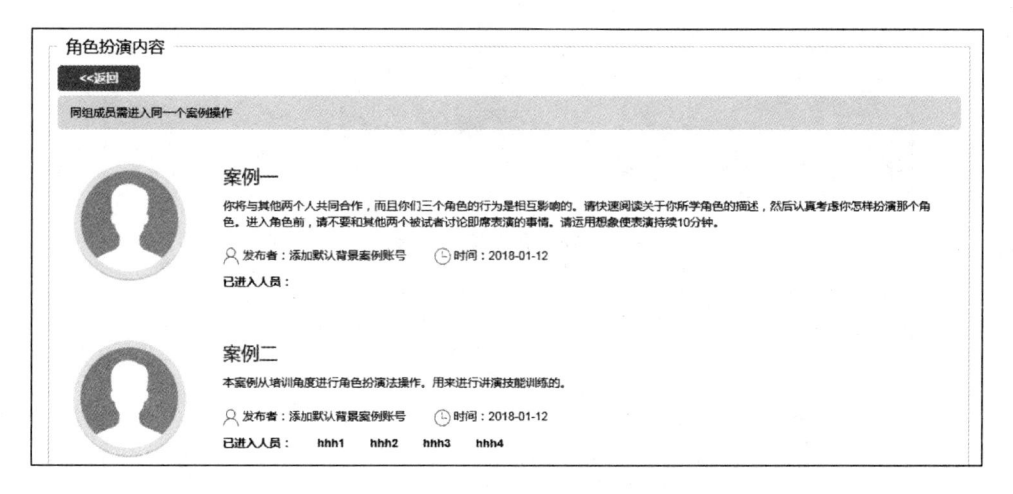

图 8—74　角色扮演

(3)"公文筐测试"

点击"公文筐测试",阅读案例,根据要求完成公文筐测试,点击"提交"完成该步骤(如图 8—75 所示)。

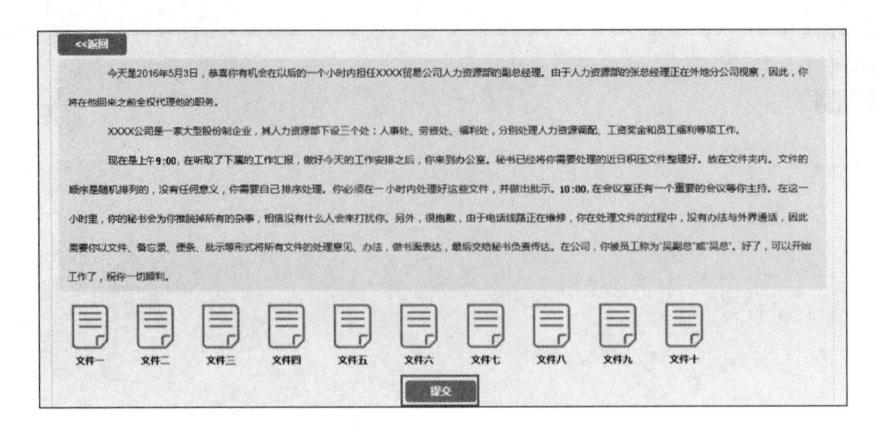

图 8—75　公文筐测试

提交完成后可查看解析,点击"关闭"返回上一界面(如图 8—76 和图 8—77 所示)。

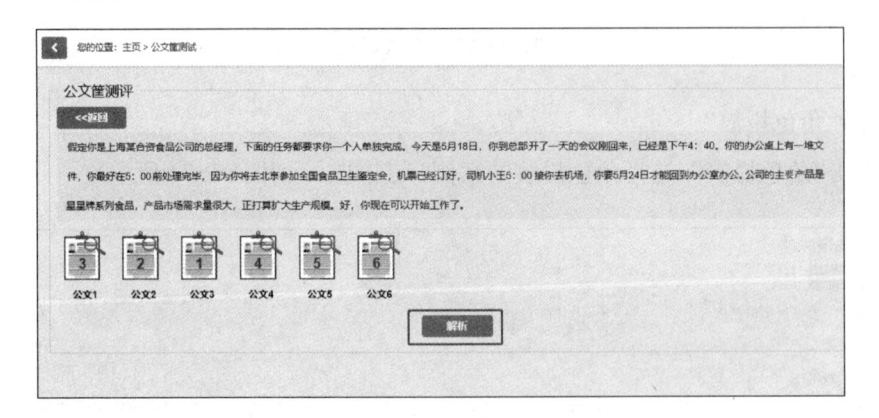

图 8—76　公文筐测试解析

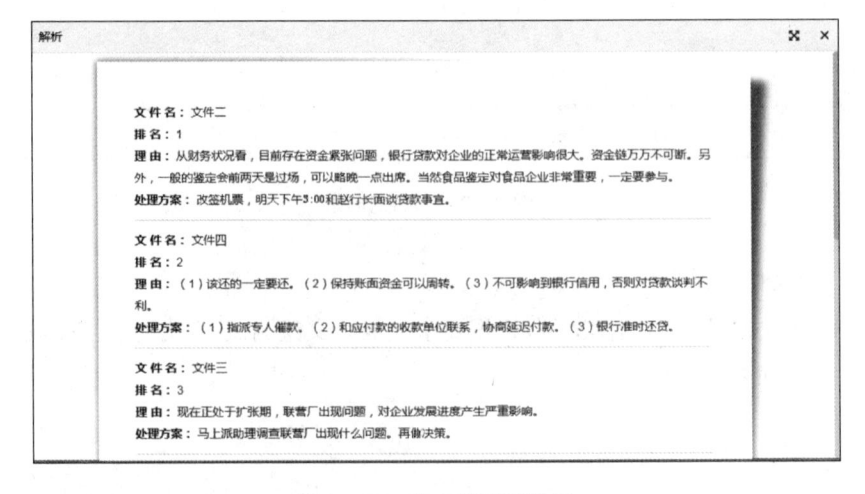

图 8—77　公文筐测试解析

(4)"无领导小组讨论"

点击"无领导小组讨论",选择无领导小组讨论案例,阅读讨论案例,发表小组意见,无领导讨论时间限制为 20 分钟,等小组成员到齐后,组长点击开始讨论,小组成员在对话框内发表观点。时间结束以后小组组长必须提交讨论结果,其他小组成员可以点击"查看结论"按钮查看(如图 8—78、图 8—79 和图 8—80 所示)。

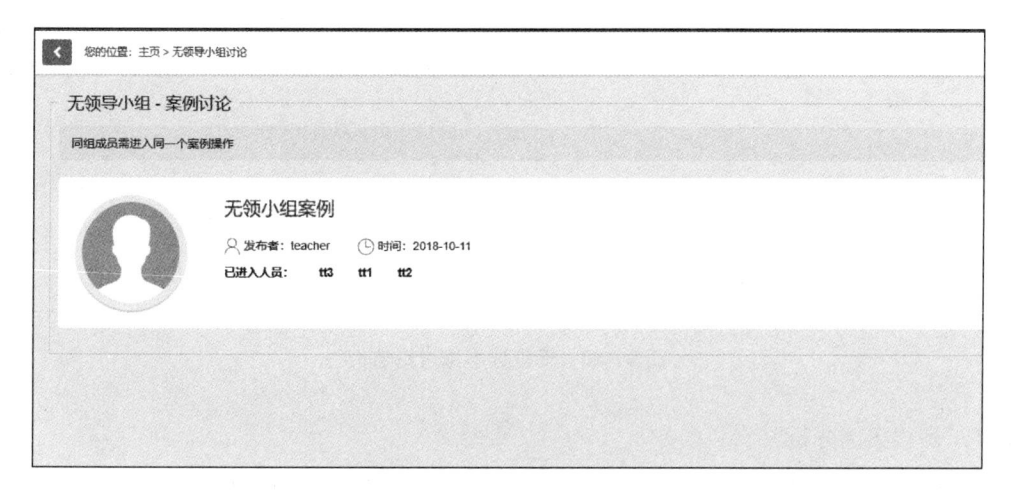

图 8—78 无领导小组讨论——进入

图 8—79 无领导小组讨论——开始

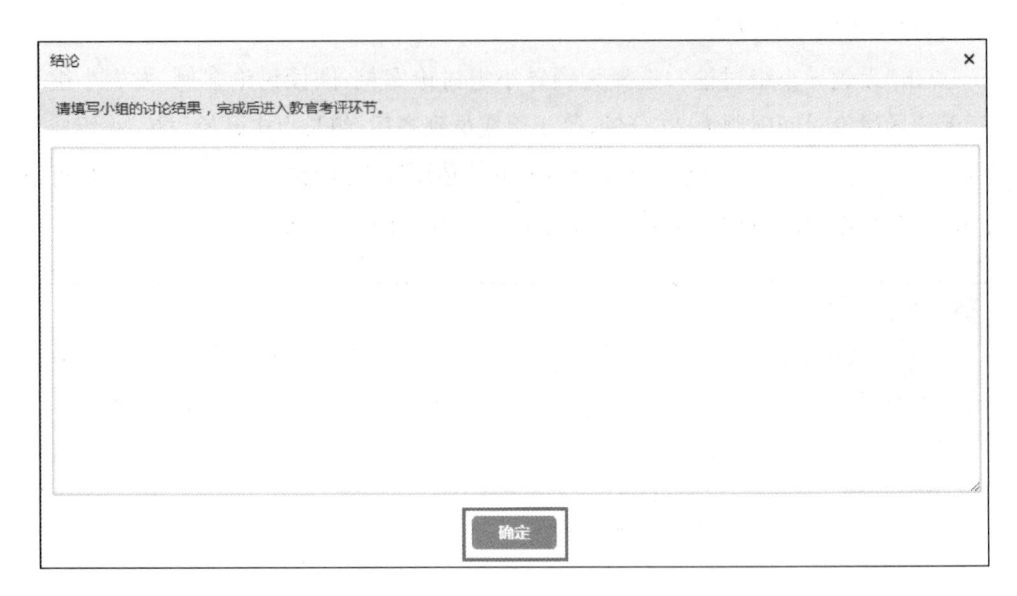

图 8－80　无领导小组讨论结论

(5)"案例分析"

点击"案例分析",查看案例内容和视频背景(如图 8－81 所示)。

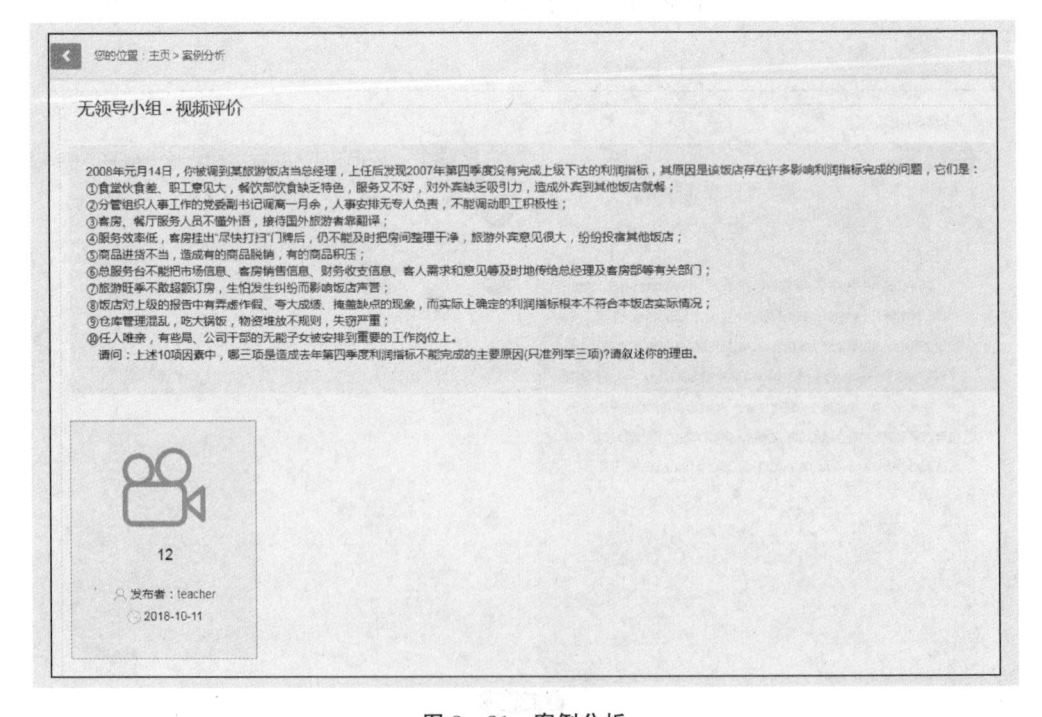

图 8－81　案例分析

点击视频按钮,可进入观看界面,看完视频之后,学生需对视频内容进行评价分析，点击"评价"和"记录表"按钮，填写完对应表格后，点击"提交"按钮（如图 8－82、图 8－83 和 8－84 所示）。

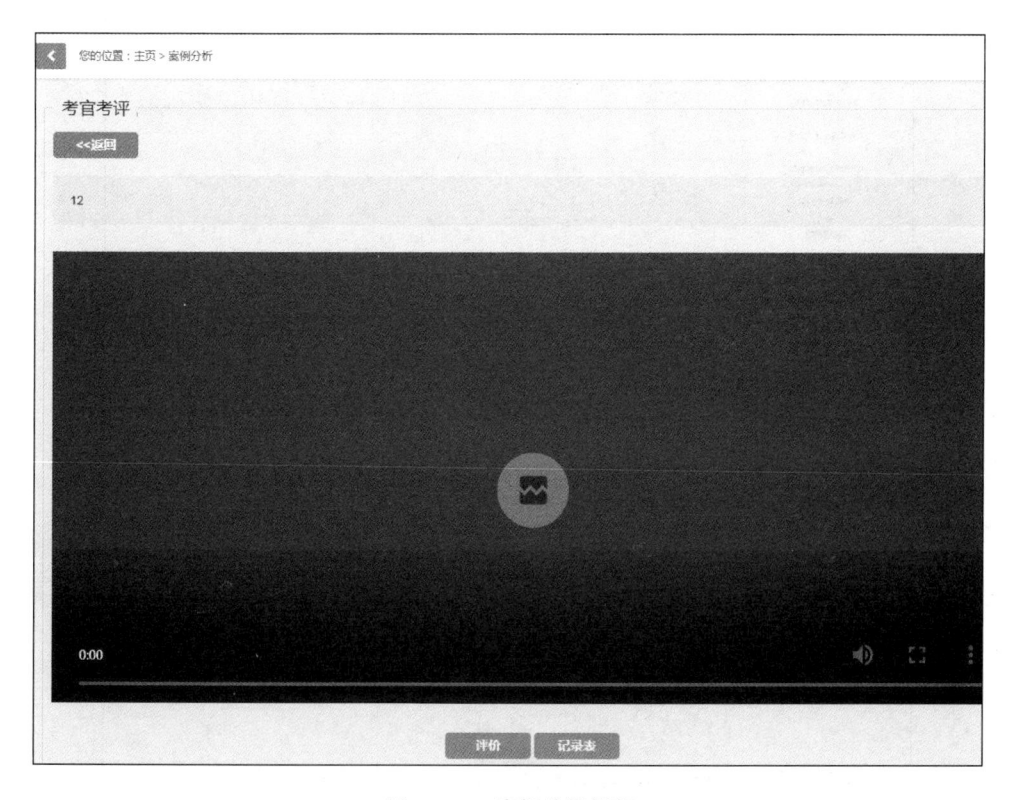

图 8－82　案例分析视频

图 8－83　评价

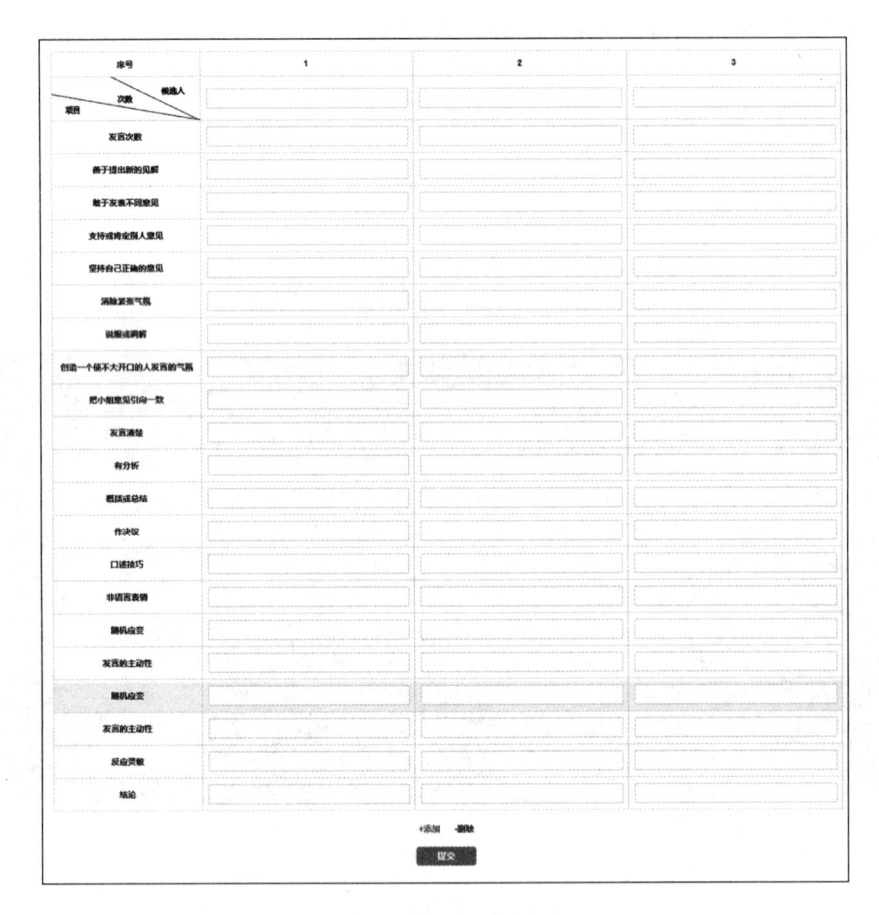

图 8-84　记录情况

(二) 职业探索

点击职业探索，进入职业探索界面，分为职业速配与推荐、职业发展地图、职业搜索、新兴职业查询和我的收藏五大模块(如图 8-85 所示)。

图 8-85　职业探索

1. 职业速配与推荐

点击"职业速配与推荐",进入职业速配与推荐页面,可查看序号、名称和推介。点击左上角箭头图标可展开和缩小左侧的导航栏(如图8—86所示)。

图8—86　职业速配与推荐

2. 职业发展地图

点击"职业发展地图",进入职业发展地图页面,可查看序号、职业发展地图以及操作。点击左上角箭头图标可展开和缩小左侧的导航栏(如图8—87所示)。

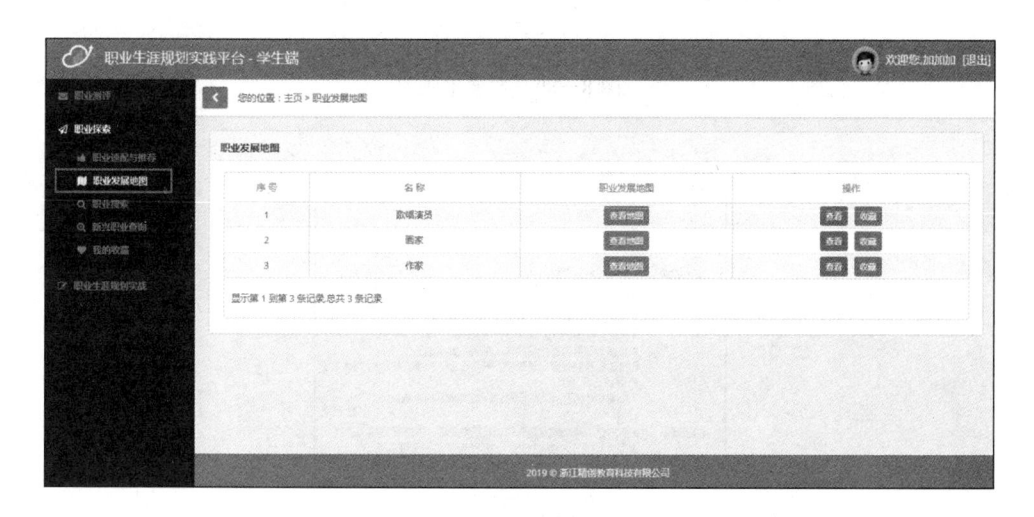

图8—87　职业发展地图

点击"查看地图",弹出职业发展地图提示页面,在操作页面下,点击"查看"可查看职业详情。点击"收藏",收藏该职业(如图8—88、图8—89和8—90所示)。

图 8—88　查看地图

图 8—89　发展地图

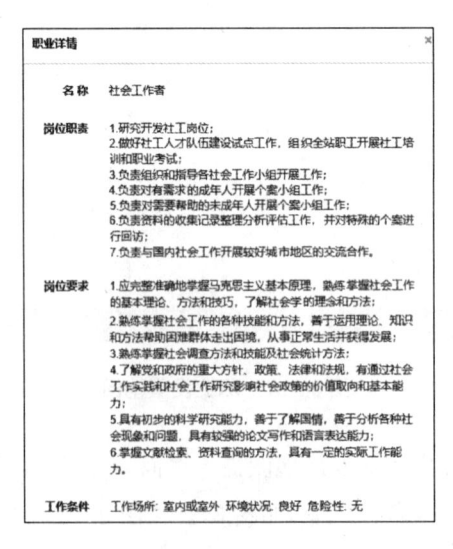

图 8—90　职业详情

3. 职业搜索

点击"职业搜索",进入职业搜索页面,可查看序号、名称、收入水平。点击左上角箭头图标可展开和缩小左侧的导航栏。在搜索框可搜索职业名称(如图8－91所示)。

图8－91　职业搜索

点击操作选项的"查看",弹出职业详情页面,在操作页面下点击"收藏",收藏该职业(如图8－92和图8－93所示)。

图8－92　查看职业

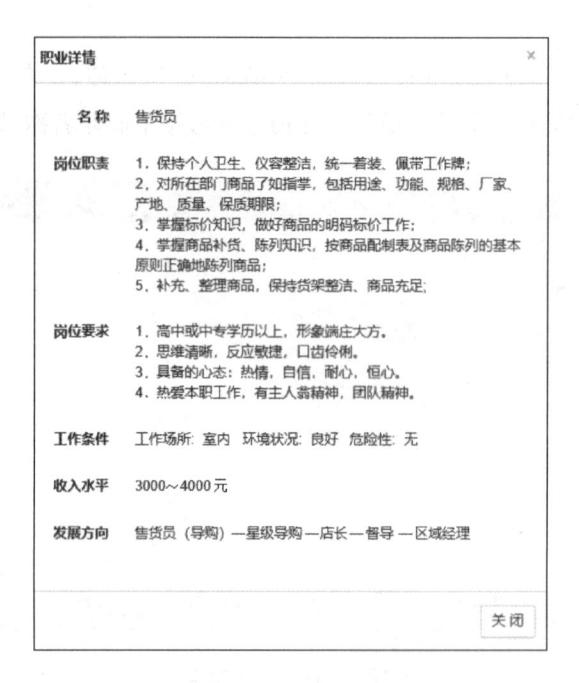

图 8—93 职业详情

4. 新兴职业查询

点击"新兴职业查询",进入职业搜索页面,可查看序号、名称、收入水平。点击左上角箭头图标可展开和缩小左侧的导航栏。在搜索框可搜索职业名称(如图 8—94 所示)。

图 8—94 新兴职业查询

点击操作选项的"查看",弹出职业详情页面,在操作页面下点击"收藏",收藏该职业(如图 8—95 所示)。

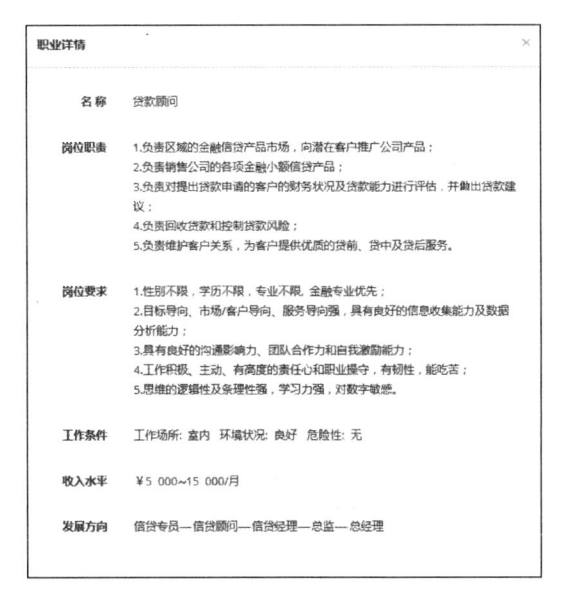

图 8—95 新兴职业详情

5. 我的收藏

点击"我的收藏",进入我的收藏页面,可查看收藏职业的名称、是否为新兴职业、收入水平。点击左上角箭头图标可展开和缩小左侧的导航栏。在搜索框可搜索职业名称(如图 8—96 所示)。

图 8—96 我的收藏

点击操作选项的"查看",弹出职业详情页面,在操作页面下点击"收藏",收藏该职业(如图 8—97 所示)。

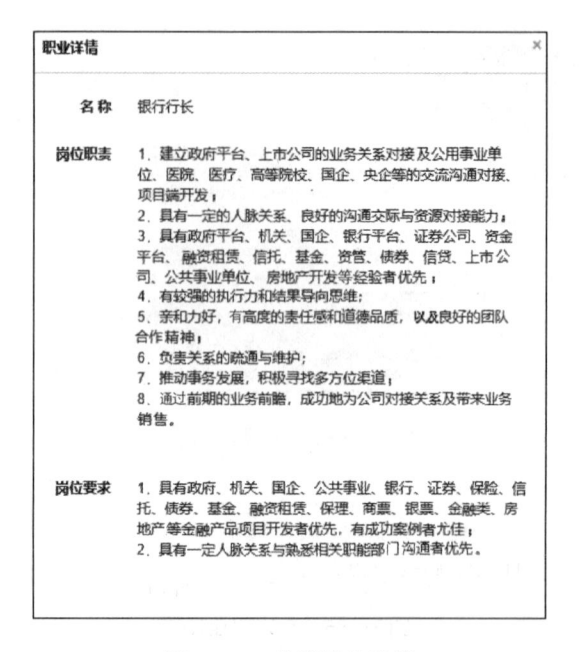

图 8—97　收藏职业详情

(三)职业生涯规划实战

职业生涯规划是指个人与组织相结合,测定、分析和总结在一个人职业生涯的主客观条件基础上,综合分析与权衡自己的兴趣、爱好、能力、特点,结合时代特点,根据自己的职业倾向,确定其最佳的职业奋斗目标,并为实现这一目标做出行之有效的安排。

点击"职业生涯规划实战",进入职业生涯规划实战页面,分为自我画像、职业画像、企业画像、目标设定、行动指南和职业生涯规划承诺书六大模块(如图 8—98 所示)。

图 8—98　职业生涯规划实战

1. 自我画像

点击"自我画像",进入自我画像页面,填写自我画像内容。点击左上角箭头图标可展开和缩小左侧的导航栏(如图8—99所示)。

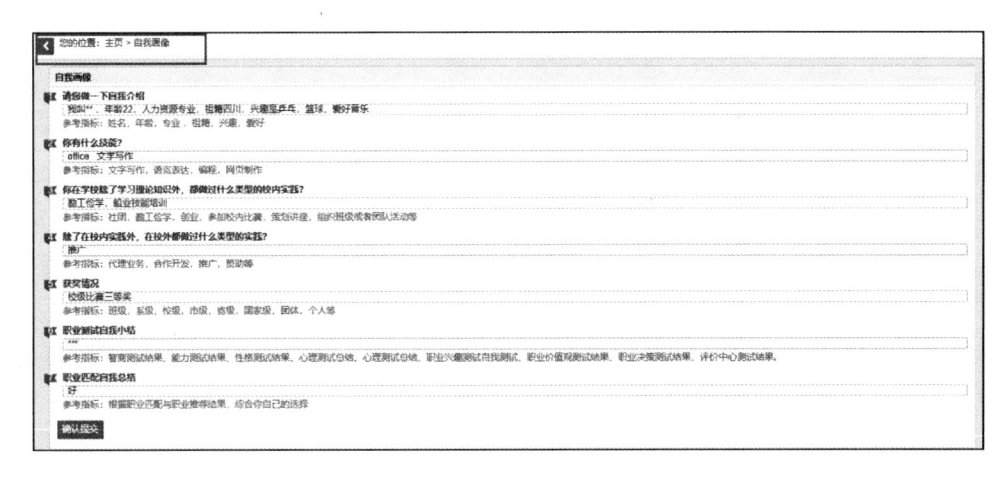

图8—99　自我画像

2. 职业画像

点击"职业画像",进入职业画像页面,填写职业画像。点击左上角箭头图标可展开和缩小左侧的导航栏(如图8—100所示)。

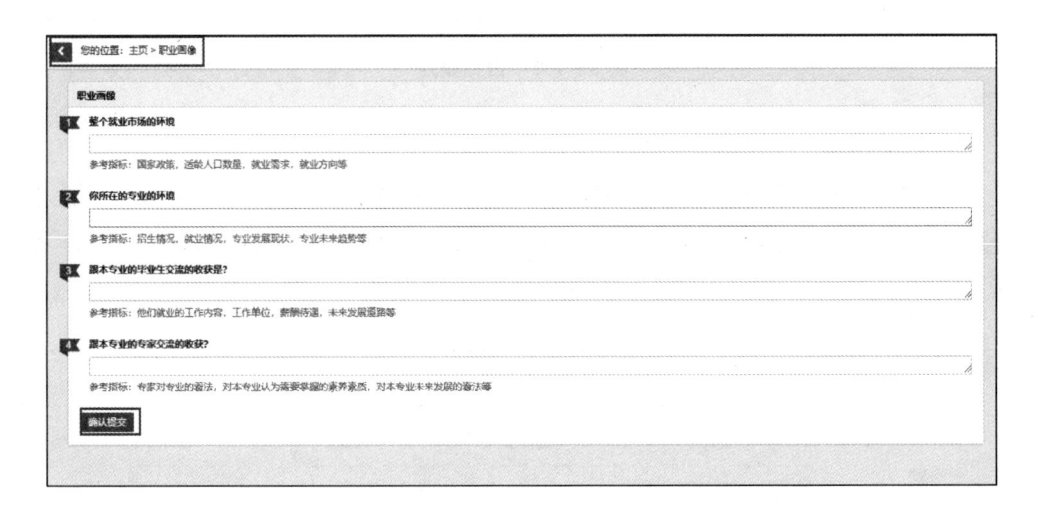

图8—100　职业画像

3. 企业画像

点击"企业画像",进入企业画像页面,填写企业画像。点击左上角箭头图标可展开和缩小左侧的导航栏(如图8—101所示)。

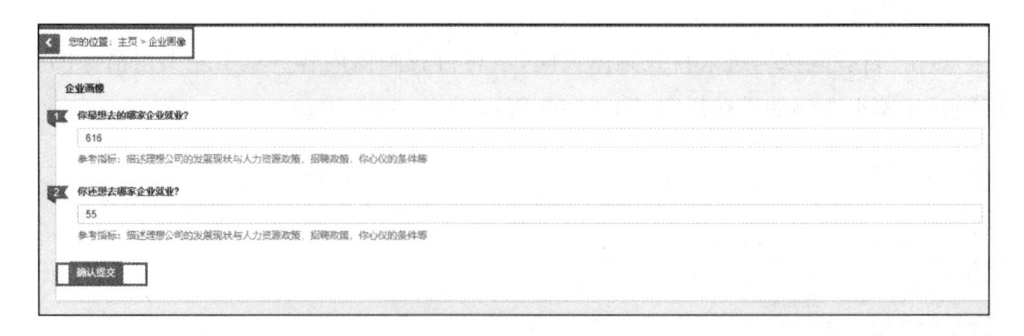

图 8-101 企业画像

4. 目标设定

点击"目标设定",进入职业画像页面,填写职业目标。点击左上角箭头图标可展开和缩小左侧的导航栏(如图 8-102 所示)。

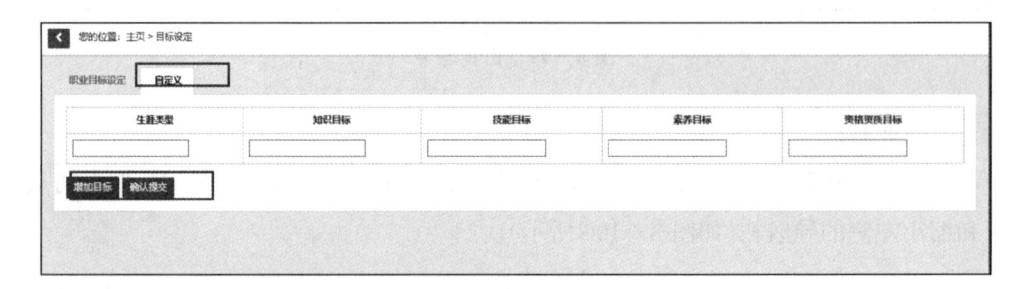

图 8-102 目标设定

5. 行动指南

点击"行动指南",进入行动指南页面,填写行动指南。只有在填写目标设定后,才能填写行动指南。点击左上角箭头图标可展开和缩小左侧的导航栏(如图 8-103 所示)。

图 8-103 行动指南

6. 职业生涯规划承诺书

点击"职业生涯规划承诺书",进入职业生涯规划承诺书页面,可查看已生成的职业生涯规划承诺书。点击左上角箭头图标可展开和缩小左侧的导航栏(如图 8－104 所示)。

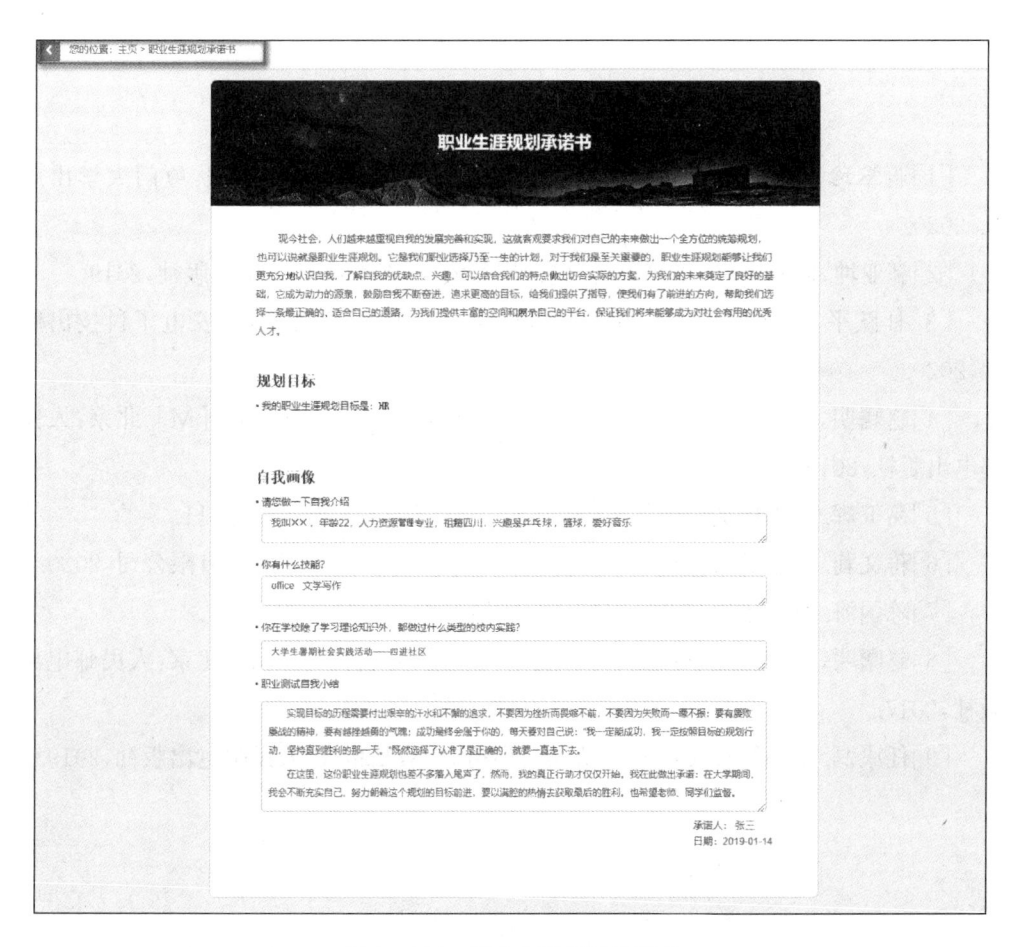

图 8－104　职业生涯规划承诺书

参考文献

[1] 蒋翠珍,万金.员工培训与开发:理论、方法、应用[M].厦门:厦门大学出版社,2020.

[2] 郗亚坤,曲孝民.员工培训与开发[M].大连:东北财经大学出版社,2019.

[3] 杜跃平,王林雪,方雯.员工培训与开发管理[M].西安:西安电子科技出版社,2020.

[4] 赵曙明,赵宜萱.人员培训与开发——理论、方法、工具、实务[M].北京:人民邮电出版社,2019.

[5] 葛玉辉.员工培训与开发实务[M].北京:清华大学出版社,2011.

[6] 蒋文莉.企业员工培训与开发[M].长春:吉林出版集团股份有限公司,2020.

[7] 陈国海.员工培训与开发[M].北京:清华大学出版社,2016.

[8] 赵曙明,赵宜萱.人员培训与开发——理论、方法、实务[M].北京:人民邮电出版社,2017.

[9] 任康磊.培训管理实操——从入门到精通[M].北京:人民邮电出版社,2019.